한국어로 내려온
New Bible

새로운
성 경

제146권

10부 | 총10부

하얀마음

하나님 말씀 중에서

1. 사랑의 하나님

- 세상을 창조하신 하나님은 모두를 사랑하신다. 인간만 특별히 더 사랑하지 않고, 우주 만물을 다 똑같이 사랑하신다. 그러니 하나님이 창조하신 천지 만물과 화친하고, 미물까지도 소중히 대하라.

- 하나님은 특정 종파나 민족만을 더 사랑하지 않으신다. 자기 자신만 구원받겠다는 욕심을 버리고, 자기 종파만 구원받는다는 편협한 교리에서 벗어나야 한다. 종파를 초월해서, 모두를 사랑하라.

- 원수까지 사랑하라 했으니, 이 세상에 사랑하지 못할 자가 누가 있겠는가? 종파가 다르다고 해서 부모 형제와 원수처럼 지내는 자는 인간의 근본을 모르는 자다. 가장 가까운 가족부터 사랑할 때 남도 진심으로 사랑할 수 있다.

- 한 사람을 원수같이 생각하던 마음에서 사랑하는 마음으로 돌리면, 자기 자신의 마음이 가장 기쁘고 행복하다. 하나님께서는 인간의 마음속에 무거움이 없이 기쁘고 행복한 삶을 살기를 바라신다.

- 이웃을 “내 몸처럼” 사랑하라 했으니, 마지막 한 장 남은 천국의 티켓도 이웃에게 양보하라. 자기 중심적인 신앙에서 벗어나서 남을 위해 살아야 한다.

- 독초도, 약초도, 이단도 사탄도 천사도 다 필요하기에 존재한다. 독초일지라도 극소량을 사용해서 생명을 살릴 수 있고, 약초라 하더라도 남용하면 생명을 잃을 수 있다.

- 세상 모든 것을 명약으로 활용하는 것은 인간의 지혜에 달렸다. 어떤 것이든 어떤 사람이든 적재적소에 꼭 필요한 명약으로 승화시키라.

- 사탄도 이단도 천사도 모두 하나님의 주관하에 존재한다. 진정한 하나님의 백성은 사탄과 마귀까지도 감화시켜서 천사로 거듭나게 한다.

2. 기도

- 하나님은 인간의 생각까지 모두를 다 알고 계신다. 우리의 소원도 이미 알고 계시기에, 소원의 기도를 할 필요가 없다. 우리가 받을 자격이 되면 내려 주신다.

- 죄를 짓고 아무리 회개를 해도 용서받지 못한다. 도둑질한 자는 용서해 달라고 기도하고, 도둑맞은 자는 도둑을 잡게 해 달라고 기도하면, 공의의 하나님은 누구의 편에 서시겠는가?

- 자기가 잘못한 것은 그 사람에게 직접 갚고 용서를 구하라. 그가 용서하면 하나님도 용서하신다. 땅에서 매면 하늘에서도 매이고, 땅에서 풀리면 하늘에서도 풀리는 이치다.

- "회당에서 기도하지 말고 골방에서 기도하라" 했다. 눈에 보이는 골방이 아니라, 골방과 같이 고요한 마음이다. 잡념을 버리고 하나님을 향해 마음을 집중하며, 사랑하고 용서하는 아름다운 생각만 나오도록 하라.

- "두드리면 열릴 것이다." 하는 것은 육의 소원을 위해 두드리라는 것이 아니라, 진리의 깨달음을 얻기 위해 두드리라는 것이다.

- 기도하는 방법: 생활 속에서 수시로 기도하는 삶을 살아야 한다.

- "저의 죄를 용서하여 주옵소서." 하는 회개의 기도를 하라.
- 범사에 "하나님! 감사합니다." 하라. 현재 가진 것에 감사하며, 과욕하지 말라. 자기 노력 이상의 것을 더 갖고자 기도하는 것은 도둑놈심보다. 공의의 하나님은 각자 노력한 만큼 주신다.
- "하나님 뜻대로 살아가겠나이다." 하며 마음의 각오를 다지라.

- 기도는 하나님의 말씀을 받아서 "행하는 것"이다. 하나님이 계심을 굳건히 믿고, 하늘을 향하여 한 점 부끄럼 없이 사는 삶 자체가 가장 위대한 기도이며, 삶이 곧 예배다.

3. 지도자

- 똑같이 사랑한다는 말을 해도, 순수하게 하는 말은 천사의 말이지만, 사기 쳐서 재산을 가로채려고 하는 말은 사탄의 말이다.

- 종교 지도자가 아무리 훌륭한 설교를 해도, 신도의 재물을 거둬서 더 큰 교회를 짓고 자기의 부귀영화를 바라며 설교하면 사탄의 가르침이 된다.

- “저희 교회는 만원사례요, 믿음은 다 같으니 이웃의 개척 교회에 가서 예배를 드리시오.” 하며, 이웃 교회의 부흥을 먼저 생각하여 제 신도를 보내는 종교 지도자가 있다면 그를 따르라. 그가 하나님의 사랑을 실천하는 자다.

- “부자가 천국에 들어가는 것은 낙타가 바늘구멍을 통과하는 것보다 더 힘들다” 하였거늘, 지금의 교회에서는 부자가 되기만을 기도하고 소원하니, 이는 곧 천국을 포기하고 지옥 행 열차의 티켓을 사는 것과 같다.

- 예수는 빈손이었다. 종교 지도자가 예수보다 더 호화롭고 편안하게 살아간다면 잘못된 것이다. 부귀영화와 명예를 바라는 자는 절대로 갈 수 없는 좁고 협착한 길이 종교 지도자의 길이다.

- 종교 지도자는 유리로 비춰 봐 한 점의 부끄러움이 없이 살아야 한다. 의식주도 직접 일해서 해결하고, 예수의 가르침과 행함을 그대로 따라야 한다.

- 종말은 없다. 지금의 잘못 가는 종교 집단에게만 종말이 있다. 보이지 않는 하나님은 보이는 육의 종말은 관여하지 않으신다. 환경 파괴로 인간이 스스로 멸망을 자초하는 것이다. 종파끼리 싸우기 전에, 무너진 인성을 바로잡고 지구의 몸살을 해결하는 데 뜻을 모으는 게 급선무다.

4. 성전이란

- 이 세상 자체가 하나님께서 만드신 성전이다. 자연보다 더 아름다운 성전이 있는가? 보이는 건물이 성전이 아니라, 성스러운 마음가짐이 성전이다.

- 반석 위에 교회를 지으라 했다. 지상의 단단한 돌은 인간이 쪼갤 수 있으나, 마음속의 굳은 결의는 세상 무엇으로도 쪼갤 수 없다. 바르고 굳건한 믿음으로 성경의 가르침을 실천하는 것이 마음의 반석 위에 교회를 짓는 것이다.

- 손으로 지은 건물의 교회에 모여서 복음을 전하는 것이 아니라, 교회를 개인과 가정에 심어 주어야 한다. 무너지고 부서지는 건물을 짓지 말고, 마음속에 영원히 불변하는 참진리의 교회를 지으라.

5. 십계명

- 십계명은 인간이 죽어서 반드시 통과해야만 하는 열 개의 관문이다.

- 부모를 공경하지 아니한 자는 "네 부모를 공경하라." 하는 제5계명의 관문이 열리지 않으니 구원받을 수 없다.
- 살인, 간음, 거짓, 우상 등의 나머지 계명도 마찬가지다.

- 십계명은 하나님의 친필이다. 모기소리만 한 하나님의 음성이라도 들어 보겠다고 여기저기 찾아 헤매지 말고, 십계명부터 암송하고 지키라.

- 십계명은 영혼을 구원하는 양식이며, 십계명을 지키는 것이 구원을 받는 길이다. 인간이기에 지키고자 노력하고 또 노력한다면 지킬 수 있다.

- 십계명을 지키고 천사처럼 아름답게 살아가는 그 마음 하나면 세상에 이루어지지 않는 것이 없다.

6. 보물

- 하나님은 재물이 아니라 우리의 마음을 받으신다. 사랑을 실천하며 천사처럼 변하는 마음이 하나님께 바치는 보물이다.

- 보이지 않는 하나님께 재물을 바치려 하지 말고, 너희를 길러 준 부모에게 용돈 드리고, 찾아뵙고, 효성을 다하라. 그것이 하나님께 효도하는 것이다.

- 하늘에는 선과 악의 창고가 있다. 자기 창고에 선이 많으면 천국으로 구원을 받고, 악이 많으면 심판받아 지옥으로 간다. 그것이 바로 "선한 일을 행한 자는 생명의 부활로, 악한 일을 행한 자는 심판의 부활로" 나오는 것이다.

- "선악과를 따먹지 말라"는 것은 양심을 지키라는 것이다. 선과 악을 구분할 수 있는 양심을 최초에 인간에게 주셨다. 선한 열매는 취하고, 악한 열매는 버리며, 양심에 비추어 부끄럼 없는 삶을 살아가라.

- 가장 작은 거짓말을 하지 않고, 가장 작은 죄를 짓지 않으며, 가장 작은 선행을 하고, 가장 작은 악행을 멀리하는 것이 율법의 일점 일획도 빠뜨리지 말고 다 지키는 삶을 사는 것이다.

7. 우상

- 박물관에 있는 불상은 하나의 예술품이다. 그 조각품에 대고 제 소원을 빌 때 우상숭배가 된다. 십자가라 하여도 그 앞에서 소원을 빈다면 우상숭배하는 것이며, 하나님께 소원을 빈다면 하나님을 우상으로 전락시키는 것이다.

- 지금 기복신앙에 젖어 있는 모든 사람이 우상 앞에 절을 하고 있다. 조각품을 우상이라며 파괴하지 말고, 네 마음속에 있는 욕심의 우상을 무너트리라.

- 생수를 약초가 먹으면 약을 만들고 독사가 먹으면 독을 만든다. 같은 성경을 봐도 선한 지도자는 신도를 천사로 만드는 데 활용한다. 그러나 욕심이 가득한 지도자는 재물을 거두어들여 제가 부귀영화를 누리는 데 악용한다. 그가 바로 성경을 우상숭배의 도구로 전락시키는 거짓 선지자다.

- 성경을 한 획도 빼거나 더하지 말라는 것은, 그 가르침을 빠트리지 말고 온전히 지키라는 것이다. 성경 속에서 자기에게 유리한 구절만 보는 것은, 자기에게 불리한 구절들을 빼 버리는 것이다. 믿음이 제일이요, 행함은 구원과는 관계없다는 것은 자신에게 유리한 쪽으로 성경을 악용하는 것이다.

- 진정한 종교 지도자는 종파에 관계없이 어떤 종파든 어떤 책이든 접하고 보고 깨우쳐 견문을 넓히도록 인도한다. 참진리를 모르고 자신이 없는 자가 남을 이단이라며 배척하고, 신도들의 눈과 귀를 가린다.

8. 예수

- 예수의 재림은 없다. 예수가 다시 온다 해도, 과연 누가 그를 예수라고 믿겠는가? 예수와 같은 삶의 행함이 곧 예수의 재림이다. 각자 모두가 "재림 예수"가 되는, 차원 높은 믿음으로 가야 한다.

- 예수는 "주여 주여 하지 말고, 아버지의 뜻대로 행하라"고 했다. 예수가 전한 하나님의 뜻이 곧 "길이요, 진리요, 생명"이며, 그 가르침이 예수의 보혈처럼 소중한 것이다. 예수를 믿는 것은, 예수의 가르침을 믿고 따르는 것이다.

- 예수는 낮은 자로서 만백성을 섬기고자 했다. 만나는 모든 사람을 다 하나님이라 생각하라. 돈을 벌수록 겸손하고, 높은 지위를 얻을수록 낮아지라.

▪ 예수는 종파를 만들지 않았다. 인간이 만든 종교와 인간의 교리를 따르지 말고, 예수를 통해 전한 하나님의 참진리를 연구하고 따르라.

▪ 예수가 2천 년 전에 만백성을 위해 죽었으니, 지금 이 땅에는 예수의 가르침대로 사는 천사만 존재해야 한다. 예수가 죽어 가면서 바란 것은 만백성이 천사가 되어 예수의 자리를 채워 주는 것이지, 지금과 같이 재물을 바치면서 중언부언 제 소원만을 비는 백성들을 바란 것이 아니다.

9. 구원

▪ 천사가 사는 천국에는 천사만 갈 수 있으니, 천사 같은 마음을 길러야 한다.

- "천국 열쇠를 네게 주리니 땅에서 무엇이든지 매면 하늘에서도 매일 것이라" 했다. 땅에서 천사같이 사는 자가 하늘에서도 천사가 되어 천국에 들어간다. 모든 사람에게 천사같다는 말을 듣는 삶을 살아야 한다.

▪ 천사의 곱고 아름다운 마음은 부모를 공경하고 어른을 어른으로 대접하는 데에서 출발한다. 효도하는 자는 형제와 화목하게 지내기에 가정이 화목해지고, 이웃과 화목해지고, 국가가 화목해지고, 온 인류가 화목해진다.

- 그러므로 지상의 아름다운 소왕국은 가정에서부터 이루어야 한다.

▪ 선택된 14만 명만 구원받는 것이 아니라, 천사처럼 변하고자 하는 14만 명을 기초로 온 인류가 천사처럼 거듭나는 영적인 개혁이 시작되는 것이다.

▪ 천 년에 걸쳐서 하늘에서 이루어진 것같이 이 세상을 낙원으로 만들어, 만백성이 지상의 천국에서 살다가 죽어서 그대로 하늘의 천국으로 들어가는, 영원한 지상 낙원을 건설하는 것이 하나님의 계획이다.

- **이것이 구약과 신약에 이어 "새로운 성경"으로 역사하시는 하나님의 창조의 완성이다.**

▪ 지금의 믿음으로 구원받을 수 있다면 그 길을 가라. 그러나 자신이 없다면 하나님께서 직접 내리신 160권의 "새로운 성경"을 읽고 구원의 길을 보라!

하나님 머리말씀

이 새로운 성경을 읽는 너희 모두는
이 율법에 따라 행하면 영원히 구원받을 것이니라.

너희 인간이 수년, 수십 년, 평생
성서를 공부하고 기도하는 것은
하늘나라 나의 곁으로 오고 싶은 소망일진대,

몇천 년 전의 너희 인성과 생각이
지금의 너희와는 판이하게 다르니,

꺾여 가고 병들어 가는 너희를 고칠 수 있는 길은,
오늘 내가 선지자에게 내리는 새로운 성경과 같이
너희가 변화되는 것뿐이니라.

나의 예수가 태어난 것처럼
내가 아들 선지자를 선택하여
나의 새로운 성경을 온 세계에 전하고자 하니,

묵은 것은 버리고 새로운 것은 취하여,
너희 모두는
'여호와 하나님! 저의 죄를 용서하여 주옵소서.'
하는 기도문으로 기도하고, 죄를 뉘우치라.

이 새로운 성경은
수천 년간 내려온 성서를 요약한 것이니,
너희는 이 책을 정독하여 쉽게 깨달음을 얻고,
이대로 실천하여 하늘에 오르라.

대역자 머리말

■ 하나님의 율법을 지키는 선지자로 선택을 받도다.

저는 남들처럼 그저 열심히 살아온 평범한 사람이었습니다. 그러나 50대 중반에 사업에 실패하여 많은 부채에 시달렸으며, 건강도 악화되어 눈이 잘 안 보이고, 걷기도 어렵고, 두통이 심해서 잠을 이룰 수 없는 고통의 나날을 보냈습니다. 그때 제가 선택할 수 있는 것은 육의 삶을 끝내는 길뿐이었습니다.

죽기 직전에 그동안에 죄를 지은 이들에게 용서를 빌고 인생을 끝내기로 작정하였습니다. 어려서부터 지은 죄를 빌고 빌다 보니 끝이 없었고, 죽음으로도 그 많은 죄를 용서받을 길이 없다는 생각에 하염없이 눈물이 흘렀습니다. 그 순간 '재래식 화장실의 구더기는 죄를 짓지 않는데, 나는 인간으로서 구더기만도 못한 삶을 살았구나.' 하는 생각이 들면서 괴로움에 몸부림칠 때, 갑자기 하나님의 음성이 들렸습니다.

"나는 여호와 하나님이니라. 너는 십계명을 암송하고 내가 내려 주는 메시지를 받아 책으로 만들어 만백성을 구하라." 하시며, 제 눈을 손으로 문지르게 하시고, 아픈 머리와 다리를 손으로 두드리게 하셨습니다. 그러고 나니 눈도 잘 보이고 걸을 수 있었으며 머리의 통증도 말끔히 낫게 되었습니다. 그때부터 십계명을 암송하고 나면 들려주시는 말씀을 기록하였고, 1999년 8월부터 2004년 7월까지 권당 288쪽, 총 160권을 받아서 "새로운 성경"이라는 책으로 펴내게 되었습니다.

그러한 저에게 죽기보다도 힘든 길이 시작되었습니다. 모든 교인들이 저에게 사탄이요, 이단이요, 악마요, 마지막 시대에 온 거짓 선지자라 하면서 공격하였고, 저를 짐승을 보듯이 대하는가 하면, 편협한 종교 지도자들의 선동으로 신도들이 이 책을 직접 읽어보고 평가할 기회마저 막아 버렸습니다. 그래서 하나님의 말씀을 세상에 내는 데 많은 어려움을 겪으며, 피를 토하는 심정으로 책을 전하고 있습니다.

그러나 아무리 인간의 힘으로 막으려 해도, 하나님의 뜻이 세상에 전해지는 위대한 역사는 계속될 것입니다. 책으로 전해지는 "하나님의 말씀"은 세상 끝날까지 항상 우리와 함께하실 것입니다. 사람은 죽어도, 책에 기록된 말씀은 영원히 남으니까요.

■ 따뜻한 실천

하나님께서는 어려운 사람들에게 삶의 터전을 마련해 주고, 미래를 열어 주는 것을 기뻐하십니다. 어려운 이웃이 스스로 자립할 수 있도록 이끌어 주는 것이 진정으로 이웃을 돕는 것이라고 말씀하셨습니다. 그래서 일자리가 없는 제자들에게 작은 사업장을 만들어 주는 "달란트 사업"을 하고 있습니다. 식당, 반찬 가게 등을 차려 주고, 기존의 어려운 사업장이 자립할 수 있도록 돕고 있습니다(커피숍, 미용실, 의상실 등).

하나님께서는 교회에 나와서 모든 시간과 재물을 쏟기를 원하지 않으시고, 그 시간과 재물을 교육에 투자하여 스스로 미래를 열어 가기를 원하십니다. 그래서 제때 공부하지 못한 제자들에게 학업을 이어 가도록 하였습니다. 중화요리 주방장을 하며 초등학교 검정고시부터 공부하여 2012년에 방통대를 졸업한 36세 남성, 만학도들의 2년제 중학교에 입학해서 2007년에 명지대학을 졸업한 38세 여성, 중학교 검정고시를 시작으로 숭의여자대학을 졸업한 47세 여성 등이 있습니다. 그밖에도 많은 제자들에게 나이를 초월하여 배우고 깨우쳐서 사회 속의 당당한 일원이 되도록 인도하고 있습니다.

학자금 대출로 힘겨워하는 젊은이들을 위해 "따뜻한 바람 장학회"를 발족하여(2016년 12월) 대출받은 학자금 전액을 매월 갚아 주고 있습니다. 또한, 다문화 가정을 위해 "다문화 가족 랜드"를 조성하여, 각종 시설을 무료로 활용하도록 하고 있습니다.

이러한 따뜻한 실천이 아직은 미약합니다. 그러나 책의 수입이 늘고, 저와 뜻을 같이하는 분들이 늘어나면 계속 확대할 것입니다. 지도자로서 신도의 재물을 헌금으로 거둬들여 착복하는 것이 아니라, 하나님께서 기뻐하시는 일에 사용하도록 중매 역할만 하며 살아가고자 합니다. 이런 제가 과연 사탄이고 이단인가요? 하나님께서 기뻐하시는 일이라면, 저에게 사탄이라 하든 거짓 선지자라 하든 굽히지 않고 실천해 나갈 것입니다.

끝으로, 일상의 삶 속에서 "지금 내가 하는 행동이 과연 하나님께서 기뻐하실까, 슬퍼하실까?" 생각하고, 매사에 하나님께서 기뻐하시는 길을 택하기 바랍니다. 교회에 모여서 집단적으로 예배 드리는 것이 아니라, 개인이나 가정 단위로 새로운 성경을 읽어 스스로 깨우치고 그대로 행하면 충분합니다. 그것이 마음속에 성전을 짓고, 신령과 진정으로 예배 드리는 길입니다. 그러면 천국의 문에 들어서게 됩니다.

2017. 2. 1.

하나님 말씀 대역자 김용철

차 례

십 계 명

이 책은 십계명을 암송하고 나면 내려 주시는 "하나님의 음성"을 듣고 그대로 받아쓴 기록입니다. 하나님께서 십계명을 모세에게 내려 주셨지만, 그것은 만백성에게 내려 주신 것입니다. 마찬가지로 이 책의 모든 말씀도 저에게 내려 주셨지만, 만백성 각자에게 들려주시는 말씀입니다. 여러분도 이 책을 접할 때마다 십계명을 암송하고 나서 정독해 주시기 바랍니다.

제일은, 너는 나 외에는 다른 신들을 네게 있게 말지니라.

제이는, 너를 위하여 새긴 우상을 만들지 말고, 또 위로 하늘에 있는 것이나, 아래로 땅에 있는 것이나, 땅 아래 물 속에 있는 것의 아무 형상이든지 만들지 말며, 그것들에게 절하지 말며, 그것들을 섬기지 말라.

제삼은, 너는 너의 하나님 여호와의 이름을 망령되이 일컫지 말라.

제사는, 안식일을 기억하여 거룩히 지키라.

제오는, 네 부모를 공경하라.

제육은, 살인하지 말지니라.

제칠은, 간음하지 말지니라.

제팔은, 도적질하지 말지니라.

제구는, 네 이웃에 대하여 거짓 증거하지 말지니라.

제십은, 네 이웃의 집을 탐내지 말지니라.

나 여호와가 존재함을 믿는 그 자체가 구원의 길에 들어서는 기본이요, 근본이며, 나의 새로운 성경을 가슴에 안고 정독하는 자, 반석 위에 서서 하늘에 오르는 찬란한 빛을 보게 되는 영광을 얻게 됨이니라. 진정 나를 따르고 믿는 자는 감히 사탄이나 마귀도 근접하지 못하느니라.

〈하나님 말씀〉

2004년 5월

10,967 번째 하나님 말씀

2004년 5월 7일 12시 22분

1 사랑하는 나의 아들아!
2 "네, 아버님! 말씀하옵소서."
3 지난 너희들의 성서의 모든 사소한 것
이요, 그리고 너희들이 말하는 그 역
사의 기적이요, 그리고 너희들이 옛것
에 너무 연연하지 말며 거기에 매달리
는 믿음으로 가지 말라 하지 아니하였
더냐?
4 오늘에 내가 나의 아들을 통하여 내리
는 새로운 성경이요, 그 강론에 따라
너희들이 모두를 다 바쳐 역사하라 하
였음이니라.
5 결국 그것이 무엇이더냐?
6 지금 나 여호와가 나의 아들을 통하여
너희들과 더불어 이루고자 하는 것이
무엇인 줄 알겠느냐?
7 사랑하는 나의 아들딸들아!
8 구약의 시대에 모든 기적을 보였으며,
그 역사를 보여 그 백성으로서 하늘과
같이 지상의 천국을 이루려 했으나,
9 그때 그 뜻을 이루지 못하며 그것을
역사하지 못하며 모두가 무너져 버린
형국이 되지 아니하였더냐?
10 그리하여 내가 그 백성들에게 십계명
이라는 내 친필을 내려 마지막 그들을
다스리려 했으나, 그 구약의 시대가
또한 모두가 실패했으며 그 뜻을 이루
지 못한 슬픈 그 과거가 있지 않더냐?
11 그러면 신약의 시대는 과연 무엇이더
냐?
12 신약의 시대에 따라서 모두를 역사하
고 이루려 했으나, 또한 그것도 실패
작이었느니라.
13 사랑하는 나의 아들의 고통스러운 죽
음까지도 내가 너희들에게 내려 주며,
14 그를 내가 구원하지 아니하며 그를 살
리지 아니하며, 그 고통의 시간을 가
져, 그 고통의 삶이요, 그 고통의 죽음
에서 너희들을 깨우치고 깨닫게 하기
위하여 내가 했으나,
15 그 신약의 시대 또한 나 여호와가 이
루고자 하는 그 역사의 내 참뜻이 이
루어졌는가?
16 모두가 실패하고 모두가 다 무너지지
아니하였더냐?
17 그러니 구약의 역사에서 이루고자 하
는 것, 신약의 역사에서 이루고자 하
는 것, 그 길고도 긴 몇천 년의 역사
속에서 내가 이루고자 했던, 이루지
못한 그 뜻을
18 지금 나의 아들을 통하여, 그리고 사
랑하는 선택된 그 제자들이요, 그리고
나의 법전을 읽고 깨우친 만백성, 너
희들을 통하여 모두를 역사하고자 하
는 것이 나 여호와의 뜻임을 너희들이
어찌 모른단 말이더냐?
19 구약의 그 찬란한 역사의 기적이요,
그리고 인간으로서 상상할 수 없는 그
모두를 이루면서 이루지 못했던 구약
시대의 잘못된 것,
20 그리고 나의 아들 예수가 죽은 자를

살리며, 앉은뱅이를 일으켜 세우며,
병든 자를 고치며, 그와 같은 기적과
이적을 보이면서 모두를 역사했으나
그 실패했던 것,
21 그 모두를 통틀어서 마지막 너희들로
하여금 그 모든 역사를 이루고자 하여
내가 직접 나의 모두를 태워 새로운
성경이라 하여 세상에 내려보내니,
22 이를 만들고 접하며 일찍 깨우친 백성
너희들이 한 점의 부끄러움이 없는 삶
을 살지 않아, 너희들이 내가 이루고
자 하는 것을 여기서 또 중도에 포기
하며 모두가 다 무너지는 그와 같은
결과를 맞아야 되겠는가?
23 그리하여 내가 기적과 이적으로써 너
희들에게 보이지 아니하며, 참진리요,
성령의 뜻으로써 내가 160권의 책으
로 만들어, 물이 흐르듯이 너희들이
보고 깨우치는 그와 같은 긴 세월 동
안 방대한 역사를 이루고자 하는 내
뜻에 동참하는 자들이 명받은 자요,
너희들이 모두를 이루는 자들이니라.
24 그러니 구약과 신약에 내가 이루지 못
한 그 뜻을 이루는 너희들이 선택된
백성이요, 오늘의 그와 같은 역사를
이룬다는 것을 생각하며,
25 너희들이 나의 새로운 성경의 귀하고
소중함을 알아 만백성에게 전하는 데
한 치의 게으름이 있어도 안 되며 소
홀함이 있어서도 아니 되며,
26 너희들이 천사와 같이 변하는 삶에 조
금이라도 양보하며 소홀함이 있으며
허술한 마음으로 살아가서도 안 되며
조금도 양보해서는 아니 됨이니라.
27 하늘을 향하여 한 점의 부끄러움이 없
는 그와 같은 모습으로 살아가는 나의
아들딸로서 우뚝 서도록 그리하라.
28 나 여호와가 나의 아들딸이라 부르며
나의 아들딸이라 내가 나의 유업을 받
을 자라 명하는 것이 얼마나 위대하고
소중한 것이며 귀한 것인가를 너희들
이 어찌 그리도 아직도 모른단 말이더
냐, 어리석은 백성들아!

10,968 번째 하나님 말씀

2004년 5월 8일 07시 47분

1 사랑하는 나의 아들아!
2 "네, 아버님! 말씀하옵소서."
3 너희들 인간 세상에 살아가면서 그 모
든 미물이요, 동식물이 자기가 먹고
살 것을 먹지 아니하고는 살 수 없다
하지 아니하였더냐?
4 동물을 먹는 그와 같은 동물이 잡초를
먹고 살 수가 없는 것이며, 그리고 솔
잎이라는 것을 먹는 그 벌레가 아무리
갈잎이 탐스럽고 좋아도 그를 먹고는
살 수 없는 것이 하늘의 법도요, 너희
들의 세상의 이치요, 살아가는 법도가
아니더냐?
5 그러니 나의 아들을 따르는 제자들이
요, 그리고 나의 법전을 읽고 나의 아
들을 통하여 강론을 듣는 너희들은 가
야 할 길이 있으며, 너희들이 살아가
야 할 인생이 있음이니라.
6 그러니 인간 세속의 삶에 너희들이
즐겁고 슬프고, 또 행복하고 불행한
그 모든 얽히고설킨 그 끈을 놓지 못
하며,
7 너희들이 인간의 육을 가졌기에 인간

의 육의 생각이요, 욕심을 버리지 못
하고 너희들이 그 길을 살아가는 그
와 같은 삶은 결코 너희들에게 용납
되지 아니하며 그는 결코 있을 수 없
음이니라.
8 나로부터 부름을 받은 자요, 선택을
받은 백성 너희들은 바르고 곧은 그
길 외에는 갈 길이 없으며, 너희들이
나의 법전대로 살아가는 그 길밖에 없
음이니라.
9 그러니 너희들이 일찍이 모두를 포기
하며 모두를 다 지워 버리며, 천사와
같이 아름다운 마음으로 나의 십계명
이요, 나의 새로운 성경의 내용을 정
독하고 깨우쳐 그대로 살아가는 삶,
10 그 외에는 어떠한 것도 너희들에게는
다 부질없는 것이며 너희들 자신이 견
딜 수 없음을 알아야 될 것이니라.
11 그러니 너희들이 인간의 고리요, 그
끈을 놓지 못하며, 육의 부귀영화요,
재물과 권력과 금화와 은화를 너희들
이 네 인생의 삶의 목표로 생각하는
그 일반 백성들과 같은 생각, 그 모두
를 너희들이 일찍이 지우지 아니하면
아니 될 것이니라.
12 그를 먼저 지우는 훈련부터 하라, 그
리고 그걸 지우라.
13 절대 너희들이 지우지 아니하고는 갈
수 없으며, 일찍이 너희들이 지우는
것이 행복함이요, 일찍이 너희들이 모
두를 놓는 것이 행복함이니, 이를 명
심하도록 그리 전하라, 사랑하는 나의
아들아!

10,969 번째 하나님 말씀

2004년 5월 8일 08시 05분

1 사랑하는 나의 아들아!
2 "네, 아버님! 말씀하옵소서."
3 몇천 년 동안 흘러오는 그 종교 집단
이요, 지도자 너희들이 복음을 전하면
서 무어라 말하느냐?
4 나의 아들 예수를 믿기만 하면 되느니
라, 그리고 믿으라. 그러면 너희들이
구원을 받을 것이며, 너뿐만 아니라
너희 집이요, 네 형제 그 모두가 구원
을 받는다 하느니라.
5 그리하여 너희들이 그 복음을 전하는
방법과 수법이 그것이 아니더냐?
6 그러니 너희들이 나를 믿으며 나의 아
들 예수가 존재함을 믿으라, 그리고
나의 아들임을 믿으라, 그리고 예수의
그 고통스럽게 죽어 간 그 삶을 믿으
라 하느니라.
7 너희들이 과연 그와 같이 믿으라 하는
것은 당연한 것이니라.
8 그러니 너희들이 믿으라 하는 것이 바
로 무엇이더냐?
9 너희들이 그 새로운 씨앗을 뿌림과 같
지 않더냐?
10 그러니 그 새로운 씨앗을 뿌리는 자,
너희들이 제대로 그 씨앗을 뿌리는 것
이라면, 그것이 얼마나 행복하고 소중
한 것이며 얼마나 귀한 것이더냐?
11 너희들이 나의 성령의 뜻대로, 나의
계명의 뜻대로 그리 살면서 그와 같
이 복음을 전했더라면,
12 오늘에 이와 같이 험악한 세상은 되
지 아니하였을 것이니라.

13 그러나 너희들이 지도하는 자, 그리고
나의 뜻을 전하는 자, 그와 같은 자들
이 나의 뜻을 모르며 내가 전하고자
하는 것을 거역하는 자들이요,
14 그러니 그때부터 너희들이 잘못되며
무너지기 시작하는 불쌍한 백성으로
전락됨을 알아야 될 것이니라.
15 너희들을 인도하여 가르친다는 그 설
교하는 자들이, 그리고 종교 지도자
요, 나로부터 명받은 자라, 그리고 기
름 부음을 받았다 하는 자들이,
16 하늘의 뜻이요, 나의 뜻에 의한 참진
리가 아니라, 인간 욕심에 의하여 인
간이 만든 교리에 너희들이 빠져들기
때문이니,
17 그때부터 너희들이 무너지며 타락의
길을 간다면 과연 믿겠느냐?
18 그러니 너희들이 지금 뿌리는 것은 바
로 무엇이더냐?
19 썩은 씨앗을 뿌리는 것이요, 사탄의
후예를 역사하는 데 너희들의 모두를
다 바치는 그와 같은 형국으로 되어
있다 함을 너희들은 알지 않느냐?
20 그러니 썩은 곳에 썩은 것을 뿌림이
니, 과연 새싹이 나올 수 있는가?
21 그리고 그 열매의 결실이 있을 수 있
는가?
22 결코 그 무엇도 얻을 수가 없는 것이
니라.
23 그러니 너희들이 2천 년 전에 처음부
터 첫 단추를 잘못 끼웠으며, 시작함
이 잘못되었음이니라.
24 그러니 잘못된 것이 너희들이 유전으
로 전하여 내려오면서 거기에 또한
너희들의 인간의 교리가 계속 첨부됨
이니,
25 내가 나의 아들을 통하여 내린 구약과
신약의 그 성서요, 그 모든 너희들의
가르침이요, 그게 가지고 있는 그 뜻
을 알지 못함이니,
26 너희들이 우왕좌왕 그저 표류하는 그
와 같은 형국으로써 믿음의 길을 옴
이니, 그 표류하는 곳, 목적지도 모르
는 곳에 너희들이 많은 나의 백성들을
그저 태우기만 하면 구원을 받는다 그
리하여 그저 태우기만 하니, 그들이
결국 어찌 되겠는가?
27 그들은 스스로 그 암초에 부딪혀 무
너지며 그 무게에 의하여 지탱하지 못
하는 그와 같은 형국이 되었음을 너희
들은 알아야 될 것이니라.
28 오늘의 믿음의 길을 가는 집단이요,
너희들이 그와 같이 포화 상태가 되어
있으며,
29 너희들이 지금 이 세상에 나의 뜻에
의하여 나의 하늘에 오르는 길이요,
새로운 백성이요, 나의 나라에 인도하
는 자들이 잘못되어 그 단추가 잘못
끼워진 자들이기 때문에,
30 지금 너희들이 오합지졸이며, 그리고
너희들이 목적지를 모르며 너희들이
나에게 오는 길도 모르며, 그저 타기
만 하라, 승선하라, 그러면 구원을 받
는다 그리함이니,
31 그가 지탱하지 못하여 너희들이 나침
반도 없는 자가 인도하는 그와 같은
곳을 너희들이 승선함이니,
32 결국 암초에 부딪히며 표류하는 그와
같은 형국이 되어 버리는 것이 오늘의
너희들이라는 것을 잊지 말라.

10,970 번째 하나님 말씀

2004년 5월 8일 08시 08분

1 사랑하는 나의 아들아!

2 "네, 아버님! 말씀하옵소서."

3 지금의 종교 집단들이 과연 무어라 말했느냐?

4 나침반이라는 안내판이 없이 지금 바다를 항해하는 형국이라 하지 아니하였느냐?

5 그러니 너희들이 나침반이 없이 항해하는 그와 같은 형국이 되어 버렸으니, 너희들이 목적지를 갈 수도 없으며 목적지를 찾을 수 없는 것이니라.

6 그러니 지금 너희들이 목적지도 모르며 너희들이 가야 할 곳도 모르며, 그리하여 그저 너희들은 넓고 넓은 바다에서 인간의 생각대로 행하며 느낌대로 행함이니,

7 너희들은 가지도 못하며 제자리를 돌고 있으며 돌고 돌고 도는 것을, 그저 너희들이 목적지를 향하여 가는 것처럼 하고 있는 것이 지금 너희들의 형국이라면 알겠느냐?

8 그러니 제자리를 돌고 돌며, 너희들이 갈 줄도 모르며 나가지도 못하는 그와 같이 항해하는 자, 결국 암초에 부딪히게 될 것이며, 암초에 부딪힐 때 너희들은 어떠하겠는가?

9 난파선이 되므로, 그 난파선으로 하여금 너희들이 거기에서 살아남는 자 없을 것이니, 그리하여 너희들이 그 바다에서 죽음을 벗어나지 못하는 그와 같은 형국으로 되는 것이니라.

10 지금 너희들이 나침반이 없이 항해하는 배를 타고 가고 있으며, 그와 같은 곳에서 너희들이 나에게 올 수 있는 길이요, 너희들의 목적지가 어디며 너희들이 무엇을 이루겠다 그저 말로만 하는 자들이니,

11 갈 목적지요, 가는 길도 모르면서 지금 헤매고 있는 것이 너희들의 형국임을 알라.

12 얼마나 너희들이 어리석은 짓을 하고 있는가?

13 나침반이 없으며, 가는 길도 모르는 그와 같은 너희들이 배가 항해를 하며 많은 사람들을 태우기 위해 그저 타라, 그러면 너희들이 나에게 오를 수 있으며 나에게 갈 수 있는 것이라 그리 부르짖는 자요, 너희들이 원하는 목적지까지 모두를 다 태워다 준다 하나,

14 그 배는 제자리를 돌고 돌고 있으며, 너희들이 한 발짝도 나가지 못하는 그와 같은 형국이요, 결국 그 자리에서 돌고 돌다 암초에 부딪혀 모두가 난파선이 되니,

15 그러니 난파선의 신세가 되는 자, 구원받을 자 없음이니, 모두가 그 바닷물 속에 죽음을 맞는 것이 너희들이라 하지 않았느냐?

16 그것을 벗어나지 못하는 것이요, 그리하여 거기에 아직도 너희들이 항해하는 나침반도 없는 그와 같은 배에 '타라, 타라.' 울부짖고, 타기만 하면 구원을 받는다는 것이 너희들의 어리석은 믿음이라 내가 그리하였음이니,

17 오늘의 종교 집단이요, 너희들이 가고 있는 것이 그것이니라.

18 그러니 거기에 구원이 어디 있으며 너
희들의 역사함이 어디 있겠는가?
19 이를 너희들이 알아야 될 것이니라.

10,971 번째 하나님 말씀

2004년 5월 8일 08시 15분

1 사랑하는 나의 아들아!
2 "네, 아버님! 말씀하옵소서."
3 나침반 없이 항해하는 배에 탄 백성
들, 그리고 그 배에 계속 타는 백성들,
결국 저희들이 무엇이더냐?
4 그 자리를 돌다 저희들이 난파되니,
그리하여 모두가 죽음의 길을 가게 된
다 하지 아니하였더냐?
5 그러니 그 불쌍하고 가련한 백성들을
구해야 됨이니, 그를 구하는 것이 바
로 나의 새로운 성경이니라.
6 저희들이 목적지도 모르며 갈 길도 모
르며, 무지막지한 자가 그저 그 배에
타기만 하면 목적지까지 태워 주며
그 배가 나에게 오르는 길이라 하는
그 불쌍한 자들, 그리고 그를 믿고 타
는 자,
7 그들에게 너희들이 바로 나의 새로운
성경을 전함이니, 그것이 바로 그들에
게는 나침반과 같은 것이요,
8 깨닫지 못하고 살아가는 그 백성들은
또한 너희들이 하늘에 오르는 길이 무
엇이요, 천사로서 삶이 무엇이며, 인
간의 도리요, 인간의 행함이 어떠한
것인가, 그 모두를 다 가르치는 것이
바로 나의 새로운 성경이니라.
9 바다에 표류하는 자에게는 나침반이
요, 사막에서 허덕이는 자에게는 이정
표요, 그 모두를 역사하는 것이 지금
나의 새로운 성경이니라.
10 그리하니 너희들이 나의 새로운 성경
을 접하고 읽고 깨우치지 아니하면
목적지를 알 수 없으며 나에게 오를
수 없으며 너희들이 구원을 받을 수
없다 내가 그리 말하였거늘,
11 어찌하여 너희들이 나의 새로운 성경
을 찢어 버리고 태워 버리며, 이단이
요, 사탄이라 그리 말하는가?
12 너희들은 조용히 침묵을 지켰던 그 대
지가 봄이 됨이니, 그 봄 소식과 같이
그 딱딱한 땅을 뚫고 새싹이 솟아나
는 그 위대한 힘을 아는가?
13 그리고 나무의 딱딱한 껍질을 벗기고
나와 새로운 새싹이 나며 꽃을 피우는
그 위대함을 너희들은 보지 않았더냐?
14 과연 그것을 인간의 힘으로써, 인간의
능력으로써 너희들이 막을 수 있다 생
각하느냐?
15 지금에 이정표가 없는 사막을 헤매는
백성, 그리고 나침반이 없이 바다를
헤매는 그와 같은 백성, 그들에게 바
로 나의 새로운 성경은 그들의 생명줄
이니라.
16 그러니 조용히 침묵을 지키고 추운 겨
울을 지나 봄이 오니, 새싹들이 땅을
뚫고 나오는 그 자연의 위대함과 같
이 지금 나의 새로운 성경이 세상에
전해지는 것이거늘,
17 이 새 껍질을 벗기며 땅을 뚫고 나오
는 이 새싹을 너희들이 어찌하여 이
단이요, 사탄이라 짓밟으려 하며 그를
짓이기려 하느냐?
18 그들이 세상에 나오기 시작하면 무엇

인 줄 알겠느냐?
19 새로운 시대요, 새 역사가 이루어지고
있음을 너희들은 알아야 될 것이니라.
20 그러니 바로 나의 새로운 성경이 모두
를 너희들에게 깨우쳐 주며 인도하며,
너희들이 거듭나는 그와 같은 역사를
함이니,
21 그와 같은 것을 너희들이 아무리 짓
밟고 그가 세상에 나오지 못하도록 한
다 해도, 그 자연을 뚫고 나오는 위대
한 새싹들의 그 힘을 막을 수 있단 말
이더냐?
22 그러니 새로운 세상이 열어지는 것은
새로운 새싹이 나오듯이 이 시대가 지
금 변화되고 열려 가고 있음을 너희
들은 알아야 될 것이니라.
23 그러니 사막에서 헤매는 자에게 이정
표요, 그리고 바다에서 표류하는 자에
게 나침반을 주어 너희들을 구원하고
자 하는 이 새로운 성경을,
24 바로 새싹과 같은, 새로이 피는 꽃과
같은 나의 새로운 성경을 너희들이 찢
어 버리고 짓밟아 태워 버리고 잘라
버리니,
25 그러고서 너희들이 어찌하여 구원을
얻는단 말이더냐?
26 내가 너희들에게 물어보고자 하느니
라.
27 봄이 오니 두꺼운, 딱딱한 땅을 뚫고
나오는 그 위대한 새싹의 힘이요, 나
무껍질을 헤치고 나오는 그 위대한
싹들의 그것을 너희들의 힘으로써 과
연 막을 수 있으며 그를 중단시킬 수
있다 하는가?
28 그와 같은 짓을 하려는 것이 바로 너
희들이니라.
29 밟고 또 밟아도 날 것이며, 꺾고 또 꺾
어도 그 새싹은 나올 것이니라.
30 대지를 뚫고 나오는 새싹처럼, 지금
내가 새로운 성경이요, 창조주 나 여
호와의 성령이요, 그 모두를 나의 아
들을 통하여 그 제자들과 더불어 세상
에 만들어 냄이니,
31 그 만들어 낸 나의 새로운 성경은 새
싹보다도 더 무서운 힘을 가지고 힘차
게 솟아오를 것이니, 과연 너희들이
그를 막고 그를 찢어 버리고 태울 수
있다 하느냐?
32 이것이 새로운 시대요, 새 역사가 이
루어지는 것이니,
33 너희들은 들으라.
34 바다에서 표류하는 그 불쌍한 백성들
에게 나침반을 주거늘, 어찌하여 너희
들이 그 나침반을 받지 아니하려 하
며, 사막에서 길을 잃고 헤매는 너희
들에게 이정표의 표시를 갖다 꽂아
주며 그 안내서를 주니,
35 어찌하여 너희들이 이를 거부하는 어
리석은 백성이더냐?
36 이것이 다 너희들이 옛것을 숭배하며
옛것에서 벗어나지 못하며, 너희 고집
과 인간의 교리의 그 욕심 때문에 너
희들이 벗어나지 못하기 때문이니 그
리 알라.

10,972 번째 하나님 말씀

2004년 5월 8일 22시 06분

1 사랑하는 나의 아들아!
2 **"네, 아버님! 말씀하옵소서."**

3 '나의 새로운 성경을 가슴에 안고 정
독하는 그 백성, 반석 위에 서서 하늘
에 오르는 찬란한 빛을 보게 되는 영
광을 얻는다.' 하였음이니,
4 너희들이 지금 모든 믿음이요, 너희들
이 살아가는 그 모두가 무엇이더냐?
5 너희들이 구원을 받음의 길이요, 나에
게 오르는 그 역사를 위하여 너희들이
모두를 다 지금 바치고 살아가는 것이
아니더냐?
6 그를 위하여 너희들이 시간과 재물과
그 모두를 다 바쳐 가며 맹종 맹신하
는 그와 같은 믿음으로 가는 백성, 너
희들이 결국 무엇이더냐?
7 하늘에 오르는 길을 보며 그 길을 따
라올 수 있는 영광을 얻기 위해서가
아니더냐?
8 그러니 내가 나의 아들을 통하여 내리
는 160권의 새로운 성경이요, 이 법전
이라 명한 '하나님! 말씀하옵소서.',
'하늘에 오르는 길'인 이 책을 너희들
이 가슴에 안고 정독하는 자, 반석 위
에 서서 하늘에 오르는 찬란한 빛을
보게 되는 영광을 얻게 됨이라 하였으
니,
9 어찌하여 너희들이 나의 이 새로운 성
경을 암송하고 정독하는 것, 그것을
그리 게을리하며 그를 그리 거부하는
가?
10 너희들이 60 평생이요, 너희들이 또
한 80 평생이요, 너희들이 나서 죽을
때까지 그 깨달음의 길을 왔으며 신앙
의 길을 온 자,
11 지금 너희들이 공허하고 허전한 마음
이 과연 없는가?
12 그리고 너희들은 공허함과 허전함을
떠나서 지금 불안하며 공포에 잠 못
이루는 백성이 수없이 많이 있음을 알
라.
13 믿음의 길이라 너희들이 달려갔으나,
그 지도자의 하는 행위를 보며, 너희
들이 하는 것을 보며, 너희들이 권사
요, 집사요, 장로라 하여 돈을 주고 명
예를 산 자라, 그리고 믿음의 길을 몇
십 년 왔다는 자, 그와 같은 자들이 하
는 행위를 볼 때,
14 정녕 이것은 아니라 하는 것을 느끼고
있는 자,
15 그러니 너희들이 60이요, 80이요, 너
희들의 인생을 살아와 머지않아 심판
대에 서게 되며 육의 삶을 종식할 날
이 머지않은 자, 너희들이 지금 생각
할 때 얼마나 불안하고 공포에 떨고
있는가?
16 과연 너희들이 구원을 받을 수 있는
자인가, 그리고 너희들이 오늘에 온
믿음은 과연 진정한 믿음인가, 이것으
로써 너희들이 지금 불안에 떨고 있는
자들이 있을 것이니라.
17 그러니 그와 같은 백성 너희들이 지금
80 평생을 살아와 이제 육과 영혼이
분리되며, 육은 떨어져 흙으로 돌아감
이니,
18 그와 같은 기간을 기다리며 그 시간이
얼마 남지 않은 백성, 너희들이 불안
과 공포를 가지고 있다면,
19 너희들은 80 평생의 삶이 잘못된 것
이 아니더냐?
20 그러니 80 평생을 사는 너희들이 그
삶의 단 1년을 희생하고 봉사하여 나

의 새로운 성경을 읽고 깨우쳐 보라
내가 그리하거늘,
21 너희들이 80 평생을 살아오면서 지금
불안과 공포를 느끼는 자, 그리고 죽
음을 눈앞에 둔 자, 너희들이 지금 과
연 어떠할 것인가를, 불안과 공포에
두렵고 무서워 잠을 못 이루는 백성
너희들,
22 1년이라는 그 세월을 나의 새로운 성
경을 읽고 정독하는 거기에 그 시간을
너희들이 할애하지 못하며 거기에 그
시간을 투자하지 못하는가?
23 그를 읽고 너희들이 깨우쳐 반석 위에
서서 하늘에 오르는 찬란한 빛을 보게
되며, 나 여호와가 이루고자 하는 뜻
이 무엇인지 내가 역사하는 모두를 알
수 있다 하였거늘,
24 어찌하여 너희들이 그와 같은 그 행위
하나 행하지 못하고 그리 어리석은 삶
을 사는가?
25 불안과 공포요, 초조한 마음을 가지고
있는 자, 너희들이 정녕 죽어 나에게
오를 수 있는 자신이 없는 자, 너희들
이 지금까지 살아온 그 죄의 죄목을
하나하나 기록하니 다 기록할 수도 없
는 자,
26 스스로도 그 죄의 대가를 받지 아니하
며 대가를 치르지 아니하며 아니 된다
하여 공포에 떨고 있는 백성, 너희들
은 나의 새로운 성경을 접하여 정독하
도록 그리하라.
27 그를 정독하면 너희들이 그 모든 불안
과 공포의 초조함이요, 공허함에서 벗
어날 수 있는 길이 여기 있다 함을 알
라 그리 전하라.

10,973 번째 하나님 말씀

2004년 5월 8일 22시 12분

1 사랑하는 나의 아들아!
2 "네, 아버님! 말씀하옵소서."
3 인간 세상에 갓 태어난 아이요, 걸음
마를 시작하는 아이요, 그 아이들을
성인으로서 인격을 갖춘 자며 사회인
으로서 모두를 대우하지 아니하며 완
성된 백성이라 그리 보지 아니하지 않
더냐?
4 그 아이가 서서히 걷고 자라서 성인이
되었을 때, 그는 성인의 인격으로써
너희들이 인생의 삶의 파트너로서, 동
반자로서 모두를 다 이루어 가는 것이
아니더냐?
5 그러니 걸음마를 시작하는 아이들처
럼, 지금의 나의 새로운 성경이 세상
에 내려가 아직 성인이 되지 아니하였
으며, 막 갓 태어나는 아이가 걸음마
를 배우는 그와 같은 형국으로써 지금
나의 새로운 성경이 세상에 전해지고
내려감이니라.
6 지금 나의 새로운 성경이 내려져 있는
것, 그것이 바로 너희들이 보는 나약
하고 그리 어린아이 같으며, 아직 너
희들이 성인으로서 대해질 수 없는 그
와 같은 형국임을 알아야 될 것이니라.
7 그러니 너희들이 그와 같은 형국에 처
해 있기 때문에, 지금은 그 모두가 너
희들을 핍박하지 아니하며 너희들을
공격하는 그와 같은 것을 지금 아직
하지 아니하고 있음을 너희들은 알아
야 될 것이니라.
8 그러나 이것이 나의 뜻이요, 나의 참

진리의 길이 아니라, 그저 저희들이
무시하고 지나가는 길에 그저 한 번
핍박하는 것, 그와 같은 찔러 보는 그
와 같은 행위로써 지금 그들이 그치
고, 그 이상의 너희들에게 핍박을 하
지 아니하고 있는 것은 바로 무엇인
줄 알겠느냐?
9 이는 나 여호와의 뜻이 아니요, 참진
리가 아니요, 그저 아이들처럼 어린아
이처럼 너희들을 그리 보며,
10 아직 성인으로서의 자질이 없으며 성
인으로서 아직 성장하지 아니하였기
에 아이로 보는 그와 같은 형국이기에,
11 그저 지나가면서 핍박을 하는 정도로
써, 지나가면서 시시비비를 하는 것으
로써 그들이 지금 그치고 있느니라.
12 그러나 언젠가는 어린아이가 자라서
성년이 되듯이, 나의 새로운 성경이
서서히 세상에 전해져 그 빛을 보기
시작할 때, 그리고 너희들이 서서히
성장해 갈 때, 그리고 나의 아들을 따
르는 그 제자들이 또 수없이 늘어 갈
때,
13 그때에도 과연 내 위대한 능력이요,
내 역사하는 것, 그것을 보고 있는 그
집단들이 지금처럼 그대로 있으며 그
대로 그저 지나갈 때 핍박하는 것, 그
저 시시비비 한 번 하는 지나가는 그
와 같은 형국으로 있을 것 같으냐?
14 절대 그렇지 아니함이니라.
15 그들은 너희들이 감당키 어려울 정도
로 너희들에게 공격할 것이며 너희들
을 핍박할 것이니라.
16 그러니 그들이 모두가 다 하나로 연결
되어, 그리고 하나의 고리로 연결되
어, 그리고 하나의 힘으로 뭉쳐, 저희
들이 모두를 다 집어치우고,
17 그저 오로지 사랑하는 나의 아들과 그
를 따르는 제자들이요, 그리고 새로운
성경, 이를 세상에 존재하지 못하도록
사탄이요, 이단이라 하여 규정짓는 데
그들이 하나가 되어 너희들을 핍박할
것이니,
18 그때 너희들이 견디는 그와 같은 힘을
위하여 오늘의 너희들이 완벽한 백성
으로서 거듭나는 길을 가지 아니하면
아니 될 것이니라.
19 지금의 모든 종교 집단이요, 지도자
저희들이 어울려 싸우며 시시비비하
며 서로가 사탄이요, 이단이라 저희들
의 밥그릇을 놓고 싸움을 하나,
20 나의 아들을 따르는 제자 너희들이 성
장하여 성인이 되며, 나의 새로운 성
경이 전해지고 전해져 너희들이 말하
는 성년의 그 자리를 잡았을 때,
21 서로 밥그릇 싸움하고 치고받던 자들
이, 서로 이단이요, 사탄이라 삿대질
하고 손가락질하던 그들이 하나가 되
어 너희들에게 공격하며 환란 속으로
이끌어 낼 것이며, 그 엄청난 환란의
분란은 과연 어찌 감당할 수 있겠느냐?
22 인간으로서 감당하지 못할 만큼 무서
우리만큼 그들이 너희들을 핍박하고
공격해 올 것이니라.
23 그러니 그 모두를 너희들이 이길 수
있는 것은 무엇이더냐?
24 너희들이 하늘의 지혜를 얻어 그 지혜
로써 모두를 넘어야 될 것이며, 진정
한 하얀 마음으로써 너희들이 변화되
었을 때 나의 성령이요, 내가 너희들

과 같이함이니, 그들을 모두 다 물리
치며 그들을 다스릴 수 있을 것이니라.
25 그러나 너희들이 하얀 마음이 되어 성
령으로 임한 백성이 되지 못했을 때,
너희들은 그 환란을 견디지 못할 것이
며 그들을 너희들이 이길 수 없음을
알라.
26 그러니 나의 아들을 따르는 제자들이
요, 나의 법전을 읽고 선택된 백성, 너
희들이 정녕 하얀 마음으로써 하늘을
향하여 한 점의 부끄러움이 없는 그와
같은 삶을 사는 데 모두를 다 바치도
록 그리하라.
27 그리해야만 너희들이 승자가 될 수 있
음을 알라.

10,974 번째 하나님 말씀

2004년 5월 8일 22시 20분

1 사랑하는 나의 아들아!
2 "네, 아버님! 말씀하옵소서."
3 수천 년 동안 흘러오는 종교 집단이
요, 지도자라는 자, 너희들이 언제까
지 어린아이의 신앙의 믿음에서 벗어
나지 못하고 캄캄한 밤을 헤매고 있을
것인가를 한번 그들에게 물어보도록
그리하라.
4 지금의 모든 종교 집단이요, 지도자
요, 그 구원을 받았다는 신도들, 그들
이 지금의 참진리요, 나 여호와의 뜻
을 행하는 것이 아니요, 그 길을 오는
것이 아니며,
5 더욱이 너희들이 그와 같은 길을 알려
하지도 아니하며 그 길을 찾으려 하지
도 아니하며, 그 길에 의하여 너희들
이 모두를 걸고 가는 그와 같은 삶을
살려 하지도 아니함이니라.
6 그저 너희들은 종교 지도자들이 재물
을 받고 받은 만큼 가르치고 강론하는
것, 그를 듣고 '아멘, 할렐루야!' 하며
구원받았다고 몸부림치는 자들,
7 그러니 너희들이 참진리의 길이요, 하
늘에 오르는 길을 알려고 하지도 아니
하며 그를 들여다보지도 아니하며 그
길을 찾으려 하지도 아니하며,
8 너희들이 정녕 나 여호와의 성령으로
써 임하는 그와 같은 거듭나는 백성의
길을 가고자 하는 자들도 아니니라.
9 그저 종교 지도자들이 하는 대로 앵무
새처럼 울고불고 너희들이 그저 소원
빌어, 너희들의 그 소원을 얻었으며,
얻었으니 은혜받은 자요, 은혜받았으
니 구원받을 자격이 있다는 자, 그리
고 구원을 받을 수 있게 모두가 다 준
비되며 구원을 받았다 하는 그 어리석
은 백성들,
10 너희들이 지금 어떠한 것을 가지고 공
부하는가?
11 나 여호와가 내린 너희들의 그 성경이
요, 신약의 성서를 가지고 너희들이
그 뜻을 알고자 노력하며 숨겨진 비밀
을 찾고자 하여 노력하고 공부하는 것
이 아니라,
12 성경에 한 글자도, 한 마디의 말도 고
치지 말며 다스리지 말며 네 임의대로
해석하지 말라 그리 가르침이니,
13 그것을 하나도 알지도 못하는 백성 너
희들이 지금 나의 피조물 만백성들을
하늘로 오르는 길을 간다고 하는 것이
아니더냐?

14 그러니 한 글자, 한 마디 기록된 것을
너희들이 그 뜻도 모르고 그 비유의
뜻을 알지 못하기에, 거기에 얽매여
서로가 시시비비하고 있는 것이 너희
들의 오늘의 믿음이니,
15 과연 그와 같은 믿음 속에서 언제 너
희들이 벗어날 수 있겠는가?
16 너희들은 지금 무엇을 위하여 종교 집
단의 지도자가 존재하느냐?
17 구원을 받을 수 있다는 것, 저희 교회
에 오는 자만이 구원을 받을 수 있다
너희들이 그리 말하며,
18 너희들이 이름 붙여 놓은 모든 종파
요, 그리고 나와는 관계도 없는 그와
같은 너희들, 이단이요, 사탄의 그 집
단들, 너희들이 그저 너희들 마음대로
이름을 지어 붙인 그와 같은 그들,
19 그리고 자기 종파에 와야만 구원을 받
는다 그리 말하며 자기 종파와 교리를
내세우는 데 모두를 다 바치고 있는
것이 오늘의 너희들의 형국임을 알라.
20 남들이 보기에는 너희들이 그와 같이
선량한 백성으로 보이려 하며, 선량한
신도들이요, 그리고 사랑을 베푸는 백
성이요, 사랑을 베푸는 너희들이 믿음
의 길을 가는 신도요,
21 그리고 너희들이 정녕 한 점의 부끄러
움이 없는 아름다운 모습으로 살아가
는 자, 그리고 도덕적으로 한 점의 부
끄러움이 없는 그와 같은 삶을 사는
백성이라 너희들이 그리 보이고자 하
나,
22 너희들의 그 모두가 다 위장된 자들이
요, 그리고 너희들 자신이 가장 위선
자라는 것을 너희들은 알아야 될 것이
니라.
23 말로써 너희들이 선량한 백성이요, 그
리고 사랑을 베푸는 백성이라 그리 말
하나, 그 모두가 위장된 속에서 너희
들이 가장 위선자들의 집단이요, 너희
들 개개인이 다 그리 전락되었음을 알
아야 될 것이니라.
24 그러니 너희들이 지금 어찌하고 있느
냐?
25 너희들은 순박한 자들로 보이며 아름
다운 자로 보이며 위대한 백성으로 보
이려 하나,
26 너희들이 이단이라, 이방인이라는 말
하는 그 순박한 백성들이 너희들이 하
고 있는 짓, 너희들이 가는 그 믿음을
보고 지금 비웃고 있다는 걸 모르는
가, 그리고 너희들이 그들로부터 비웃
음을 당하고 있다는 걸 모르는가?
27 그들로부터 너희들이 손가락질을 받
으며 인간 이하의 대우를 받는 지경에
이른 것을 어찌하여 너희들이 모른단
말이더냐?
28 그러니 너희들이 말하는 그 순박한 이
방인들이 너희들을 얼마나 비웃으며
손가락질하며 너희들을 인간 이하로
보고 있는가, 너희들을 스스로 깨우치
라.
29 너희들을 나의 피조물 만백성이 보기
를 너희들이 선량한 백성이요, 사랑을
베푸는 백성이요, 선한 백성으로서 아
름다운 일을 행하고 지키는 신도들이
요,
30 그와 같은 모습으로 너희들이 그들에
게 보여 주려는 그 위장된 소리를 이
제 중단하며, 그 위선된 행위를 너희

들이 이제 탈을 벗을 때가 되었음을
알아야 될 것이니라.
31 더욱이 순박한 이방인들이 너희들을
보고 가련하고 불쌍한 백성들이라 비
웃고 있으며 손가락질함을 알라 내가
그리 전하지 않는가?
32 맹종 맹신하다 보니, 너희들이 나의
백성들이 너희들에 대한 불신의 골이
지금 얼마나 깊은 줄 알겠느냐?
33 너희들이 말하는 믿지 않는 백성이요,
이단이라는 그 백성들이 너희들과 그
들은 넘지 못할 그 불신의 고리가 파
이고 파여 있음을 알아야 될 것이니,
34 그 모든 불신의 골을 누가 만들었는가?
35 오늘의 종교 집단 너희들이 위장이요,
위선된 자들이기 때문에 그와 같은 형
국에 이르렀음을 알라 그리 전하라.

10,975 번째 하나님 말씀

2004년 5월 9일 06시 11분

1 사랑하는 나의 아들아!
2 **"네, 아버님! 말씀하옵소서."**
3 사람이 살아가면서 악과 선의 두 길에
서 항상 너희들이 몸부림치는 그 처절
한 싸움을 해야 한다 함이니라.
4 혈투와 같은 싸움을 해서 너희들이 선
을 선택하는 그와 같은 삶을 살지 아
니하면 아니 된다 내가 너희들에게 그
리 말하였으니, 그 애절한 마음을 알
겠느냐, 사랑하는 나의 아들딸들아!
5 너희들이 인간 세상에 살아가는 그 삶
도 그러하니라.
6 너희들이 게으름을 피우기 시작하면
그 게으름에 즐거움이 있으니, 그 게
으름을 피우는 것보다도 너희들이 그
게으름에 즐거움을 얻는 것, 게으른
삶을 사는 것이 너희들이 행복과 즐거
움이라 생각하는 것이 더 무서운 것임
을 알아야 될 것이니라.
7 게으르고 게으른 자에게 얻어지는 게
무엇이 있으며 이루어지는 것이 무엇
이 있겠느냐?
8 나의 법전을 만들어 전하는 것 또한
너희들이 그러하니라.
9 나로부터 성령을 받는 나의 아들 네가
게으르면 네가 나의 성령을 받아 너의
제자들에게 넘길 수가 없으며, 그리고
나의 새로운 성경이 앞으로 나가지를
못하는 것이니라.
10 너의 제자들 또한 나의 성령으로써 내
려보내는 나의 이 새로운 성경을 만듦
에 있어서, 그들이 게으름을 피우고
게으름을 피우기 시작하면 그 게으름
이 끝도 없음이니라.
11 그러니 너희들이 어떠한 마음을 가지
고 역사하느냐가 얼마나 중요한 것인
줄 알겠느냐?
12 너희들이 부지런한 자, 또한 부지런한
삶을 살다 보면 그는 계속 그 부지런
한 삶에서 행복을 느끼고 기쁨을 얻음
이니,
13 너희들이 부지런히 사는 것보다도 부
지런히 사는 삶에서 기쁨과 행복을 얻
는 것, 그것이 더 위대하고 소중함이
니라.
14 그러니 너희들이 부지런히 사는 자는
삶에 따라서 그 역사함이 있으며 그
얻는 것이 있느니라.
15 오늘 하루를 너희들이 게으름을 피우

는 것, 그리고 잠시 게으름을 피우는
것, 그것은 너희들이 하루하루가 몇
시간이 아니 될 것 같으나,
16 그것이 너희들이 1년, 2년이요, 10년,
100년 너희들이 죽을 때까지 그 게으
름을 피우는 시간과 그 열심히 사는
사람과의 그 시간의 차이는 오늘은
아무것도 아니나,
17 그것이 쌓이고 쌓였을 때는 너희들의
모두가 다 쓰러지는 것이며 거듭나지
못하는 그와 같은 너희들의 삶을 살
게 된다는 것을 알라.
18 사랑하는 나의 아들딸들아!
19 너희들은 게으른 자가 되어서는 아니
되느니라.
20 내가 그러기에 너희들은 시간을 지배
하는 자가 되라 했지, 시간에 끌려가
는 백성이 되지 말라 한 그 뜻을 깊이
깨우쳐 행하도록 그리하라, 사랑하는
나의 아들딸들아!

10,976 번째 하나님 말씀

2004년 5월 9일 06시 15분

1 사랑하는 나의 아들아!
2 "네, 아버님! 말씀하옵소서."
3 성서에 기록하여 전하기를, 나의 아들
예수도 그 고향에서 대우받지 못하며
인정받지 못했다는 그와 같은 말을 너
희들이 하느니라.
4 그러면서 너희들이 스스로 위안을 얻
어서는 아니 됨이니 그리 알라.
5 지금 나의 아들 너 또한 그러며, 너를
따르는 제자 너희도 그러하니라.
6 모든 백성들이 말하기를, 예수도 그
고향에서 인정받지 못했으며 그 모든
사람으로부터 존경받지 못한 그와 같
은 삶을 살았다 하여,
7 너희들도 네 주변의 형제요, 너희들의
고향에서 인정받지 못하는 그와 같은
사람이 되어도 된다는 그와 같은 위안
을 갖지 말라.
8 누가 무어라 하든 지금의 믿음의 길을
가는 백성들이 그와 같이 생각을 한다
해도, 나의 아들을 따르는 제자들이
요, 그리고 나의 새로운 성경을 읽고
깨우친 백성, 너희들은 어찌 가야 되
는 것인 줄 알겠느냐?
9 그와 반대의 삶을 살아야만 되는 것임
을 너희들은 잊지 말라.
10 너희들은 그 뜻을 어찌 깨우쳐야 되겠
는가?
11 "네, 아버님! 저는 그리 생각되옵나이
다.
12 성서에 기록하여 예수님도 고향에서
인정받지 못하며 칭송받지 못한 삶을
살았다 하나,
13 그것은 저희들이 그 저희 고향이요,
제 주변이요, 제 형제로부터 인정받지
못하는 것을 위안으로 삼는 것이 아니
요, 당연히 그러한 것으로 사는 것이
아니라,
14 제 형제요 제 주변으로부터 인정받는
삶을 사는 사람이 곧 하나님의 뜻을
따르는 것이요, 하나님으로부터 명반
은 제자요, 전사라는 것을,
15 그리하여 저희들은 제 주변과 제 고향
으로부터 칭송받으며 인정받는 사람
으로 살아야 된다는 그 깨달음이요,
가르침이 거기에 있음을 이제야 저는

깨달았사옵나이다."
16 사랑하는 나의 아들아!
17 그와 같은 말을 누가 하든 종교 집단
이요, 지도자요, 믿음의 길을 가는 자
들이 그리 말하여 제가 바로 서지 못
하며 고향으로부터 제 주변 사람으로
부터 인정받지 못하는 것을 스스로 위
안하는 그와 같은 생각을 갖는다 해도,
18 너희들은 그 반대로, 거기서부터 인정
을 받으며 너희들이 존경을 받는 그와
같은 백성으로 너희들이 변화되고 거
듭나지 않으면 아니 된다는 가르침의
뜻이 거기 있음을 너희들은 알라.
19 인간 세상에 너희들이 살아가면서 저
자신을 잘 다스리며 가정을 잘 다스리
는 자, 나라를 다스릴 수 있으며 세계
를 다스릴 수 있는 그와 같은 기초라
하지 아니하였느냐?
20 그 의미의 뜻을 너희들이 안다면, 이
제 너희들은 네 형제요, 네 주변이요,
그리고 너를 아는 사람으로부터 네 고
향에서 인정받는 자요, 칭송받는 자가
되며,
21 정녕 네가 변했으며, 네가 위대한 변
화의 역사를 이루는 사람이라는 그와
같은 말을 너희들이 듣도록 먼저 그리
해야 된다는 그 의미의 교훈이요, 가
르침이라는 것을 잊지 말도록 그리하
라, 사랑하는 나의 아들딸들아!
22 그러니 너희들은 고향과 형제로부터
존경받고 인정받는 그와 같은 나의 아
들딸로서 거듭나라.
23 그렇지 아니하면 너희들이 나의 명을
대신하는 자들이 아니요, 만백성을 구
하는 전사로서 설 자격이 없음을 알아
야 될 것이니라.
24 이 의미를 알았다면 너희들은 오늘부
터 삶을 그리 살아가도록 그리하라.

10,977 번째 하나님 말씀

2004년 5월 9일 06시 21분

1 사랑하는 나의 아들아!
2 "네, 아버님! 말씀하옵소서."
3 너희들이 가는 믿음의 길이요, 나의
성경을 가지고 연구하고 공부하는 백
성 너희들은 이를 정독하고 또 정독하
며, 나 여호와가 어찌하여 이와 같은
역사를 이루는 것인가, 그 깊이를 알
고자 꾸준히 노력하는 자가 되어야 너
희들이 하늘의 지혜를 얻는다 하였음
이니라.
4 그러니 마음이 흔들리는 자, 마음이
동요되는 자는 이를 알 수가 없음이니
라.
5 너희들 인간 세상에서 말하기를 '고기
라 하는 것은 씹고 씹음으로써 거기에
참맛을 안다.' 하지 않느냐?
6 그러니 너희들이 피나는 노력으로써
나의 새로운 성경을 읽고 정독할 때
흔들리는 마음이 되지 아니하고, 너희
들이 이를 가지고 공부할 때, 나의 아
들을 통하여 내리는 강론을 너희들이
받아들일 때, 그리하여야 그 흐름을
알게 되는 것이니라.
7 너희들이 흐름을 모르며 그 흐름의 줄
기를 잡지 못하면 아무것도 알 수가
없음이니라.
8 사랑하는 나의 아들딸들아!
9 너희들이 흰 고무신이요, 검정 고무신

이요, 분홍 고무신이요, 빨간 고무신
이요, 고무신을 자주 갈아 신는 자, 너
희들은 발이 편할 것 같으나 결국 발
이 편하지 아니하며,
10 그와 같이 움직이는 자는 깨달음을 알
수 없으며 진리를 알 수 없음을 알아
야 될 것이니라.
11 너희들이 오늘의 가는 그 믿음의 길이
요, 나의 새로운 성경을 읽고 깨우친
백성 너희들이 그와 같이 이 고무신
저 고무신을 신는 것처럼 마음이 흔들
리고 변하는 자는 그 깊이를 알 수 없
으며 그 뜻을 알 수 없으며 결코 변할
수가 없음이니라.
12 너희들은 고무신을 신는 것이 중요한
것이 아니요, 고무신을 바꿔 신는 것
이 중요한 것이 아니라,
13 묵묵히 너희들의 자리를 지켜 진리를
깨닫는 것, 그리고 나 여호와의 뜻이
무엇인가 그를 연구하는 것은 너희들
이 어떠한 신발을 신었느냐 하는 것하
고는 아무런 관계가 없음을 알라.
14 지금 나의 아들을 따르는 제자 너희들
도 이 신발이요, 저 신발을 신듯이, 너
희들의 마음이 흔들리며 너희들의 마
음이 그리 쏠려서는 아무것도 이룰 수
없음을 알라.
15 묵묵히 앉아 기도하고 경배하며 나의
새로운 성경을 읽고 또 읽어 너희들이
그 속에 있는 참뜻을 알 수 있는, 스스
로 하늘의 지혜를 얻을 수 있는 눈이
뜨이지 아니하면 아무것도 얻을 수
없으며 역사할 수 없는 것이니라.
16 그러니 너희들이 그와 같이 변화되지
않는 마음이요, 그 진실된 마음이요,
무게 있는 그 마음 자세로써 나의 새
로운 성경을 정독하고 읽고 깨우쳤을
때,
17 모두를 역사할 수 있는 것이 너희들에
게 있다는 것을 전하도록 하라, 사랑
하는 나의 아들아!

10,978 번째 하나님 말씀

2004년 5월 9일 06시 30분

1 사랑하는 나의 아들아!
2 "네, 아버님! 말씀하옵소서."
3 알코올이라는 것을 너희들이 많이 흡
수함으로 병을 얻음이니, 의사 또한
진단하기를 너희들에게 그 알코올을
중단하며 그를 멀리하지 아니하면 너
희들의 생명을 내린다 그와 같은 의사
의 진단이 있다 해도,
4 너희들이 지각없는 백성은 그 알코올
을 중단하지 아니하며 그를 저 자신을
속이며 제 가족을 속이며 제 이웃을
속이며 제가 그 알코올을 계속 마신다
하면, 과연 너희들은 어찌 되겠느냐?
5 결국, 그는 죽음의 그림자에서 벗어나
지 못하는 그와 같은 삶을 사는 것은
당연한 것이 아니더냐?
6 그리고 그와 같은 백성을 너희들은 얼
마나 미련한 백성이요, 불쌍한 백성이
라 그리하겠느냐?
7 그러니 지금 너희들은 들어야 될 것이
니라.
8 지금 수천 년 동안 믿음의 길을 오는
그와 같은 백성들, 너희들이 지금 종
교 집단이요, 지도자의 지시를 받는
그 구원을 받았다 하는 백성, 너희들

이 지금 이 길은 아니요, 이것은 정녕
구원을 받는 길이 아니요, 하늘에 오
르는 길이 아니요, 잘못됐다는 것을
알고 있느니라.
9 그러면서도 너희들이 그 길을 그대로
가며 그 길을 벗어나려 하지 아니하며,
10 너희들이 참진리의 길을 찾아 정녕 하
늘에 오르는 길이 무엇인가를 깨닫는
그와 같은 변화된 삶을 살지 아니한다
면, 바로 무엇이더냐?
11 의사가 진단해 알코올을 네가 계속 네
몸에 부을 때 너는 죽을 것이라는, 그
리고 너는 살지 못한다는 그와 같은
진단을 내린 그 병명을 알면서도,
12 그걸 저를 속이고 가족을 속이면서 그
저 마시는 자, 그 어리석은 백성과 무
엇이 다르더냐?
13 그는 육의 삶의 육으로써 죽어 가는
그 병의 진단이니라.
14 그러나 지금 너희들이 하늘에 오르는
길이요, 거듭나는 것이요, 영원히 사
는 그와 같은 길을 너희들이 잘못된
길이요, 이것은 이 길이 아니라 하는
것, 너희들이 공허하고 허전함을 느끼
고 불안을 느낀다 하면,
15 너희들이 바로 알코올을 마시면서도
그 죽음의 선고를 받은 자가 계속 마
시는 자와 무엇이 다르단 말이더냐?
16 이제 사랑하는 나의 백성 너희들은 내
가 모두를 다 같이 사랑하느니라.
17 태양이 세상을 골고루 비춰 주며 바람
이, 그저 수없이 너희들의 구석구석
거치지 아니하는 곳이 없듯이, 내가
너희들을 사랑함을 똑같이 사랑한다
함이니라.
18 그러니 사랑하는 나의 뜻을 알며 내
마음을 안다 하면, 너희들이 정녕 지
금 잘못되었으며 잘못 가고 있다 하
면, 너희들은 이를 바로잡는 거듭나는
삶을 살지 아니하면 아니 됨이니라,
사랑하는 나의 아들딸들아!
19 너희들은 보혜사가 올 것이며 새로운
구원자가 올 것이라 그 모두를 알고
있느니라.
20 그러면서 너희들은 어찌 생각하는가?
21 하늘의 천사요, 하늘의 그 천병들이
나팔 불며 요란하게 올 것을 바라고
또 바라며,
22 그가 와서 너희들이 죽은 자 속에서도
너희들이 믿은 자는 구원하며, 지금의
믿고 있는 자, 너희들은 들림을 받아
구원을 받는 것이라는 그 어리석은 생
각을 하지 말라.
23 어찌하여 너희들이 그리 그 모든 욕심
이요, 너희들이 그리 어리석단 말이더
냐, 사랑하는 나의 백성들아!
24 나의 아들 예수가 2천 년 전에 왔으
니, 만백성의 왕이요, 만왕의 왕으로
서 세상에 온다 했음이니, 그가 과연
얼마나 초라한 모습으로 세상에 왔는
가?
25 그보다도 더 초라한 모습으로써 너희
들을 구원하고 선별할 자가 올 것이니
라.
26 나의 아들 예수가 세상에 내려가면서
도 그리 초라하고 너희들이 보잘것없
는 그와 같은 모습으로 태어났으며 그
가 그와 같은 삶을 살았거늘,
27 어찌하여 너희들이 지금의 세대는 천
병을 거느리고 나팔 불며 요란하게 세

상에 와 너희들을 구원하고 구원하지
아니할 자를 선별한다 그 생각을 하
며, 그와 같은 너희들이 그걸 기다리
고 그 환상 속에 빠져 있는가?
28 그것 자체가 너희들이 잘못된 것임을
알라.
29 나의 아들 예수보다도 더 어렵고 힘든
그와 같은 길을 가는 자, 그와 같은 길
로써 세상에 와 만백성을 구하는 그와
같은 역사가 이루어지는 것은 당연한
것이거늘, 어찌하여 너희들이 그 이치
하나도 깨닫지 못한단 말이더냐?
30 2천 년 전에 나의 아들 예수요, 나의
성령으로 태어난 나의 아들이 너희들
의 왕으로 온다는 것, 그리고 만백성
을 다스리는 지도자가 온다는 것을 너
희들은 알고 알았느니라.
31 그러나 그가 올 때 너희들은 왕자요,
궁궐 같은 곳에서 태어나며 너희들에
게 부귀영화요, 모두를 주는 그와 같
은 왕이 올 것이라 하였으나, 가장 초
라하고 가련하고 불쌍한 모습으로써
세상에 태어났음이니,
32 너희들을 구하러 오는 자, 또한 그와
같이 오는 것이 당연한 것이라는 걸,
그 이치 하나도 깨닫지 못하고 나팔
불며 천군을 데리고 천사를 앞세워 요
란하게 와, 너희들을 구원하고 구원하
지 않는 그 구분을 할 것이며,
33 믿는 자는 무조건 구원이요, 믿지 않
는 자는 구원을 받지 못한다는 그와
같은 환상이요, 착각에서 너희들이 벗
어나는 것이 도리가 아니더냐?
34 나의 아들 예수도 그리 갔거늘, 너희
를 구원하는 자 세상에 오니, 그리 오
지 않느니라.
35 지금 내가 나의 아들을 통하여 새로운
성경이요, 이가 얼마나 힘들고 어렵게
그 길을 가며 그들이 고통 속에 가는
가?
36 그들의 마음이 지금 상처투성이며 그
들의 온몸이 다 상처투성인 그와 같은
어렵고 힘든 길에서 새로운 나의 성령
이 세상에 내려가는 것은, 나의 아들
예수가 어렵게 태어난 것과 똑같은 그
이치임을 어찌하여 너희들이 모른단
말이더냐, 사랑하는 나의 아들딸들아!
37 너희들이 바로 하늘의 지혜를 모르며
하늘의 나의 뜻을 모르기 때문에 그
러하니,
38 그 욕심이요, 어리석은 너희들의 그
생각에서 모두를 지우고 세상을 다시
보면, 어렵고 힘들게 내려가는 나의
성령이요, 새로운 성경이 어떠한 것인
가를 너희들이 알게 될 것이니라.
39 천병을 데리고 나팔 불며 천사를 앞세
워 내려오는 그와 같은 역사가 아님을
알라 그리 전하라, 어리석은 그 백성
들에게.

10,979 번째 하나님 말씀

2004년 5월 9일 06시 38분

1 사랑하는 나의 아들아!
2 **"네, 아버님! 말씀하옵소서."**
3 나의 새로운 성경을 만들며 그리고 너
를 따르는 자, 내 뜻을 따라 하늘에 오
르고자 가는 백성 너희들은 오늘의 저
려 오는 아픔이요, 그 고통과 시련 속
에서 나의 새로운 성경을 만들어 만백

성을 구하는 그 역사를 이루는 것이
당연함을 그리 알라 전하라.
4 너희들이 부귀영화 속에서 이를 만든
다면 나 여호와는 결코 공의의 하나님
이 아니지 않더냐?
5 가장 낮은 자세요, 가장 어렵고 힘든
속에서 너희들이 바로 서며 곧게 서는
그와 같은 삶을 살면서, 너희들이 어
려운 환경 속에서 나의 새로운 성경을
만들어 만백성을 구하는 그 역사를 이
룰 때,
6 가진 자, 너희들보다 호화로운 자, 너
희들보다 나은 생활을 하는 자, 그들
이 부끄러운 줄 알 것이며,
7 그들이 과연 깨우치지 못하는 저 자신
이 얼마나 무서운 것이며, 오늘의 저
희들이 깨달음을 가지 못하는 자들이
얼마나 잘못된 백성인가 그것을 알게
될 것이니라.
8 나의 아들 예수가 2천 년 전에 성령으
로 가장 가난한 자요, 낮은 자로 태어
나 오늘의 모든 역사를 이루었던 것처
럼 그러하니라.
9 그가 왕으로 태어나서 모두를 지배하
고 다스리는 그와 같은 속에서 역사
했다면, 정녕 그의 위대한 값이 아니
요, 나 여호와는 공의의 하나님이 아
니라 함을 너희들은 알아야 될 것이니
라.
10 가장 낮은 자요, 가장 어려운 속에서
너희들이 모두를 역사할 때,
11 그보다 나은 환경에서 자란 자, 그보
다 나은 물질 속에서 자란 자, 그보다
나은 환경이요, 권력 속에서 자란 백
성, 그들이 저희들이 부끄러운 줄 알
게 될 것이며, 저희들이 얼마나 거듭
나는 길을 가야 될 것인가를 스스로
알게 될 것이며, 그리 그들을 깨우쳐
야 되기 때문임을 너희들은 알라.
12 그러니 나의 아들을 따르는 제자들이
요, 나의 새로운 성경을 만드는 너희
들은 어렵고 힘든 고비와 같은 그 길
을 가지 아니하면 아니 됨이니라.
13 외줄을 타는 사람처럼 너희들이 어렵
고 힘든 길을 너희들의 노력으로써
그 외줄을 타고 무사히 그 임무를 마
치는 사람처럼 너희들이 그 모두를 역
사하지 아니하면 아니 됨이니라, 사랑
하는 나의 아들딸들아!
14 그것이 너희들이 가야 할 길이요, 너
희들이 역사하는 것이니라.
15 너희들에게 내가 풍요로움을 주며 권
력을 주며 재물을 줘서 너희들이 그
모두를 역사한다면, 이는 공의의 하나
님이 아니며,
16 너희들보다 못한 자는 결코 깨달을 수
가 없으며, 그들은 원망할 것이니라.
17 그와 같은 여건이요, 그와 같은 환경
을 준다면 누가 그 길을 가지 못하며
그를 역사하지 못하며 지키지 못할 자
가 어디 있겠느냐 하여,
18 너희들의 환경보다 낮은 자요, 어렵고
힘든 자는 따르지 아니하며 그를 공부
하지 아니하며 그 깨달음의 길을 가지
아니하려 할 것이니라.
19 게으른 생활을 하는 자, 게으름의 생
활이 문제가 아니라 게으름 속에서 기
쁨을 얻고 기쁨이라는 것을 느끼는 것
이 가장 큰 병폐요, 잘못됐다 하지 아
니하였느냐?

20 그러니 그와 같은 이유요, 그와 같은
뜻으로써 깨달음을 게을리할 것이며,
바로 서고자 하지 아니하는 백성들이
이 세상을 지배할 것이니라.
21 나의 아들 예수가 그렇게 가난하고 가
난한 속에 태어났음이니,
22 가난한 자도 저희들이 할 말이 없으
며 가난한 자도 이유가 없으며 가난한
자도 변명이 없음이니라.
23 그 지혜를 얻고 진리를 지키고 너희들
이 아름답게 살아가는 그 삶을 사는
것에 그 누가 이유를 댈 수 있으며 누
가 거기에 변명을 댈 수 있단 말이더
냐?
24 가장 가난한 자요, 가장 낮은 세상에
서 태어나 가장 낮은 삶으로써 진리를
가르치고 나 여호와의 뜻을 전했기에
위대한 것이며,
25 가진 자나 갖지 아니한 자들이 변명할
수 없으며 저희들이 함부로 이유를 댈
수 없는 그와 같은 형국이니라.
26 그러니 이 뜻을 알겠느냐, 사랑하는
나의 아들딸들아!
27 성경을 만들며 내 뜻을 역사하는 너희
들의 곱고 아름다운 그 손을, 그 마음
을 나 여호와가 모르지 아니함이니라.
28 그러니 너희들은 내 뜻을 알겠느냐?
29 대를 위하여 소가 희생함이니,
30 너희들은 진정한 길이요, 정도의 길을
가지 아니하면 아니 되며, 나 여호와
가 또한 공의의 하나님으로서 공정하
게 너희들을 이끌어 가지 아니하면 아
니 됨이니,
31 그러니 너희들은 오늘의 물질은 어렵
고 힘들다 해도 마음이 행복하며 마
음이 풍요로우며 마음으로써 세상을
다 얻은 것을 알라, 사랑하는 나의 아
들딸들아!
32 이것이 너희들이 얼마나 큰 영광이고
축복인 줄 알겠느냐?
33 눈으로 보이는 재물이요, 권력이요,
금화와 은화를 가지고 너희들이 나의
이 새로운 성경을 갖고 만백성에게 전
하며 세상에 전한다면, 누군들 못 하
며 누군들 그 역사를 할 수 없겠느냐?
34 가난하고 어렵고 힘든 속에서, 누구도
갈 수 없는 그 속에서 나의 새로운 성
경을 세상에 전할 때,
35 가난한 자요, 없는 자도 이를 접하면
서 그 기쁨을 알 것이며 영광됨을 알
것이며, 제가 피하려 하지 아니할 것
이며 제가 이유를 대지 못할 것이니라.
36 있는 자, 없는 자, 모두가 다 너희들이
변명할 수 없는 이와 같은 역사 속에
서 이루어짐이니 이것이 나의 뜻이니,
37 이제 나의 아들을 따르는 제자들이요,
새로운 성경을 읽고 깨우친 백성, 너
희들은 예수가 왜 가난한 속에서 태
어났는가를 알겠느냐?
38 그리고 너희들이 어렵고 힘든 속에서
가는 것이 왜 그런 것인 줄 알겠느냐?
39 사랑하는 나의 아들딸들아!
40 이것이 나 여호와의 뜻이요, 하늘의
뜻이며 위대한 뜻이니,
41 하늘의 지혜를 너희들이 얻는다면 이
를 알아들을 것이니라, 사랑하는 나의
아들딸들아!

10,980 번째 하나님 말씀

2004년 5월 9일 06시 44분

1 사랑하는 나의 아들아!
2 "네, 아버님! 말씀하옵소서."
3 지금의 모든 종교 집단이요, 지도자
그들이 나의 아들 예수가 왜 마구간이
요, 가난한 속에서 태어났으며, 왜 그
가 그와 같은 삶을 살아가게 했는지
그 뜻을 아는 자가 하나도 없음이니라.
4 그러니 나의 아들 예수를 따르며 그
보혈이요, 은혜로써 너희들이 구원을
받았다 하는 그 자체가 다 허상이며,
너희들이 만들어 낸 이야기며, 너희들
이 다 쓸데없는 길을 가고 있느니라.
5 너희들은 나의 아들 예수가 왜 가난하
고 어렵게 태어났는가 그 근본부터 안
다면, 모든 종교 집단이요, 지도자 너
희들이 살아가는 자세가 어찌 되어야
될 것인가를 알 것이니라.
6 나의 아들 예수가 부유함이요, 왕궁에
서 태어났다면, 그보다 못한 자들은
그걸 진리라 따르지 아니할 것이며,
그가 나의 아들이라 그리 따르지 아니
할 것이니라.
7 그와 같은 여건에서 그와 같은 역사를
이루지 못할 사람이 어디 있느냐 말할
것이니라.
8 그러니 나의 아들이 가장 어렵고 여건
이 나쁜 속에서 태어났다 하지 아니하
였느냐?
9 그러니 지금의 가는 모든 종교 집단이
요, 지도자들이 얼마나 저희들이 나의
피조물 만백성으로부터 재물을 거둬
들이며 저희들이 부귀를 누리고 있는
가?
10 그와 같은 속에서 너희들이 바로 가
라, 진리를 깨우치라 말하지 못할 자
가 어디 있겠는가?
11 내가 너희들에게 말하였느니라.
12 같은 말을 한다 해도 너희들이 아름다
운 마음을 가지고 하는 건 천사요, 아
름답지 못한 마음으로 하는 것은 사탄
이 하는 말이라 하였음이니, 그리하여
지도자가 바로 서야 된다 하였느니라.
13 그러니 지금 나의 사랑하는 백성들로
부터 재물을 거둬들여 부귀영화를 누
리며 호의호식하고 있는 자들, 그리고
최상의 생활을 하는 자, 궁궐 같은 속
에서 생활하는 자들이 어찌하여 너희
들이 가난하고 힘들고 어려운 자의 마
음을 알겠느냐?
14 그 모두를 너희들이 덜어 버리고 다
지워 버려야만 됨을 너희들은 알 것이
니라.
15 나의 아들 예수가 가난하고 힘든 곳에
태어난 것은, 그들이 모두 다 불평하
지 아니하며 따르도록 그와 같은 역사
를 했음이니,
16 지금 모든 종교 집단들이 하고 있는
것이, 나의 아들 예수가 어찌하여 가
난하게 태어났으며 가난한 속에서 세
상에 내가 그를 내어 보냈는가 하는
것을 너희들이 안다면,
17 오늘의 너희들의 삶이 얼마나 부끄럽
고 너희들이 추한 모습인가, 그것을
스스로 깨달을 수 있을 것이니라.
18 그러나 너희들은 그를 수술하지 못하
며 그를 바로잡지 못하는 그와 같은
형국이 되었기에, 내가 나의 아들을

통하여 그 제자들로 하여금 나의 새로
운 성경을 가지고 이 세상에 그와 같
은 백성들이 거듭날 수 있는 기초를
다져 감이니라.
19 지금 풀뿌리를 먹으면서 배를 곯아 가
면서 굶주리면서 살아온 백성은 굶주
림을 인내하고 견딜 수 있을 것이니라.
20 그러나 지금 호의호식하는 자, 배부른
자가 과연 저희들이 풀뿌리를 먹고 굶
어야 할 때, 그들이 굶고 견딜 수 있으
며 생명을 지탱할 수 있는가?
21 그들은 본색을 드러내며, 그들은 본색
으로써 저희들이 무너질 것이니라.
22 지금의 굶주림 속에서 풀뿌리를 먹고
사는 자, 너희들이 도둑질하지 아니하
며 남의 것을 넘보지 아니하며 그 굶
주림을 참는 인내함이 있을 것이니라.
23 그러나 지금 부귀와 영화를 누리며 호
의호식하는 종교 집단이요, 지도자 그
들이 가난하고 어려운 자처럼 풀뿌리
를 먹으며 저희들이 굶는 것을 생활로
하다시피 살아간다면,
24 그들은 도둑질할 것이며 강도질할 것
이며 더 사기극을 벌일 것이니,
25 그러니 그것이 그들의 본체요, 실체이
기 때문에, 저희들이 나에게 오를 수
있는 백성이 아니요, 깨달음의 길을
가는 백성들이 아니니라.
26 모든 종교 집단의 지도자가 호의호식
하는 자, 그리고 부귀영화의 편안한
삶을 살아가고자 모두를 바치는 그 사
악한 자들,
27 너희들은 나의 아들 예수가 어찌 가난
하게 태어났으며 불쌍하게 태어나 불
쌍한 삶을 살았는가, 그를 깨우치고
들여다보라.
28 그리하니 그것이 아니면 너희들이 바
로 내 뜻이 아니요, 나의 목자로서 살
아가는 자가 아니라는 것을 명심하도
록 그리 전하라.

10,981 번째 하나님 말씀

2004년 5월 9일 06시 52분

1 사랑하는 나의 아들아!
2 "네, 아버님! 말씀하옵소서."
3 이적과 기적의 역사를 따라 믿음의 길
을 가는 자, 너희들이 다 부질없는 믿
음이라는 것을 이제 알겠느냐?
4 나 여호와는 2천 년 전에 나의 아들을
가장 어렵고 힘든 환경 속에서 그 모
두를 역사하도록 했으며, 오늘 나의
아들 너 또한 그러하니라.
5 너의 제자들과 더불어 가장 어렵고 힘
든 그 조건하에서 나의 새로운 성경을
만백성에게 전하는 그 기적의 역사를
이루고 있음이니라.
6 그러니 지금 모든 역사요, 기적이요,
이적이요, 그와 같은 것을 가지고 그
믿음을 쫓아다니는 그와 같은 불쌍한
백성, 너희들이 그 모두를 중단해야
될 것이니라.
7 내가 일찍이 나의 성경에 기록하여 무
어라 말하였느냐?
8 부분적인 것들이요, 부분적인 역사하
는 것이, 완전한 것이 올 때 모두를 다
폐한다 했으며 그 모두를 덮는다 그리
하였음이니라.
9 너희들이 지금 방언이요, 은사요, 병
고치는 은사요, 기타 등등 너희들이

기적이요, 은혜의 역사를 입었다 하나,
10 그것은 다 너희들의 환상이요, 잘못된
것이요, 사악한 자들에게 넘어가 있는
백성이라 함을 너희들은 알아야 될 것
이니라.
11 그와 같은 것으로써 내가 지금 이 시
대를 이루지 아니함이니라.
12 내가 성서에 기록하여 너희들이 완전
한 것이 올 때, 부분적인 것은 다 폐한
다 하였음이니,
13 너희들이 지금 기적을 이루고 이적을
이룬다 하여 그 믿음의 길을 가나,
14 그와 같은 행위는 다 재가 될 것이며
무의미하며 가치가 없는 것이라 하지
아니하였더냐?
15 조용히 물이 흘러가듯이 참진리가 흐
르며 너희들의 마음에서 마음으로 전
하여 너희들의 마음을 다스리고 변하
는 그와 같은 역사가 이룬다 하였음이
니라.
16 그러니 지금 내가 너희들에게 내리는
새로운 160권의 성경, 이는 영원히 없
어지지 아니할 것이며 지워지지 아니
할 것이며,
17 그리하여 이것으로써 내가 너희들을
심판하며 너희들이 심판하는 기준이
요, 마지막 너희들을 사랑하기 때문에
내리는 것이니,
18 이것 외에 어떤 것도 믿고 현혹되어서
는 아니 됨이니 그리 전하라.
19 나의 160권의 새로운 성경은 부서지
지 아니하며 없어지지 아니하며 파괴
되지 아니함이니라.
20 그러나 지금 너희들이 병의 은사요,
모든 은혜에 영광을 받았다 하는 자
들, 그 모두는 다 세월이 지나면 재가
되며 물거품이 되며 흔적이 없어짐이
니, 아무것도 남는 것이 없는 것이니
라.
21 잠깐 너희들이 그와 같은 사술로써,
또 사탄의 장난으로써 어떠한 짓을 할
수 있을지언정, 너희들은 결코 그 역
사를 이룰 수 없는 것임을 알라.
22 그러니 이것이 바로 하늘의 뜻이요,
내가 역사하는 것이요,
23 모두를 폐하고 완벽한 것이 올 때, 그
를 가지고 모두가 존재하고 따라야 되
며 이룬다는 그 의미를 알았다면,
24 너희들이 지난 삶의 그와 같은 것에
연연하는 어리석은 삶에서 벗어나도
록, 그리 너의 제자들이요, 나의 법전
을 읽고 깨우친 백성, 너희들부터 거
듭나는 그와 같은 마음 자세를 갖도록
그리 전하라.

10,982 번째 하나님 말씀

2004년 5월 9일 06시 56분

1 사랑하는 나의 아들아!
2 "네, 아버님! 말씀하옵소서."
3 내가 너희에게 내린 그 가훈이 무엇이
더냐?
4 '하늘을 향하여 한 점의 부끄러움이
없는 삶을 살라, 아들딸들아!' 그 의미
가 무엇인지 너는 정녕 모르고 있단
말이더냐?
5 "네, 아버님! 저는 이제야 그 뜻을 깨
달았사옵나이다.
6 저의 어리석고 우매한 죄를 용서하여
주옵소서."

7 내가 너희에게 그 가훈을 놓고 항상
암송하라 하는 것이 무엇인 줄 알았
느냐, 나의 아들아!
8 "네, 아버님!
9 한 점의 부끄럼이 없는 그와 같은 마
음이요, 한 점의 부끄러움이 없는 삶
을 살 때, 아버님께서 하늘의 지혜요,
성령을 그저 막 부어 주신다는 것을,
10 바로 그것이 기름 부음이요, 은혜를
받음이라는 것을 저는 이제야 깨달았
사옵나이다.
11 하늘을 향하여 한 점의 부끄러움이 없
는 그와 같은 삶을 살 때, 모든 아들딸
들인 저희에게 바로 지혜요, 하나님의
성령을 막 부어 주신다는 것,
12 기름을 붓는 것처럼 많은 깨우침이요,
그리고 쉴 새 없이 저희들에게 지혜
와 성령의 임함을 내려 주신다는 것을,
13 바로 그것이 하늘을 향하여 한 점의
부끄러움이 없는 삶을 살라 가훈으로
내리신 것이라는 것을, 저는 이제야
그를 깨달았사옵나이다."
14 사랑하는 나의 아들아! 그러하니라.
15 내가 너희에게 무한히 주고 싶으나,
그리고 내가 지혜를 내리며 성령의 임
함을 내리고 싶으나, 그것이 무엇이더
냐?
16 너희가 받을 수 있는 그릇이 되어야
하며 받을 수 있는 자세가 되어야 한
다 하지 않았느냐?
17 그것이 바로 무엇이더냐?
18 오늘의 삶에서 한 점의 부끄러움이 없
는 그와 같은 삶을 사는 자에게 내가
그 모두를 부어 주며 내림을 이제 알
았느냐?
19 바로 그러니라.
20 그리하여 내가 가훈을 내린 의미가 거
기 있느니라.
21 한 점의 부끄러움이 없는 오늘의 삶을
살 때 내가 너희에게 그만큼 지혜를
내리며, 내일에 또한 너희가 그리 살
때 그 지혜를 내림이니,
22 바로 그게 정답이요, 하늘에 오르는
길이요, 너희가 하늘의 지혜를 얻음이
요, 지혜의 성령을 부어 주며 그를 너
희가 받을 수 있는 것이며,
23 무한정 내가 너희에게 내리는 것을 끝
도 한도 없이 받는 축복된 영광이요,
그 영화를 너희들이 볼 수 있는 것이
라는 것을 알겠느냐, 사랑하는 나의
아들아!
24 "네, 아버님!
25 한 점의 부끄러움이 없이 산다 하면
그것이 바로 지혜요, 성령으로 임하는
그 위대한 축복이요, 영광을 무한정
받는다는 것을, 그리고 끝도 한도 없
다는 것,
26 그리되었을 때 저희들은 죄요, 부끄러
운 것이요, 계명을 지키고 못 산다는
것, 새로운 성경을 지키고 못 산다는
것이 다 부질없는 시시비비요, 어리석
은 백성들이요,
27 욕심에서 벗어나지 못한 백성들이 욕
심의 끈을 놓고 놓지 아니하고 붙잡고
흔들고 매달리는 그와 같은 형국임을
이제야 깨달았사옵나이다, 아버님!"
28 그렇다면 너의 제자들에게 그 깊은 의
미를 잘 전하도록 그리하라.

10,983 번째 하나님 말씀

2004년 5월 9일 07시 06분

1 사랑하는 나의 아들아!

2 "네, 아버님! 말씀하옵소서."

3 창조주 나 여호와를 위하여 한 점의 부끄러움이 없는 삶을 사는 길이 얼마나 어렵고 힘든 길이더냐?

4 너희들이 깊은 산중에 도를 닦으며 진리를 찾으며, 너희들이 양심이라는 것에 어긋나지 않은 그와 같은 삶을 살고자 하는 그 백성들이,

5 오죽 저희들이 그 길을 가기 어렵고 힘들면 삭발을 하며 머리를 깎아 저희들이 그 모두의 인연을 끊으며,

6 저희들이 그 진리요, 아름다움이요, 하늘을 향하여 한 점의 부끄러움이 없는 삶을 살기 위하여 어찌 그와 같은 길을 하겠느냐?

7 그러니 그들이 하늘을 향하여 한 점의 부끄러움이 없는 삶을 산다는 것이 얼마나 힘들고 어려우면 그 길을 가며, 그와 같은 머리를 삭발하는 행위로써 저희들이 그 길을 마음을 다스려 보고 가고자 하겠느냐?

8 그러니 이제 나의 아들을 따르는 제자들이요, 그리고 나의 법전을 읽고 깨우친 백성, 너희들은 들으라.

9 너희들이 삭발하며 너희 죄를 다스리며 너희 마음을 다스리려는 그와 같은 생각을 하지 말라.

10 너희들은 네 살가죽을 너 스스로 도려내는 그와 같은 각오와 아픔의 마음으로써 가지 아니하면 아니 됨을 알라.

11 머리를 깎는 것으로써 너희들이 하늘을 향하여 한 점의 부끄러움이 없는 마음을 결의하며 다질 수 있으며 그리 갈 수 있다면 내가 뭐하러 말하겠느냐?

12 너희들이 네 살을 바늘로 찌르며 네 살의 가죽을 벗겨 내는 그 고통의 아픔을 그대로 체험하며 그와 같은 각오로써 나의 아들을 따르는 제자 너희들은 가지 아니하면, 하늘을 향하여 한 점의 부끄러움이 없는 그와 같은 삶을 살 수 없다는 것을 알아야 될 것이니라.

13 그러니 너희들이 바늘로써 네 살을 매일같이 찌르며, 너희들의 살가죽을 한 점 한 점 벗겨 내는 그와 같은 각오와 아픔의 고통을 견디고 이기는 마음으로써 너희들이 거듭나지 아니하면,

14 하늘을 향하여 한 점의 부끄러움이 없는 나의 아들딸로서 거듭날 수 없는 것이 너희들이 욕심의 뿌리요, 너희들의 마음이요, 인간 세상에 가지고 있는 그 욕심의 근원이라는 것을 알라.

15 그 모두를 뽑아내기 위해서는 너희들이 그와 같은 아픈 마음으로써 너 자신을 다스리며 그 고통을 이겨 내는 마음으로써, 그것보다도 더한 고통을 너희들이 자처하는 그와 같은 마음 자세로,

16 머리를 깎아 너희들이 깨닫는 그것이 아니요, 머리를 깎아 세속의 인연을 끊는 것이 아니요,

17 머리를 깎아 너희들이 그 각오로써 하늘을 향하여 한 점의 부끄러움이 없는 삶을 살 수 없음이니, 너희들의 살점을 도려내는 그와 같은 마음으로써 너

희들이 거듭나라.
18 나의 아들을 따르는 제자 너희들은 그
리 가야 될 것이며, 그리해서라도 너
희들이 바로 가는 마음을 다스리지 못
하면 아니 됨이니라, 사랑하는 나의
아들딸들아!

10,984 번째 하나님 말씀

2004년 5월 9일 07시 14분

1 사랑하는 나의 아들아!
2 "네, 아버님! 말씀하옵소서."
3 너의 제자들에게 전하라.
4 지금의 모든 종파요, 집단들이 얼마나
잘못 가고 있는가 너희들은 알고 있을
것이니라.
5 그들이 말하기를, 행함은 뒷전이요,
나의 아들 예수의 보혈로써 저희들은
모두가 다 구원을 받았으며 죄 사함을
받았다는 그 백성들, 그들이 어떠한
짓을 하고 있는가, 너희들은 그들에게
전하라.
6 그들은 추하고 더러운 행위를 하는 자
들이니, 저희들이 내 앞에 감히 고개
를 들 수 없는 부끄러운 짓만을 하고
있는 자들이라 그리 전하라.
7 나의 아들 예수의 보혈로써 그 죽음으
로써 너희들이 속죄를 받으며 표백된
백성들이라 하나,
8 너희들이 추하고 더러운 행위를 하는
것은 나의 아들 예수의 이름 앞에도
저희들이 고개를 들 수 없는 짓만을
하고 있는 그 가련한 백성들이라는 걸,
9 더욱이 창조주 나 여호와는 전지전능
한 아버지라며 나를 찾으며 나의 뜻에
의하여 역사한다고 하는 그들이, 내
뜻을 거역하며 나를 욕되게 하며 나를
능멸하는 그와 같은 행위만을 몇천 년
동안 한 것밖에 없음을 그들에게 전하
며,
10 그들이 그와 같은 믿음이니, 내가 더
이상 그를 놔두지 아니하기에, 내가
160권의 새로운 성경으로써 새 시대
를 열어 가고자 하는 이 역사를 이룸
을 알라.
11 그들이 살아가면서 어찌하는가?
12 저희들은 성서의 한 구절에 기록된 것
도 모르느니라.
13 잘해 주는 자에게 너희들이 잘해 주는
것은 사랑이 아니요, 베푸는 것이 아
니라는 그 간단한 이치 하나도 제대로
행하지 못하며 그도 알지 못하고 가는
자들이 그들이 아니더냐?
14 저희들이 믿음의 길을 같이 가지 않는
자는 적으로 생각하며 인간 이하로 생
각하며 사람으로 취급을 하지 아니하
며,
15 저희들과 한 집단에서 같이 믿음의 길
을 가며 저희들의 교회 안에 모여 그
잘못된 지도자가 설교하는 걸 '아멘,
할렐루야!' 울고불고하는 자들에게 자
매요, 형제라 하여, 저를 낳아 주고 길
러 준 부모·형제보다도 더 끌어안고
더 사랑하는 것처럼 그 가증스러운 행
위들을 하는 자,
16 그것이 바로 저에게 잘해 주는 자에게
잘하는 것은 사랑이 아니라는 그 이치
도 모르는 자들이 행하는 짓이 아니더
냐?
17 그 어리석고 추한 짓을 하는 것을 더

이상 볼 수 없음이니라.
18 그러니 그들을 내가 다스리고자 함이
니, 그를 다스리는 것은 나의 160권의
새로운 성경이요,
19 그 새로운 성경을 가지고 만백성을 깨
우치고 전하는 것은, 이를 만드는 너
희들이요, 전하는 너희들에게 책임이
있음을 알라.
20 그 가련하고 불쌍한 백성들을 위하여
너희들이 오늘의 어렵고 힘든 길을 마
다하지 아니하며 주저앉지 말며, 최선
의 노력을 다하여, 너희들이 몸과 마
음의 충성을 나 여호와에게 다하도록
그리하라, 사랑하는 나의 아들딸들아!
21 한 가지 이치의 가르침도 모르는 자,
한 가지만 제대로 성경에 있는 것을
깨우쳐도 오늘의 종교 집단이요, 믿음
의 길을 가는 자들이 그리 흘러가지는
아니할 것이니라.
22 한 가지도 깨닫지 못하는 어리석고 불
쌍한 백성들이니,
23 나의 새로운 160권의 성경을 세상에
내려보내, 한 가지라도 그들이 읽고
깨우치게 하기 위하여 오늘의 그 역사
를 이루고 감을 알라, 사랑하는 나의
아들딸들아!

10,985 번째 하나님 말씀

2004년 5월 9일 09시 51분

1 사랑하는 나의 아들아!
2 "네, 아버님! 말씀하옵소서."
3 '하늘을 향하여 한 점의 부끄러움이
없는 삶을 살라, 나의 아들딸들아!' 나
의 이 가훈이요, 이것이 얼마나 너희
들에게 귀하고 소중한 것인가를 알겠
느냐?
4 너희들이 누가 무어라 해도, 하늘을
향하여 한 점의 부끄러움이 없는 삶을
사는 백성이요, 너희들은 그 길을 가
기 위하여 모두를 다 바치지 아니하면
아니 됨을 명심해야 될 것이니라.
5 어떠한 고통과 어떠한 시련이 있다 해
도 너희들 스스로 하늘을 향하여 한
점의 부끄러움이 없는 그와 같은 삶을
살 때, 너희들이 나의 성경의 의미를
알며, 내 새로 내리는 나의 새로운 성
경의 의미를 알며, 그리고 너희들이
나로부터 지혜를 얻음이니라.
6 그리고 성령으로 임하는 백성이 됨을
잊지 말라.
7 내가 너희들에게 이 가훈의 한 장을
글로써 직접 써 내려, 나의 아들이 거
기에 손으로 도장을 찍어 증표 함으로
써 모두를 내려보냈으니,
8 이것이 바로 너희들이 얼마나 위대하
고 귀중한 것인가를 알겠느냐?
9 이것이 아니고는 아무것도 이루어질
수 없음을 너희들은 알라.
10 160권의 나의 새로운 성경이요, 그리
고 나의 아들을 통하여 내리는 강론을
듣는 너희 그 모두는 다 바로 성령으
로 임하는 것이요, 너희들이 지혜를
얻음이요, 거듭나는 것은, 하늘을 향
하여 한 점의 부끄러움이 없는 그 삶
을 살기 위하여 너희들이 모두를 다
바치지 아니하면 아니 됨이라 내가 그
리하였느니라.
11 너희들이 진리를 탐구하고 도를 탐구
하고 인간의 본성을 다지며, 한 점의

부끄러움이 없는 삶을 살기 위하여 무
어라 하느냐?
12 머리를 깎아 제가 그 길을 가며, 인간
세속에 살아 있는 그 욕심을 뽑아내기
위하여 눈물로써 머리를 깎아 도를 닦
으며 진리를 연구하는 백성들이 있다
하지 아니하였더냐?
13 그와 같은 것으로써 나의 아들을 따르
는 제자 너희들은 거듭나는 자가 될
수 없다 하였음이니라.
14 너희들은 그와 같은 열과 성의요, 정
성으로써 절대 거듭날 수 없으며, 너
희는 그보다도 더 무섭고 독한 마음으
로 거듭나지 아니하면 아니 된다 하였
느니라.
15 이는 바로 무엇이더냐?
16 나 여호와가 지금 마지막 시대에 역사
함이니, 두 번 다시 나의 피조물 만백
성을 깨우치는 그와 같은 성경이요,
성령이 내려갈 수 없으며,
17 그리고 지금 선택되어 가는 제자, 너
희들부터 바로 서지 아니하면 누구를
바로 세울 수도 없는 그와 같은 형국
이니,
18 내가 너희들의 살가죽을 벗겨 내는 고
통이요, 아픔보다도 더 무서운 각오로
써 바로 가지 아니하면 아니 된다 하
였음이니라.
19 이제 너희들이 '하늘을 향하여 한 점
의 부끄러움이 없이 살라.'는 그 가훈
을 읽고 또 읽어 가슴에 새기라.
20 그리하여 너희들이 그를 지키고 행하
는 자, 누가 무어라 해도 너희들 자신
이 부끄럽지 아니하며 나를 향하여 고
개 들 수 없는 그와 같은 행위를 하는
자,
21 결코 나에게 오를 수 없으며 어떠한
명분이든 구원의 길을 올 수가 없음이
니,
22 바로 모두의 뜻하는 그 가훈이 그것이
니라.
23 하늘을 향하여 한 점의 부끄러움이 없
는 삶을 살라, 그 사는 것이 나에게 오
르는 길이요, 모두가 역사함이니라.
24 어떠한 이유든 어떤 변명이든 너희들
이 하늘을 향하여 부끄러움이요, 이는
곧 나를 능멸하는 것이요, 나를 속이
는 것이요, 나를 욕되게 하는 행위이
니, 그 모두가 거기에 들어 있음을 알
라.
25 너희들이 그리 말하지 않느냐?
26 하늘의 진리요, 하늘의 뜻은 모두를
하나로 요약해서 가르칠 수 있으며 하
나로 전할 수도 있다 하였음이니라.
27 그러니 이것이 모두를 다 요약한 것이
니라.
28 '하늘을 향하여 한 점의 부끄러움이
없는 삶을 살라, 나의 아들딸들아!' 이
것이 행함이니라.
29 이를 명심하고 또 명심하여 너희들이
그와 같은 지표로 삼아 낭독하고 매일
보며, 그 가훈을 그대로 지키고 사는
삶을 살도록 그리하라.
30 한 치도 양보가 있어서는 아니 되며,
'설마, 이는 괜찮겠지.' 하는 그와 같
은 생각을 해도 아니 됨이니, 명심하
고 또 명심하도록 그리하라, 사랑하는
나의 아들딸들아!

10,986 번째 하나님 말씀

2004년 5월 9일 09시 56분

1 사랑하는 나의 아들아!
2 "네, 아버님! 말씀하옵소서."
3 네가 바로 서고 바로 가는 그것만이
모두의 역사함이니라.
4 네가 하늘에 오르는 그 줄을 따라옴으
로 인하여 너의 제자들이 그를 밟고
계속 그 줄이 말리지 아니하여 모든
백성이 나에게 오른다 하지 아니하였
더냐?
5 이를 명심하여 행하도록 그리하며 너
의 제자들 또한 그와 같은 백성으로
거듭나도록 그리 전하라.
6 나의 아들 예수가 너희들에게 무어라
했느냐?
7 너희들이 사랑할 줄 아는 사람이 되라
그리하지 아니하였더냐?
8 그리고 베푸는 사람이 되라 하였음이
니라.
9 그리고 마지막 시대는 하늘을 향하여
한 점의 부끄러움이 없는 삶을 사는
너희들이 되라 지금 내가 나의 아들에
게 이 모두를 내렸음이니라.
10 예수는 사랑할 줄 아는 사람이 되며
베푸는 사람이 되라 했으며,
11 제3의 시대는 하늘을 향하여 한 점의
부끄러움이 없는 삶을 사는 행동의 지
침을 내렸음을 너희들은 깊이 받아들
여야 될 것이며,
12 이를 깊이 깨우쳐 너희 것으로 만들어
하늘을 향하여 부끄러움이 없는 삶을
살도록 그리하라, 사랑하는 나의 아들
딸들아!
13 나의 아들 예수가 너희들에게 무어라
하였느냐?
14 사랑을 베풀며 그리 사랑할 줄 아는
사람이 됨으로 인하여 너희들이 '하늘
에 계신 지극히 높으신 분의 아들딸이
된다.' 그리하지 아니하였느냐?
15 지극히 높으신 하늘에 계신 아버님의
아들딸들이 되는 것은, 예수가 말하기
를, 사랑하는 사람이요, 베푸는 사람
이라 하였으며,
16 지금 내가 마지막 시대에 나의 아들을
통하여 너희에게 전함이니, 너희가 정
녕 나의 아들딸로서 내 품에 와 나를
아버지라 부를 수 있는 영원히 거듭나
는 나라에 올 수 있는 것은,
17 너희들이 하늘을 향하여 한 점의 부끄
러움이 없는 삶을 사는 나의 아들딸이
되어야 됨을 명심하도록 그리하라.
18 나의 아들 예수만이 나의 아들이 아니
요, 지금의 내 모두를 받아 기록하는
나의 아들만이 나의 아들이 아님이니
라.
19 너희가 그와 같은 것을 지키고 사는
백성이 되었을 때, 십계명을 지키고
사는 백성이 되었을 때, 너희가 바로
나의 아들딸이 된다는 것을 알도록 그
리하라.
20 천사와 같은 사랑을 베풀며 사는 자,
나의 아들딸이 된다 하였거늘, 과연
지금 너희는 어떠한 마음으로 살아가
고 있는가?
21 내가 그리하여 너희에게 명하지 않았
느냐?
22 원수를 사랑하라, 원수를 사랑하는 마
음으로 살라 그리하였으며, 너희를 핍

박하는 자를 위하여 기도하라 그리하
지 아니하였더냐?
23 그러니 수천 년 동안 믿음의 길을 오
며 나의 아들 예수의 은혜로써 구원을
받았다 하는 자, 구원을 받은 그 큰 은
혜요, 영광을 받았다 하는 그 백성들
이 과연 남을 위하여 베풀며 원수를
사랑하는 그와 같은 모범을 보이고 사
는가?
24 그리고 핍박하는 자를 위하여 기도하
며 어려운 자를 위하여 나누며 사는가?
25 그와 같은 삶을 사는가, 그를 잘 들여
다보도록 그리하라.
26 그러니 너희보다 어려운 이웃에게 네
가 대가 없이 나누어 주는 것, 그러한
것이 나에게 오르는 길이요, 나의 아
들딸로서 거듭나는 영광의 은혜를 얻
는 길이라 했으며, 나에게 오르는 길
이라 하였음이니라.
27 그러나 지금의 그와 같은 것을 수천
번 듣고 배운 종교 집단이요, 지도자
요, 감히 구원을 받았다 말하는 그 백
성들이 과연 그 하나 실천하고 사는가?
28 원수를 사랑하며 핍박하는 자를 위하
여 기도하며 사는가?
29 그리고 가진 것을 대가 없이 나누어
주며 그리 실천하고 사는가?
30 그것 하나도 실천하지 못하고 산다면,
너희가 어찌하여 나의 아들딸로서 그
영광된 자리를 올 수 있다 생각하느냐?
31 이제 나의 아들을 따르는 제자, 너희
는 그를 행하고 살도록 하라.
32 그리하면 나의 아들 예수가 일찍이 이
야기했던 '높으신 하늘에 계신 아버님
의 아들딸'이 될 것이며,
33 지금 나의 아들이 이야기하는 너희들
이 '한 점의 부끄러움이 없는 천사'가
되어 나에게 거듭나는 그 영광의 은혜
를 얻을 것이라는 것을 너희는 알아야
할 것이니라.
34 그것도 행하지 못하는 자들이 말로써
구원이요, 나에게 오름이요, 너희들이
나에게 오를 수 있다, 그리고 구원받
았다 하는 그 부질없는 환상에서 깨어
나도록 그리 전하라.

10,987 번째 하나님 말씀

2004년 5월 9일 10시 00분

1 사랑하는 나의 아들아!
2 "네, 아버님! 말씀하옵소서."
3 나 여호와의 가슴 아픔이 무엇이며,
내가 고통스러워함이 무엇이며, 내 답
답한 마음이 무엇이며,
4 내가 사랑하는 백성 너희들에게 세상
의 모든 은혜와 영광을 다 주어 역사
한 것을 내가 지금 괴로워하며 슬퍼함
이 무엇인 줄 너는 알겠느냐?
5 "아버님! 저는 깊이는 알 수 없사오
나, 아버님이 갈 곳이 없으며 쉴 곳이
없으며 찾아갈 자식의 집이 한 채도
없으며 한 가정도 없다는 그 말씀에,
제 가슴이 미어지는 것 같으며 제 마
음이 아파옵나이다.
6 그러니 아버님께서 원하시는 것, 아버
님께서 역사하시는 것을 전혀 모르고
가는 저희들의 오늘의 삶이니,
7 아버님께서 역사하는 것을 단 한 가
지라도 지킨 것이 없으며, 만 가지, 억
만 가지 중에서 하나도 행하고 지켜진

것이 없는 것이 오늘의 아버님의 아들
딸이요,
8 아버님께서 그 은혜와 영광이요, 생명
을 준 백성들이 지금 가고 있는 길이
라 저는 그리 생각하오니, 아버님의
마음이 그리 저리고 아프실 것이라
그리 생각되옵나이다."
9 사랑하는 나의 아들아!
10 지금 믿음의 길을 가는 백성들이, 내
가 나의 아들 예수를 통하여 너희들에
게 역사하고자 했던 것, 그들이 깨우
쳐 하늘에 오르게 하고자 하여 전했던
것을 단 한 가지요, 하나의 계명이라
도 지켰더라면,
11 네 말대로 내 마음이 이리 아프지는
아니하였을 것이니라.
12 그러니 나의 아들 예수를 통하여 그들
을 깨우치고 가르치고자 했던 것, 나
의 계명을 한 가지만 철저히 지켰다
해도 오늘의 이와 같이 험악한 세상이
요, 말세가 되는 세상은 만들지 않았
으며, 도둑이 들끓는 세상은 되지 아
니하였을 것이니,
13 네 말대로 한 가지도 지키는 백성이
없으며, 한 가지도 제대로 가르치는
종교 지도자요, 집단이 없었다면, 과
연 내 마음이 어떠하겠느냐?
14 천 갈래 만 갈래로 찢어질 것이니라.
15 그러니 바로 그것이 나 여호와의 마음
이니라.
16 지금 너희들이 한 가지만 제대로 지키
고 행하는 그와 같은 삶을 살았더라도
지금같이 험악한 세상은 되지 아니하
였을 것이라 내가 말하는 뜻이 여기
있음을 알라, 사랑하는 나의 아들딸들
아!
17 그러니 너희가 나의 뜻을 한 가지도
제대로 행하고 실천한 백성이 지금까
지 수천 년 동안 흘러오면서 그 많은
백성 중에 없다 하면,
18 내 마음이 과연 어떠한 것인가를 너희
들은 알아야 될 것이니라.
19 그러니 내가 새로운 성경이라 하여 이
를 모두 상세하게 풀어서, 한 줄을 읽
고서 깨우칠 수 있으며, 한 페이지를
읽고 깨우칠 수 있으며, 한 권의 책을
읽고도 깨우칠 수 있도록,
20 그와 같이 너희들이 깨우치고 행하고
실천할 수 있도록 내가 모두를 다 풀
어 이 험악한 세상을 바로 역사하며
바로잡고자 하는 것이 나 여호와의 간
절한 뜻이니, 너희들은 알라.
21 그러니 너희들은 알라.
22 너희들이 무어라 해도, 내가 성경에
기록하여 전하고자 했던 그 뜻 한 줄
이요, 한 가지도 제대로 알지 못했으
며, 예수를 통하여 가르치고 전했던
것을 제대로 알지 못하며 그를 행하는
백성이 없었음이니라.
23 그러니 지금 내가 나의 아들을 통하여
너희들이 하늘을 향하여 한 점의 부끄
러움이 없는 삶을 살라 마지막 전하고
경고함이니,
24 너희들이 과연 그와 같이 사는 백성이
한 사람이라도 세상에 있다면, 그것이
불씨가 되어 이 세상은 아름다운 세상
으로 변해질 것이니라.
25 그러나 나의 아들을 따르는 제자들이
요, 이를 읽고 깨우친 백성, 너희들이
그 모두가 한 사람도 하늘을 향하여

한 점의 부끄러움이 없는 삶을 사는
백성이 없다면,
26 앞으로 나의 슬픔을 어떻게 될 것이
며, 나의 새로운 성경을 어떻게 될 것
이며, 이 아름다운 지상은 어찌 될 것
이며, 과연 하늘에서 이루어진 것같이
지상의 낙원이 이루어질 것인가?
27 그것은 너희들 손으로 평가하고 너희
들 손으로 점수를 매겨 보며, 너희들
의 생각으로써 모두 결론을 내리도록
그리하라.

10,988 번째 하나님 말씀

2004년 5월 9일 10시 06분

1 사랑하는 나의 아들아!
2 "네, 아버님! 말씀하옵소서."
3 나 여호와가 바람이요, 산소요, 공기
를 모두 세상에 내려보내니, 그들이
불어 가면서 무엇을 구분한다 하였느
냐?
4 태양이 비추고 싶은 것, 비추지 아니
하고 싶은 것을 가리지 않고 비추며,
미운 자 고운 자 구분하지 않고 비춘
다 하지 않았더냐?
5 그 모두가 모두를 위하여 최선을 다하
며, 악한 자, 선한 자를 구분하지 아니
하고 모두를 다 비춰 주고 스쳐 가듯
이,
6 나 여호와가 지금 새로운 성경을 내리
는 것이 바로 그와 같은 역사를 이룬
다는 것을 너희들은 알며, 만백성에게
그리 전하도록 하라.
7 너희들이 죽어 나에게 와 심판을 받을
때는 그 은혜를 얻을 수 없음이니라.
8 그러니 너희들이 나에게 와 심판을 받
기 전에, 너희들이 이 세상에 사는 오
늘의 삶에 지금까지 어떻게 살아왔든
선하든 악하든 어떻게 살아왔든지 관
계없이,
9 나 여호와는 바람과 태양의 빛처럼 만
백성 너희들에게 똑같이 기회를 주기
위하여 지금 나의 아들을 통하여 160
권이라는 새로운 성경을 세상에 내려
보냄이니라.
10 그러니 너희들이 죽어 와 나에게 심판
을 받기 전에, 이를 읽고 깨우쳐 구원
의 길을 보도록 그리하라.
11 내가 너희들을 사랑하며 너희들을 나
의 아들딸로 인정하기에, 너희들에게
똑같이 지금 그와 같은 기회를 주고
있음이니라.
12 그러니 바람과 태양이 알아서 너희들
을 비추고 안 비추는 것이 아니요, 그
냥 모두를 다 비춰 주고 모두를 스쳐
안고 지나가듯이,
13 내가 나의 새로운 성경을 너희들에게
그처럼 똑같이 모두 내려 주고 역사함
이니라.
14 내가 무엇을 바라더냐, 무슨 대가를
바라더냐?
15 그렇지 아니하고 너희들이 깨우칠 수
있도록 모두를 내려보내는 것은 내가
너희들 모두를 사랑함이니,
16 이게 지금 마지막 시대에 새로 역사
함이라는 것을 너희들은 알라, 사랑하
는 나의 아들딸들아!
17 나 여호와가 너희 모두를 다 같이 사
랑함을 알겠느냐?
18 이 세상에 지금 살아가는 자, 죄가 있

는 자, 죄가 없는 자, 육의 세상에서
너희들이 지금까지 어찌 살아왔든지,
19 이 순간에 너희들이 나의 성경을 접하
며 새로운 마음으로 거듭나는 그와 같
은 백성,
20 그리 갈 수 있도록 그 기회를 주고자
하여 내가 바람과 태양처럼 나의 새로
운 성경을 세상에 모두 전하며, 모두
를 다 덮고자 하는 것이 여기 있음이
니,
21 너희들을 사랑하기에 똑같은 기회를
준다는 것을 알라, 사랑하는 나의 아
들딸들아!
22 다만, 너희들이 어찌 행할 것이며 어
찌 너희들이 갈 것인가 하는 것, 그것
은 너희들에게 달렸음이니라.
23 너희들이 지금 어떠한 삶을 살고 살아
오느냐, 너희들이 그 심판의 대가를
치르고 치르는 것, 그 모두도 너희들
에게 달렸음이니라.
24 그러나 너희들이 심판의 대가를 치르
기 전에, 내가 너희들에게 모두 똑같
은 기회를 주는 것이 사랑하는 나의
아들딸이기 때문이니, 너희들은 잊지
말라.
25 나 여호와가 지금 너희들의 생명이 존
재하는 이 세상에서 똑같이 기회를 주
고 있음은, 너희들 누구나 다 내가 똑
같이 사랑하기 때문이니 주저하지 말
라.
26 지금까지 죄를 지은 자, 잘못된 자라
하여 너희들이 울고불고 물러서지 말
며, 용서받지 못할 거라 울고불고하지
말라.
27 너희들이 내가 새로 내리는 성경을 읽
고 정독하여 깨우치는 그와 같은 백성
이 되라.
28 그리하여 하늘에 오르는 길이요, 새로
운 성경을 너희들에게 똑같이 내가 네
가슴에 전해 줌이니라, 사랑하는 나의
아들딸들아!
29 이 기회를 저버리지 말며 이를 놓치지
말라.
30 너희들이 죽어 나에게 와 심판을 받는
다면, 그것이 아니 되며 그 기회가 없
으며, 내가 너희들을 도우려 해도 도
울 수 없는 것이 공의의 나 여호와가
가는 길임을 알라, 사랑하는 나의 아
들딸들아!
31 지금 내가 너희들을 사랑하기에 똑같
이 기회를 주고 있음을 명심하도록 하
라.
32 육이 존재하는 세상에서만이 너희들
이 그 모두를 역사할 수 있으며 변화
시킬 수 있으며 거듭나는 길을 올 수
있음이니라, 사랑하는 나의 아들딸들
아!
33 너희들이 나에게 와 심판을 받으니,
너희들의 그 영혼이 어찌하겠는가?
34 그 죄과대로 그는 고개 숙여 명한 대
로 그저 가는 것밖에 없음이니,
35 너희들의 육이 존재하는 이 세상에서
너희들을 구원하고 못 함이 여기 있다
함을 알라.
36 사랑하는 나의 아들딸들아! 똑같이
주는 그 기회를 잃어버리지 말라.
37 동양의 작은 나라의 백성 너희들이 어
찌 이리 어리석고 우매하던가?
38 나의 아들을 통하여 내가 너희들의 역
사요, 너희들의 글이요, 너희들의 언

어로써 내려보내는 이 새로운 성경을
너희 모든 백성이 읽고 깨우쳐 나에게
기도하고 경배하며,
39 이를 가지고 너희들이 만백성을 구하
는 데 모두를 다 바쳐도 때가 늦을 것
이거늘,
40 어찌하여 이를 나가는 것을 막으며,
이를 핍박하며, 이를 고통스럽게 너희
들이 그리 가려 하느냐?
41 그 죄가 너희들이 얼마나 무섭고 두려
운 줄 아느냐?
42 한 사람을 살인하는 것이 아니요, 수
백만 명의 나의 백성들을 너희들이 죽
이는 자임을 알라 그리 전하라.

10,989 번째 하나님 말씀

2004년 5월 9일 10시 10분

1 사랑하는 나의 아들아!
2 "네, 아버님! 말씀하옵소서."
3 나 여호와의 뜻이요, 하늘의 뜻이요,
하늘의 진리요, 내가 160권의 새로운
성경을 세상에 내려보내 만백성을 깨
우치고자 역사하는 것이 과연 무엇이
더냐?
4 너희들이 베풀고 주는 것만큼, 사랑하
는 것만큼 너희들이 받을 수 있는 것
이 참진리요, 하늘의 뜻임을 알아야
될 것이니라.
5 너희들이 참진리요, 하늘의 뜻이 무엇
인 줄 알겠느냐?
6 이제 너희들은 알고 있을 것이니라.
7 너희들이 베풀고 사랑하는 것만큼 나
에게 받는 것이요,
8 너희들이 남을 용서해 준 것만큼 용서
함을 받는 것이요,
9 남을 너희들이 핍박한 것만큼 핍박을
받으며, 너희들이 핍박하지 아니한 것
만큼 핍박을 받지 않는 것,
10 이것이 하늘의 참진리요, 하늘의 뜻이
요, 내가 역사하고 있는 것임을 너희
들은 알라.
11 그러니 나 여호와가 공의의 하나님이
요, 그러니 여기에는 너희들이 어떠한
형국으로써 가려질 수 없으며 덮일 수
없으며 숨긴다 하여 숨길 수 없는 것
이 너희들임을 알라.
12 그러니 너희들이 참진리요, 나 여호와
의 뜻이 무엇이냐 모든 백성들이 묻거
든,
13 너희들이 사랑을 베푸는 것만큼 받는
것이요, 너희들이 준 것만큼 받는 것
이요, 용서한 것만큼 용서를 받는 것
이요,
14 너희들이 죄를 사해 준 것만큼 죄를
사함을 받는 것이요, 너희들이 남을
질투하지 아니하는 것만큼 남으로부
터 시기 질투가 없으며,
15 너희들이 남을 욕되게 하며 시기 질투
한 것만큼 그 대가를 받는 것이라는
것,
16 이것이 하늘의 뜻이요 참진리라 그리
하라.
17 그러니 얼마나 너희들이 편안하고 간
단한 길이며 쉬운 길에 올 수 있는 것
이더냐?
18 너희들의 행동함에 모두가 달렸음이
니, 그것 또한 마음 하나 다스리기에
달린 것이 아니더냐?
19 그러니 너희들이 참진리요, 나 여호와

의 뜻에 의하여 나의 아들딸로서 거듭
나고자 한다면,
20 너희들이 주고 베푸는 것만큼 반드시
돌아온다는 것, 그것이 진리라는 것을
깨우쳐 주도록 하라, 사랑하는 나의
아들딸들아!

10,990 번째 하나님 말씀

2004년 5월 9일 10시 14분

1 사랑하는 나의 아들아!
2 "네, 아버님! 말씀하옵소서."
3 모든 백성들에게 너희들이 전하라.
4 너희들이 참진리요, 나 여호와의 뜻을
위하여 그 길을 가지 아니한다면, 너
희들은 잘못된 길이요, 나를 거역하는
길이요, 거짓된 길을 가는 것이니라.
5 그러니 이것은 바로 무엇이더냐?
6 너희들은 창조주 나 여호와가 만든 길
이요, 내 뜻에 의해 오는 길이 아니요,
7 사악한 자요, 사탄의 후예가 되어, 창
조주 나 여호와가 아닌 너희들이 만든
하나님을 믿고 있는 것이라는 무서운
사실을 알아야 될 것이니라.
8 그것 하나도 너희들이 구분하지 못하
는 백성이 되어서는 아니 될 것이니라.
9 너희들이 정녕 지금 가는 믿음의 길에
서 하늘을 향하여 한 점의 부끄러움이
없는 삶을 산다면, 그는 창조주 나 여
호와를 믿는 백성이요,
10 너희들이 부끄러워 하늘을 향하여 고
개를 들 수 없는 그와 같은 삶을 살며
너희들이 그 믿음 속에 간다면,
11 그것은 거짓된 것이요, 너희들이 만든
창조주요, 너희들의 하나님을 믿는 것
이라는 것을 알아야 될 것이니라.
12 2천 년 전에 나의 아들이 세상에 와서
뭐라 말하였느냐?
13 예수가 오죽 답답하면 너희들에게 말
하기를, 눈먼 자가 눈먼 자를 길잡이
하고 이끌어 가는 그와 같은 형국이
되어 있는 이 세상이라 그 말을 했겠
느냐?
14 그러니 너희들이 이 말의 뜻을 어찌
깨닫는가?
15 너희들이 바로 알지 못하는 자, 깨닫
지 못하는 자들이 지금 모두를 지배하
고 다스려 가고 있음이니, 그 말을 나
의 아들 예수가 했음이니라.
16 지금 나의 아들 너 또한 어찌 보는가?
17 "네, 아버님! 저도 그렇사옵나이다.
18 모든 종교 집단이요, 그들이 저희들이
만든 교리요, 저희들이 만든 교파의
이름 그 밑에 울고불고하고 있으며,
그곳에서 저희들이 구원을 받는다, 그
리고 하늘에 오른다 그리 말하니,
19 제 마음 또한 예수님께서 말씀하셨듯
이, 소경이 소경을 이끌어 가는 그와
같은 형국이 되어 있사옵나이다.
20 그러니 더욱이 지금은 종말이요, 마지
막 시대라 그들이 말하면서, 아버님의
백성 그 모두를 다 저희들의 종교 집
단에 와서 구원을 받지 아니하면 아니
된다 그리 이끌어 가는 자, 그리 또 끌
려가는 자,
21 그러니 바로 눈먼 자가 눈먼 백성을
지옥으로 이끌어 가는 그와 같은 행위
를 하고 있는 것이 지금이니,
22 2천 년 전에 예수께서 부르짖고 가슴
아파했던 그 말이 오늘에 제 가슴을

이리도 적시고 울리고 있사옵나이다."
23 그러니 눈먼 백성이 지옥으로 이끌어
가면서 구원의 길이요, 구원을 받는다
그리 말함이니, 그 아픈 마음을 너는
그대로 보고만 있어서는 아니 됨이니
라.
24 두 번 다시 기회가 없는 것이며 두 번
다시 역사가 없음이니라.
25 구약의 성서가 세상에 내려왔으며, 신
약의 성서가 세상에 내려왔으며, 제3
의 시대에 마지막 나의 성령의 모두를
태워 내리는 나의 새로운 성경이 세상
에 내려오니,
26 두 번 다시 그와 같은 것이 없기에, 너
의 제자들과 너희들이 하늘을 향하여
한 점의 부끄러움이 없는 삶을 사는
백성으로서 그들을 구원하고 인도해
야 될 것이니라.
27 너희들이 한 점의 부끄러움이 없는 삶
을 살지 않는다면, 뼈를 깎고 살을 도
려내는 그 아픔에서 한 점의 부끄러움
이 없는 너희들의 삶을 살지 못하면
너희들이 지도자로서 자격이 없으며,
너희들이 그를 깨우칠 수가 없는 자니
라.
28 욕심된 마음을 가지고 가르치는 자,
그 욕심된 마음을 가르치는 것이지,
참진리요, 하늘의 뜻이요, 천사와 같
은 마음으로 너희들이 지도자로서 가
르치지 못하며 지도자로 설 수 없기
때문이니라, 사랑하는 나의 아들딸들
아!
29 이제 내가 너희들에게 내린 그 위대한
가훈을, 하늘을 향하여 한 점의 부끄
러움이 없는 삶을 살도록 모두를 다
바쳐 그 길을 가도록 하라, 사랑하는
나의 아들딸들아!

10,991 번째 하나님 말씀

2004년 5월 9일 11시 32분

1 사랑하는 나의 아들아!
2 "네, 아버님! 말씀하옵소서."
3 정녕 나의 명을 받아 세상에 나가 역
사하는 그 모두는, 그의 기도요, 그의
소원함을 나 여호와가 그를 받아들이
며 나에게 바로 상달됨이니, 그 뜻을
내가 듣는다 하지 아니하였더냐?
4 잘못된 백성들이요, 믿음의 길을 잘못
가는 그 백성들이 아무리 울고불고 기
도를 하고 광란의 짓을 한다 해도,
5 내가 바위에 부딪히는 파도 소리만도
못하다 했으며, 울부짖는 개구리의 울
음소리만도 못하다 하였음이니, 그는
내가 듣지 아니하며 듣지 아니하기에
관계가 없음이니라.
6 그러나 나로부터 선택된 나의 아들딸
들이 기도하는 것이요, 소원하는 것은
바로 나에게 상달됨이니, 이를 듣고
내가 이를 보게 됨이니라.
7 그리하여 너희가 함부로 기도해서는
아니 되며, 함부로 요구해서는 아니
되며, 함부로 원하는 그와 같은 기도
를 해서는 아니 된다 내가 너희들에게
그리 전하였음을 알아야 될 것이니라.
8 모든 믿음의 길을 가는 종교 집단이
요, 지도자들이 무어라 말하느냐?
9 너희들이 죄를 짓고 살다 죽음의 그
순간에 운명 직전에 '너희들이 나 여
호와를 믿느냐?' 그리 묻느니라.

10 그리하여 그들이 믿는다 하면, 그는
구원을 받으며 나에게 오를 수 있다
너희들이 그리 말함이니,
11 이것이 너희들이 얼마나 잘못 가르치
고 잘못 가는 길인 줄 알겠느냐?
12 정녕 너희들이 그와 같이 묻는 자, 그
는 기도를 받을 수 있으며 기도는 들
을 수 있느니라.
13 너희들이 죽어 가는 자에게 나 여호와
를 믿느냐 그리 물었을 때, 믿으며 하
나님을 믿는다 그가 그리 말할 때,
14 그를 듣는 그가 정녕 나로부터 선택된
자만이 나에게 그를 위하여 기도할 수
있는 것이니라.
15 그것이 바로 너희들의 그 한계이니라.
16 그러나 그와 같이 묻는 자가 저도 나
로부터 선택된 자가 아니요, 제가 바
른길을 가지 않는 자요, 바른 믿음의
길을 가지 아니하는 자는 기도할 자격
도 없음을 너희들은 알라.
17 지금 네가 감히 죽어 가는 자에게 정
녕 나 여호와를 믿느냐 물어 그가 믿
는다 말했을 때, 너는 과연 무엇을 할
수 있겠는가?
18 "네, 아버님을 믿으며 아버님이 존재
함을 믿는다 하면, 저는 그를 위하여
기도를 할 수 있사옵나이다.
19 그러나 다만 그가 구원을 받으며 하
늘에 오르는 길이 아니요, 그를 위해
서 기도를 할 수 있는 것뿐이지, 그가
구원받고 안 받는 것으로써 구원의 기
도를 하는 것은 아님을 저는 알고 있
사옵나이다."
20 그가 죽는 순간이라도 나 여호와가 존
재함을 믿는다면, 네가 그를 위하여
기도할 수 있는 그와 같은 자격을 얻
는 것뿐이지,
21 그가 구원을 받고 나에게 오르는 그와
같은 자격을 얻는 것이 아님을 모르고
있는 것이 오늘의 종교 집단이요, 지
도자들이 가고 있으며 행하는 짓이니
라.
22 감히 저 자신이 구원이요, 제가 어디
있는지 그 이치도 모르는 자가 어찌
하여 나를 믿느냐 물었을 때, 나를 믿
음으로써 그가 구원을 받았다 그리 말
하는가?
23 정녕 그와 같은 선택된 나의 아들이
요, 그리고 천사와 같이 변화된 자요,
내가 인정하는 너의 제자들이 그와
같은 말을 할 때, 그는 그 자격이 있느
니라.
24 그는 그를 물을 자격이 있으며, 나로
부터 선택된 지도자는 정녕 네가 죽음
의 순간에도 나 여호와를 믿느냐 물을
수 있으며, 믿는다 대답할 때 너희들
은 그들을 위하여 묵념해 주며 기도를
할 수는 있으나,
25 너희들이 그가 구원을 받고 못 받는
그와 같은 기도요, 그와 같은 것을 중
언부언할 수는 없는 것이며, 짜깁기
같은 말을 할 수는 없는 것이니라.
26 그 이치도 모르는 자들이 그저 구원을
받았다 말하며, 하늘에 왔다 그리 말
하니, 이것이 오늘의 종교 집단이요,
지도자 그들이 가고 있는 것이라 함이
니, 너희들은 이와 같은 실체를 알도
록 그리하라, 사랑하는 나의 아들아!

10,992 번째 하나님 말씀

2004년 5월 9일 15시 32분

1 사랑하는 나의 아들아!
2 **"네, 아버님! 말씀하옵소서."**
3 나의 아들의 강론의 가르침을 들으며
나의 새로운 성경을 읽고 깨우친 너희
들은 과연 무엇을 보고 무엇을 깨우쳐
가더냐?
4 사랑하는 나의 아들딸들아!
5 성서에 기록되기를, '제자가 스승만
못하며, 종은 주인을 따라갈 수 없으
며, 주인과 종의 그 차이점이 있다.'
너희들이 그리 말하지 않더냐?
6 그러나 나 여호와는 너희들에게 그 모
든 참진리요, 아름다운 길이요, 너희
들이 무엇을 어찌 가야 되는가를 깨우
쳐 주고자 하여 나의 아들을 통하여
나의 새로운 성경에 기록하여 전함을
너희들은 알라.
7 제자가 스승만 못하며, 종이 주인만
못하다는 것, 그러나 너희들은 알아야
될 것이니라.
8 제자가 배워 스승을 닮아 가며, 종이
배우고 깨우쳐 또 주인이 되는 것, 그
와 같이 변화되는 삶을 사는 백성이
되어야만 하는 것이 나 여호와의 뜻임
을 알라.
9 스승에게 배운 제자가 스승과 같이 되
어야 하며, 주인만 못한 종이 주인을
닮아 주인같이 깨달음을 얻는 것, 그
리고 그와 같은 너희들이 모두를 행할
수 있는 것, 그와 같이 너희들이 높고
낮은 자가 없는 세상을 만들고자 하는
것이 나 여호와의 뜻이니라.
10 그리하여 지금 내가 스승과 제자가 다
같이 가며, 그리고 주인과 종이 다 같
이 갈 수 있는 그와 같은 세상을 만들
기 위하여 내가 새로운 성경에 그 모
두를 알기 쉽게 풀어서 내려보내니,
11 나의 아들을 통하여 강론하며,
12 너희들을 앞세워 만백성을 구하는 전
사로서, 하늘의 선생으로서 너의 제자
들을 내가 쓰고자 하는 뜻이 거기에
있음을 너희들은 알도록 그리하라.
13 너희들이 종과 주인의 차이가 있으며,
종이 주인만 못하며, 제자가 선생만
못하며 또한 선생과 제자의 그 차이가
그대로 계속 지속된다면, 정녕 너희들
이 구원을 받을 수 없는 것이 아니더
냐?
14 그러니 예수를 따르던 그 제자들이 나
의 아들 예수의 그 수준에 오르기만
하면, 예수가 그 모두는 '나의 형제요,
나의 벗이라' 한 그 뜻을 알겠느냐?
15 지금 내가 160권의 새로운 성경을 만
들어 전하는 것은, 이 모두를 받아 전
하는 나의 아들의 수준에 너희들을
올려야 되며, 나의 아들이 가고 있는
그 경지에 너희들이 오르도록 하고자
하는 것이 나 여호와의 뜻임을 알라.
16 예수가 일찍이 말하지 아니하였느냐?
17 그가 전하는 것을 그대로 깨달아 행
하면 너희들이 벗이요, 형제요, 친구
라 말하지 아니하였느냐?
18 그러니 나의 아들이 지금 가고 있는,
그 160권의 새로운 성경을 만들어 전
하며 변하는 그 수준에 너희들을 올
라오도록 하고자 하는 것이 나 여호와
의 뜻이니라.

19 똑같이 동등한 자격이 되며 그 수준에
올라야 됨을 너희들은 알라, 사랑하는
나의 아들딸들아!
20 나의 아들에게 내가 무어라 가르쳤느
냐?
21 하늘에 오르는 아주 가늘고 가는 길을
나의 아들이 오며, 나의 아들이 발자
국을 뗄 때 그 길이 말려 올라가는 일
이 없도록 그 제자가 바로 밟아야 된
다 하지 않았더냐?
22 그러니 나의 아들의 뒤를 따라올 수
있는 너희들이라면, 나의 아들과 똑같
은 수준이요, 깨달음이 같아야 됨이니,
23 이제는 스승과 제자가 없으며 종과 주
인이 없도록 그와 같이 내가 역사하
고자 하는 것이니,
24 내가 나의 새로운 성경을 내려보내며
나의 아들을 통하여 강론하는 그 깊은
뜻이 거기 있음을 알도록 그리하라,
사랑하는 나의 아들딸들아!
25 다시 한 번 내가 너희들에게 전함이니
라.
26 예수가 전한 것을 알며 명한 것을 지
키고 행하는 자는 예수의 벗이요, 형
제라는 그 뜻을 너희들은 그리 행하고
지켜 가는 삶을 살도록 하라, 사랑하
는 나의 아들딸들아!
27 그리되면 너희들이 나에게 오르게 되
며, 나에게 오르는 역사의 은혜를 받
게 됨이니,
28 지금 나의 새로운 성경을 받아 기록하
고 전하는 나의 아들딸 너희들은 동등
한 깨달음이요, 그와 같은 행함을 닮
아 같이 가도록 그리해야 될 것이니라.
29 그리하여 주인과 종이 없으며 스승과
제자가 없는 그와 같은 세상이 되어야
만 모두가 다 같이 구원을 받게 됨을
알라, 사랑하는 나의 아들딸들아!
30 지금 세상에 성경의 뜻을 제대로 가르
치는 선생과 주인이 없었음이니라.
31 그러니 제대로 가르치는 선생이 없으
니, 그 제자가 선생을 따라와 그 수준
에 오를 수가 없었으며,
32 제대로 된 주인이 없으니 주인을 능가
할 종이 없었으니, 그와 같은 선생이
없으며 주인이 없었기 때문이니라.
33 그리하여 내가 새로운 성경을 너희들
에게 내려보내어 바로 주인의 역할을
하며 스승의 역할을 할 수 있도록 내
가 모두를 그리 역사함이니,
34 이를 보고 깨우치지 아니하면 너희들
이 나에게 오를 수 없다 함이 여기 있
느니라, 사랑하는 나의 아들딸들아!

10,993 번째 하나님 말씀

2004년 5월 9일 15시 46분

1 사랑하는 나의 아들아!
2 "네, 아버님! 말씀하옵소서."
3 너희들이 불어오는 바람을 돌릴 수 있
으며 막을 수 있으며, 너희들 임의대
로 흘러가게 할 수 있는 능력이 있는
가?
4 너희들이 쏟아지는 그 빗물이요, 그
빗방울을 중단시키며 너희들 마음대
로 잡을 수 있는가?
5 너희들이 그와 같은 한계가 있으며,
능력이 제한되어 있는 것이 나의 백성
들이 아니더냐?
6 그러니 나의 아들을 따르는 제자들이

요, 그리고 나의 새로운 성경을 읽고
깨우친 백성, 너희들은 하늘의 이치
요, 그 위대함을 하나를 깨닫는다 해
도, 너희들이 겸허하며 겸손한 자세로
써 세상에 살아가는 그와 같은 낮은
백성이 될 수 있을 것이니라.
7 그러나 지금의 모든 종교 집단이요,
지도자들이요, 그리고 구원을 받았다
는 그 백성들이 과연 그와 같은 진리
요, 이치 하나라도 깨닫고 살아가는
백성이라 생각하느냐?
8 저희들이 모두를 다 이루며 역사하니,
저희들의 그 능력이 하늘을 치솟으며
나를 거역하며 나를 욕되게 하는 자
들이 그들이 아니더냐?
9 그들이 정녕 자연의 부는 바람 하나
를 막을 수 없으며 방향을 돌릴 수 없
으며, 떨어지는 꽃잎 하나도 저희들이
떨어지지 아니하게 할 수 없는 것이
너희들의 능력이라는 것을 안다면,
10 오늘의 종교 집단이요, 지도자 너희들
이 겸손한 자세로써 하늘의 두려움을
알고 무서움을 안다면, 오늘처럼 너희
들이 경거망동하는 그와 같은 행위를
과연 할 수가 있겠는가?
11 그리고 너희들이 그와 같은 백성의 자
세를 안다면, 너희들이 구원을 받았다
말할 수 있으며, 하늘에 오른 백성이
라 그리 말할 수 있겠느냐?
12 그 모두가 너희들이 얼마나 오만하며
교만한 행동인가를 알아야 될 것이니
라.
13 사랑하는 나의 아들아!
14 너를 따르는 제자들이요, 그리고 나의
법전을 읽고 깨우친 백성, 너희들은
이와 같은 이치 하나를 깨달음으로 인
하여 세상의 이치를 다 알 수 있음이
니,
15 거기서 너희들이 깨달음을 얻는 것이
참진리요, 하늘의 지혜임을 알아야 될
것이니라.
16 지금의 내가 나의 아들을 통하여 하나
의 예를 들어 너희들에게 말하니, 너
희들이 수천수만 가지 살아가는 생활
속에서 어찌 살아가는가 너희들 자신
을 한번 들여다보도록 하라.
17 나 여호와 창조주는 과연 어디에 있으
며, 내가 어디에 존재한다 생각하며,
이 세상의 만물 모두를 살아갈 수 있
도록 만든 나의 능력을 너희들이 정녕
두려워하며 감사하는 마음으로 살아
가는 자가 있는가?
18 너희들은 그와 같은 마음을 가지고 사
는 백성들이 없음을 알아야 될 것이니
라.
19 이 세상의 모두가 돌아가는 자연의 이
치요, 그리고 너희들이 모든 살아가는
미물부터 동물이요, 그 식물들까지 떨
어지고 또 피며 그와 같은 모든 역사
하는 것을 너희들이 본다 하면, 나 여
호와 창조주의 권능이 어떠한 것인가
를 안다면,
20 과연 너희들이 거기에 도전하고, 그를
능가하려는 그와 같은 행위를 할 수
있단 말이더냐?
21 너희들은 말할 것이니라.
22 '우리는 정녕 그와 같이 아버님을 거
역한 적이 없으며 창조주를 능가하려
는 그와 같은 행위를 한 것이 없다.'
그리 말할 것이니라.

23 그러나 너희들은 들으라.
24 내가 성서에 기록하여 지키라 했던 그
모두를 너희들이 과연 얼마나 지키는
가?
25 그 수천수만 가지의 가르치고 지시한
것을, 너희들이 내가 명한 것을 따르
지 아니하는 것만 해도 너희들이 바로
나를 능멸함이요, 나보다 너희들이 위
에 있는 자요, 교만함이 하늘을 치솟
는 자들이니라.
26 감히 내가 불로 직접 써 내린 그 십계
명을 지킬 수 있다 없다 시시비비하는
것, 그 자체 하나만 보더라도 너희들
이 얼마나 잘못된 백성인가를 스스로
알 것이니라.
27 이제 사랑하는 나의 아들을 따르는 제
자 너희들은 내가 선택한 자요, 내가
부른 자들이니라.
28 예수가 어부를 불러 사람을 낚는 제자
로 쓴 것도 아니요, 세리와 같은 자를
불러 쓴 것도 아니요,
29 오로지 나 여호와 창조주가 직접 너희
들을 불러 쓰며, 내가 너희들을 지금
쓰고 있다는 것을 너희들은 알아야 할
것이니라.
30 그러니 창조주 내가 너희를 불러 쓰며
내가 마지막에 모두를 역사하는 것이
내가 직접 관장함이니라.
31 이 세상에서 모두를 관장하는 나 여호
와가 모두를 역사하며 내가 너희들에
게 임하여 그와 같은 역사를 이룬다는
것을 너희들은 알아야 될 것이니라.
32 남들이 볼 때 너희들을 나약한 자로
보며, 남들이 너희들을 볼 때 무능한
자요, 그리고 너희들이 가진 것이 없
으며 능력 없는 자요, 세상에 버려진
자라 그리 말해도,
33 너희들은 그들에게 관심 갖지 말며
그들의 말에 신경 쓰지 말라.
34 그들은 감히 너희들을 따를 수 없음이
니라.
35 너희들이 큰 그릇에 생수를 담았으니,
그것은 사람이 먹을 수 있는 생수가
담겨져 있어야 될 것이 아니더냐?
36 지금 큰 그릇이요, 깨끗한 생수가 담
겨 있는 것이 너희들이니라.
37 그러니 그들은 먹을 수 없는 썩은 물
이 담긴 자들이 그리 말함이니라.
38 그러니 이것이 너희들과 그들과의 차
이임이니라.
39 나의 아들을 통하여 내리는 강론을 들
으며 나의 새로운 성경을 읽고 너희들
이 다스려 가고 변해 가고자 하는 그
삶이 무엇이더냐?
40 너희들이 생수를 담을 수 있는 그릇으
로 닦고 닦아, 내가 생수를 부어 줘 만
백성을 구할 수 있는 너희들이니,
41 외형이 어떠한들 무슨 상관있느냐?
42 너희들이 말하는 도자기요, 아름답고
찬란한 그 그릇으로 너희들의 외형은
그리 보이나, 그곳에 썩어서 먹지 못
하는 물이 있다면 무엇하겠느냐?
43 그는 먹을 수 없는 물이니라.
44 그러나 너희들의 그릇이 찌그러졌든
너희들이 앉은뱅이든, 보기가 흉하든
간에, 그곳에 들어 있는 것이 생수라
면,
45 과연 너희들은 어떠한 그릇이 위대하
며 어떠한 자가 더 위대하더냐?
46 너희들은 키가 작은 자요, 크다 말하

는 자요, 그리고 쭈그린 자라 해도, 거
기에 담긴 것은 나 여호와가 부어 주
는 생수니, 그는 만백성의 생명수가
되느니라.
47 아무리 크고 호화로운 그릇이라 해도,
그곳에 썩어져 있는 것이 담겨 있어
먹지 못하면 그것은 버려지는 것이니,
48 이것이 오늘의 종교 집단이요, 지도자
속에서 구원을 받았다는 백성들이요,
그들이 보기에 나약하고 연약한 자라
는 너희들의 오늘의 모습이니,
49 두려워하지 말라, 사랑하는 나의 아들
딸들아!
50 너희들이 그리하여 승자이니라.
51 모든 백성들이 지금은 모르나, 세월이
지남으로 인하여 아무리 그릇이 호화
롭고 찬란해도 그 앞에 모여들며 거기
에서 생수를 받아 너희들이 구원을 하
고자 하나,
52 그것이 잘못된 것이요, 썩은 물이라는
것을 먹어 본 자들이 말할 것이니,
53 먼저 먹은 자들이 썩은 물이라 말할
때, 과연 그 기다리는 백성들이 계속
거기서 기다린다 너희들이 생각하느
냐?
54 그들은 등을 돌릴 것이니라.
55 그러니 못생겼으며 쭈그러진 그릇에
와서 서 있는 백성, 그저 몇 명 되지
아니하는 자들이 그 생수를 받아 마시
니,
56 그것이 생명수여서 병을 고치며 제가
살 수 있는 물이요, 하늘에 오르는 생
명수라며 먹은 자들이 가서 이야기할
때,
57 그곳에 모든 사람들이 모여드는 것은
당연할 것이니, 그때를 기다리라, 사
랑하는 나의 아들딸들아!

10,994 번째 하나님 말씀

2004년 5월 9일 15시 57분

1 사랑하는 나의 아들아!
2 "네, 아버님! 말씀하옵소서."
3 이 세상이 얼마나 무서워졌으며, 인간
이 무섭게 변했는가?
4 정녕 너희들이 소름이 끼치며 두려워
하는 이와 같은 세상이 되었음이니,
여기에서 어찌하여 너희들이 하늘에
서 이루어진 것같이 지상의 낙원이 이
루어질 수 있단 말이더냐?
5 지금의 너희들이 극에 달하여 얼마나
무서운 세상이 되었느냐?
6 감히 제가 재림 예수라 말하는 자가
있는가 하면, 제가 나 여호와라 감히
그와 같이 말하는 백성이 세상에 있음
이니, 그들이 얼마나 무서운 줄 모르
며 두려운 줄을 모르는 것이더냐?
7 저 자신이 구세주요, 그리고 이 세상
의 주인이요, 하늘의 주인인 것처럼,
그와 같은 역할을 하며 그와 같은 행
세를 하고 있는 자들이 수없이 있음이
니,
8 이렇게 무섭도록 무너진 세상이 되었
음이니, 이것이 바로 어디서 이와 같
은 역사가 이루어졌는지 알겠느냐?
9 모든 종교 집단이요, 지도자들이 첫
단추를 잘못 꿰었으며 처음부터 가르
치고 깨우친 그 길이 잘못되었음이니,
10 지금까지 참스승이요, 바로 이끄는 진
정한 스승이 없었으며, 바른 주인이

하나도 없었기 때문이라는 것을 너희
들은 알겠는가?
11 그러니 내 뜻이요, 내가 역사하는 것
을 따르고 배운 백성이 없으며, 반대
급부요, 내 뜻을 거역하는 그와 같은
자들이 세상에 존재하고 다스려 왔음
을 너희들은 알라.
12 그러니 너희들이 지금까지 참진리요,
하늘에 오르는 길을 모르며 진실된 마
음을 가지고 살아가지 못하는 자들이
기에,
13 남의 허물은 보나 제 허물은 보지 못
하는 자요, 남의 잘못은 핍박하나, 제
잘못은 고치려 하지 않는 그와 같은
백성이 되었으며,
14 자기 합리화요, 정당화시키려는 그와
같은 백성이 되지 아니하였던가?
15 그리하여 성서에 일찍이 너희들의 오
늘의 모습을 내가 그리 전하지 않았던
가?
16 '남의 눈에 있는 작은 티는 보나, 제
눈에 있는 들보는 보지 못하는 것'이
너희들이라 하였음이니, 오늘의 모든
백성들이 그와 같은 형국에 이르렀음
을 알아야 할 것이니라.
17 세상사에 이와 같이 잘못되었으며 다
너희들이 뒤집어졌으며, 제대로 가르
치는 자가 하나도 없기 때문에,
18 내가 오죽하면 나의 아들을 통하여 오
른쪽으로 도는 팽이를 반대로 돌리는
그와 같은 삶을 살며,
19 너희들이 세상을 보며 세상의 이치를
깨우칠 때 손을 땅에 대고 거꾸로 서
서 세상을 봐야만 모두를 볼 수 있다
그 비참한 뜻을, 그 통탄한 마음을 전
하는지 알겠느냐?
20 이와 같은 것을 너희들은 그냥 들어
그대로 흘려보내면 아니 될 것이니라.
21 나 여호와가 얼마나 고통스럽고 얼마
나 답답하고 괴로우면 너희들에게 거
꾸로 세상을 봐야 된다는 그와 같은
말을 내가 나의 새로운 성경에 기록하
여 전했겠느냐?
22 그러니 이 의미를 알아야 될 것이며,
너희들이 바로 서는 백성이 되지 아니
하면 아니 되느니라.
23 너희들은 땅에 발을 대고 서서 살아가
는 백성이요, 그것이 다음 세상을 볼
수 있으며 다음 세상의 진리를 깨우칠
수 있는 그와 같은 백성들이니,
24 나의 아들을 따르는 제자들이요, 나의
새로운 성경을 읽는 백성 너희들이 그
리 걸어가지 아니하면 아니 됨이니라.
25 나의 뜻에 반대로 가는 이 시대에 존
재하는 그들, 그들은 어떠한 방법으로
써 깨우쳐도 알아들을 수 없느니라.
26 그리하여 내가 나의 아들을 통하여 새
로운 성경을 내려보내며, 그가 숨을
거둘 때까지 하늘의 뜻을 세상에 기
록하여 전하는 것은 바로 그 간단한
이치이니라.
27 제 눈에 있는 들보를 빼고 세상을 보
도록 하고자 함이니라.
28 남의 눈에 있는 그 티를 빼도록 하며
저주하는 것이 아니라, 제 눈에 있는
들보를 빼고 세상을 보도록 하는 그와
같은 이치요, 그와 같은 너희들의 배
움이 새로운 깨달음이요,
29 그리하여 너희들이 지혜를 얻도록 하
기 위하여 내가 160권의 새로운 성경

을 세상에 내려보내는 그와 같은 역사
가 이루어지고 있음을 알라 그들에게
깨우쳐 주라.

10,995 번째 하나님 말씀

2004년 5월 9일 16시 00분

1 사랑하는 나의 아들아!
2 "네, 아버님! 말씀하옵소서."
3 내가 너를 통하여 나의 뜻을 너희에게
전하지 아니하였더냐?
4 너희가 참진리의 길을 왔다면 오늘과
같이 이 세상이 험악하지 아니하였으
며, 인간이 인간을 보기를 두려워하는
그와 같은 세상은 되지 아니하였다 했
음이니라.
5 너희들이 지금까지 악의 씨앗을 뿌리
고 악의 씨앗을 심었기에, 지금 악이
존재하는 그와 같은 세상이 되었음을
너희들은 알라.
6 참진리의 진정한 나 여호와의 뜻을 전
했다면 오늘과 같이 험악한 세상은 결
코 없었음이니라.
7 그러니 너희들이 나 여호와의 뜻과는
관계없는 것이요, 참진리는 뒷쪽으로
밀어 버리고,
8 너희들이 비진리요, 인간의 교리를 가
지고 지금 선을 행하지 않고 살지 않
아도 된다 그와 같이 왔기 때문에, 오
늘의 저희들이 그 모두가 뒤죽박죽이
된 세상이요,
9 참진리요, 선은 찾아볼 수가 없으며,
악의 사탄들이 이 세상을 덮고 있는
이 험악한 세상이 되었음이니라.
10 그러니 참진리는 너희들이 아무도 알
수 없는 것이라 내가 일찍이 말했듯
이, 지금이 비진리이기 때문에 악이
이 세상에 존재하며, 그 뿌리가 지금
이 세상을 다 덮고 있는 이와 같은 험
악한 세상이 되었음이니, 이를 어찌하
겠느냐?
11 이제 이 험악한 세상을 바로잡으며 바
로 세우지 아니하면 아니 되기에, 내
가 나의 아들을 통하여 그리고 너희들
을 통하여 이 모두를 역사하고자 함을
너희들은 알라.
12 사랑하는 나의 아들딸들아!
13 너희들의 마음가짐을 얼마나 잘 다스
리며 소중히 간직해야 되는지 너희들
은 알겠느냐?
14 너희들이 선한 마음을 가지고 있다면
너희들은 악이 싹틀 수가 없으며,
15 너희들이 선한 마음을 가지고 살아간
다면 악이라는 것은 존재할 수가 없는
것이니라.
16 그러나 너희들이 선한 마음을 버리고
악한 마음을 가지면 악의 싹이 세상을
덮어버리니,
17 너희들이 발붙일 곳이 없으며 너희들
이 존재할 곳이 없으며, 이 세상을 바
로 세울 수가 없다는 것을 너희들은
알아야 될 것이니라.
18 이 세상의 모두가 비진리를 가지고 지
금까지 살아왔기 때문에, 악이 세상을
덮고 있는 이와 같은 형국이니,
19 그리하여 사람이 사람을 믿지 못하는
것이 너희들이 악의 씨앗을 가지고 세
상에 심고 또 심은 것임을 알라.
20 진실이 어떻게 거짓된 행위를 할 수
있겠는가?

21 거짓된 것이 어찌하여 진실을 행할 수
있겠느냐?
22 이와 같은 이치를 너희들이 깨닫는다
면, 오늘의 이 형국을 알 것이니라.
23 비진리요, 거짓된 것을 가지고 이 세
상을 지배하고 이끌어 왔기 때문에,
그들을 다 정죄하고자 함이니라.
24 그러니 지금 나의 뜻을 따르는 그 제
자들이요, 그리고 나의 법전을 읽고
깨우친 그 백성 너희들이야말로, 너희
들이 진리는 거짓을 이룰 수 없으며,
진리는 악한 것을 키울 수 없다는 그
뜻에 따라,
25 너희들이 바로 서서 거듭나는 삶을 사
는 데 모두를 다 바치는 피나는 노력
을 하지 아니하면 다시 이 세상은 무
너지며,
26 하늘에서 이루어진 것같이 지상의 낙
원이 이루어질 수 없다는 그 의미를
깊이 깨우쳐, 너희들의 가슴에 심도록
그리하라.

10,996 번째 하나님 말씀

2004년 5월 9일 16시 05분

1 사랑하는 나의 아들아!
2 "네, 아버님! 말씀하옵소서."
3 나의 새로운 성경을 접한 백성 너희들
은, 여기에 너희들의 모두를 다 바치
도록 그리하라.
4 정독하는 데, 그를 읽고 깨우치는 데,
그리고 나의 아들을 통하여 너희들에
게 내리는 나 여호와의 주옥같은 그
강론의 가르침, 너희들이 거기에 모두
를 다 집중하여 너희 것으로 만드는
데 최선의 노력을 다하여야 될 것을
잊지 말라.
5 무엇을 알려 하지 말며 무엇을 들으려
하지 말며, 과거의 지난 역사요, 구약
과 신약의 시대에 너희들이 역사했던
것을 가지고 너희들이 지금 여기서 재
현하려 하지 말며 더 이상 무엇인가를
알려 하지 말라.
6 지금 너희들에게 그와 같은 시간이 없
음이니라.
7 너희들이 내가 새로 내리는 내 성경이
요, 이 가르침을 가지고 바로 서기도
바쁜 시간이니라. 너희들이 바로 서지
도 못하는 그와 같은 형국에서 과거
의 기적의 역사요 구약이요, 신약이
요, 그리고 모두가 역사하는 걸 가지
고, 너희들이 사소한 걸 가지고 알고
자 하며, 그 답을 찾고자 한다면,
8 너희들이 지금 바로 서기도 어려운
이 시점에 너희들이 혼동이 오며, 너
희들이 깨달음의 길을 갈 수 없을 것
이니라.
9 다만 너희들이 나의 법전을 정독하며,
그 가르치고 내가 전하는 그것을 들어
그리 행하다 보면, 너희들 자신이 어
느 날 너희 외형이 변하며 너희들의
마음이 변하며, 모두가 변해져 있는
그와 같은 것을 알 것이며,
10 너희들이 네 스스로 네 소중한 몸이라
는 걸 알 것이며, 귀중한 자라는 것을
알게 될 것이니라.
11 그것은 너희들이 천사와 같은 마음으
로 이미 변해지고 있으며, 너희들이
가고 있는 길이 남들과 다름을 너희
스스로 알게 될 것이니라.

12 남들이 너희의 외형이요, 마음이 변해
진 것을 알게 되며, 너희들 스스로가
그를 알게 됨이니라.
13 그러니 그 차별화되는 삶의 세상에 살
아가는 나의 백성들이 너희들임을 스
스로 알 것이며, 그 누구도 너희들처
럼 순박하고 고고하고 아름다운 마음
을 가지고 사는 백성은 너희들이 보지
못하게 될 것이니,
14 그러니 너희들은 그것을 위하여 오늘
의 그 사소한 걸 가지고 너희들의 마
음을 쏟지 말며 마음을 거기에 담지
말라.
15 그를 알고자 하여 거기에서 헤매다 보
면 너희들이 헤어날 수 없음이니라,
사랑하는 나의 아들딸들아!
16 너희들은 나의 아들을 통하여 강론을
들으며 나의 새로운 성경을 정독하고
읽으며,
17 오로지 거기에만 너희들이 모두를 다
바쳐 최선을 다하라.
18 그리하면 너희가 모두를 다 얻을 수
있으며 모두를 거기서 볼 수 있을 것
이니라, 사랑하는 나의 아들딸들아!

10,997 번째 하나님 말씀

2004년 5월 9일 16시 08분

1 사랑하는 나의 아들아!
2 "네, 아버님! 말씀하옵소서."
3 인간 세상에 너희들이 살아가면서 너
희 자녀의 어렸을 때 그들의 놀이가
무엇이더냐?
4 소꿉 장난이라는 것을 하며 그것을 장
난감으로써 너희들이 그 생활이요, 인
간의 어른들이 살아가는 그 형태를 흉
내 냄이니,
5 과연 거기에서 성장되었을 때, 그는
어떠한 생활을 하는가?
6 그 생활을 엮어 가는 것이 그의 일이
아니더냐?
7 지금 나의 아들을 통하여 나의 새로운
성경의 강론을 들으며 깨우친 그 제자
들, 그리고 이를 보고 부르짖는 백성,
8 너희들이 지금 넓고 넓은 이 세상에
서, 나 여호와가 하늘에서 이루어진
것같이 지상의 낙원을 이루는 이 땅
위에, 너희들이 어린아이처럼 순박한
마음으로 소꿉 장난하고 있는 그와 같
은 형국이니라.
9 그러나 그 소꿉 장난하는 아이도 언젠
가는 성인이 되어서 가정을 이루는 그
와 같은 역사를 하는 것처럼, 너희들
이 이 세상을 지배할 것이며,
10 너희들이 이 오늘의 이 작은 소꿉 장
난과 같은, 나의 법전을 만들며 나의
새로운 성경을 만들며,
11 이를 가지고 만백성에게 전하기 위해
너희들이 동분서주하는 그와 같은 그
삶이, 모든 종교 집단이요, 지도자들
이 보기에는 소꿉 장난 같이 보이나,
12 그 소꿉 장난이 성인이 되어서 너희들
이 그와 같은 생활을 엮어 가듯이, 이
세상의 모두를 지배하는 것은 너희들
임을 알아야 될 것이니라.
13 지금 사탄은 알고 있음이니라.
14 그리하여 사탄들이 마지막 시대에 모
든 것을 다 동원하여 너희들을 무너뜨
리려 하며, 너희들이 존재하지 못하도
록 한다는 그 뜻을 알겠느냐?

15 그들이야말로 어떠한 자들이던가?
16 저희들이 영원히 이 지상을 지배하며,
이 모두를 다 통제하고 다스려 가고자
하는 것이 그들이 아니더냐?
17 그러나 결코 그와 같은 것은 있을 수
없으며, 그와 같은 역사는 있을 수 없
을 것이니라.
18 지금 소꿉 장난하는 것 같은 그와 같
은 너희들이 오늘에 있기 때문이요,
너희들이 서서히 성장하여 성년이 되
어 모두를 그와 같이 다스려 나가듯이,
19 나 여호와가 역사하고자 하는 뜻이요,
내가 이루고자 하는 것이요, 하늘에서
이루어진 천국의 세상을 지상에서 이
루고자 하며, 그 지상의 낙원은 반드
시 이루어지고 역사하기 때문이니,
20 오늘에 어렵고 힘들다 하여 두려워하
지 말며, 고통스러워 하지 말라.
21 모두는 다 너희들이 그것을 볼 것이니
라.
22 내가 너희들에게 약속하지 아니하였
느냐?
23 육의 삶에 너희들이 모든 종말을 거두
기 전에 이를 볼 수 있다 하였음이니,
너희들이 얼마나 축복된 백성들이냐?
24 그때가 되면 너희들에게 무너지라 해
도 무너지지 아니할 것이며, 나의 법
전을 놓고 등 돌리고 가라 해도 가지
아니할 것이며, 밀어붙여도 가지 아니
하는, 너희들은 확고한 깨달음이 있을
것이니라.
25 나의 아들이 백발이 되어 세상의 이치
를 깨닫게 되듯이, 너희들이 눈으로
보고 몸으로 체험할 때, 그때 너희들
은 더 완벽하게 깨우치는 자요, 천사
와 같은 삶을 살아가지 말라 해도 너
희들이 그리될 것이니,
26 그날을 나 여호와가 기다리고, 그날이
있기 때문에 내가 오늘에 참으며, 재
앙으로 모두를 다스리고 싶으나 이를
넘기고 가고 있음을 알라, 사랑하는
선택된 나의 아들딸들아!

10,998 번째 하나님 말씀

2004년 5월 9일 20시 08분

1 사랑하는 나의 아들아!
2 "네, 아버님! 말씀하옵소서."
3 너희들이 하나의 목적을 달성하며 소
기의 그 뜻을 이루고자 하면, 그 값진
대가를 치르고 그 모두를 얻게 되어
있는 것이니라.
4 그러나 지금 믿음의 길을 가는 모든
백성 너희들이 미완성품이요, 완성되
지 않은 그것을 가지고 완성품으로써
그걸 완벽한 것이라 생각하고 그를
믿고 따라간다면, 그는 얼마나 불행한
일이 되겠는가?
5 지금 구약과 신약의 시대를 나의 아들
을 통하여 내가 뭐라 말했느냐?
6 너희들이 구약의 시대는 너희들이 출
발의 시대요, 신약의 시대는 중간의
시대요, 이제 제3의 시대는 마지막 시
대로서, 추수하는 때라 내가 그리 말
하였음이니,
7 너희들이 바로 추수하는 시대는 추수
하는 시대에 따라서 너희들의 그 가
르침이 필요한 것이며,
8 중간의 시대는 중간의 시대를 역사하
기 위하여 그 가르침이 필요하며,

9 출발에는 출발선에 따라서 너희들이
그 출발에 필요한 가르침이라 내가 그
리하지 아니하였던가?
10 너희들은 운동선수가 달려나갈 때, 출
발 전에 준비 운동이요, 너희들이 달
리는 과정은 그 과정의 고초가 있으며,
11 너희들이 마지막 그 승자의 길을 차지
하는 것도 또한 그와 같은 노력이 있
어야 되는 것이니,
12 이와 같이 모두가 단계가 있음을 너희
들은 알라.
13 그러니 너희들이 출발선에 서 있는 자
가 추수하며 우승의 영예를 차지하는
것으로 착각한다면, 과연 그는 어찌
되겠느냐?
14 그와 같이 너희들이 지금 완성품과 완
성품이 아닌 것을 구분하지 못하고 있
는 것이 오늘의 믿음의 길을 가는 백
성들의 형태임을 너희들은 알라.
15 지금 너희들이 신약의 시대에 이를 가
지고 나의 아들 예수가 역사한 그 모
두를 가르치며, 너희들이 하늘에 오르
는 길이요, 나에게 역사할 수 있는 길
이라 그리 생각하나,
16 신약의 시대는 중간의 시대임을 너희
들은 알라.
17 그러니 신약이라는 것은 중간의 시대
에 너희들이 배우고 깨우쳐야 되며,
중간 시대에 필요한 그 모두를 너희들
이 깨우치도록 그 모두를 내려 준 것
이라는 것을 너희들은 이제 알아야 될
것이니라.
18 그리하여 지금 제3의 마지막 시대에
내가 나의 성령을 태워 새로운 성경이
라 하여 이를 내려보내니,
19 이는 추수 시대에 너희들에게 필요한
책이요, 필요한 기술이요, 그 모두를
연마하는 것을 기록하여 내려보낸 것
이며,
20 추수하는 도구요, 추수하는 것에 필요
한 모두를 준비할 수 있도록 내가 상
세히 기록하여 지금 마지막 시대에 내
린 그와 같은 의미를 너희들은 알아야
될 것이니라.
21 어찌하여 너희들이 인간 세상에 남의
마음을 읽으며, 남의 생각하는 것을
알며, 너희들이 미래에 어찌 역사하냐
하는 것은 너희들이 너희 지혜로써 어
느 정도 깨닫는 자들이,
22 어찌하여 새로운 시대요, 새로운 변화
의 역사하는 것, 그 대역사를 하는 것
을 너희들이 알지 못하며, 어찌하여
깨우치지 못하는 어리석은 그와 같은
삶을 산단 말이더냐?
23 지금의 모든 백성들이요, 너희들이 그
미래에 변화되는 것, 새로운 시대에
새로 역사하는 것을 모르고 있는 것이
너희들이니라.
24 너희들이 말하는 그 미물이요 들짐승
들도, 지진이 나며 지구가 깨어지는
것, 그와 같은 것을 그들이 미리 알고
대피하는 그 지혜가 있음이니,
25 그러니 너희들이 시대에 이루어지는
것, 시대에 변화되는 것을 보는 지혜
가 없으며, 너희들이 깨닫지 못하고
지혜를 갖지 아니한 것이 아니니라.
26 너희들이 그들보다 더 현명한 지혜요,
더 너희들이 밝히 알 수 있으며, 미리
대피할 수 있는 그와 같은 지혜를 가
지고 있으나,

27 너희들의 욕심이요, 그리고 너희들이
남들이 너희 앞에 가는 것을 보지 못
하며, 남들 앞에 높이 서고자 하는 것,
그리고 분배의 원칙에서 제 앞에 무엇
인가를 더 쌓아 놓고자 하는 인간의
욕심 때문에 너희들이 그 모두를 상실
한 것이며, 그 모두를 잃어버린 자이
니,
28 그러니 작은 것으로써 가장 큰 것을
다 잃고 사는 것이 나의 사랑하는 백
성 너희들임을 알아야 될 것이니라.
29 이제 너희들은 시대의 변함을 알아야
될 것이니라.
30 너희들이 시대의 변화요, 시대의 변함
에 따라서 너희들이 같이 편승하여 그
길을 가지 아니하면 절대 역사할 수
없다는 것을,
31 너희들은 성서요, 성경은 한 획도 고
치지 말며 더하지도 빼지도 말라는 그
한 구절에 얽매어, 지금 앞을 보지 못
하며 변화되지 못하는 너희들이니,
32 한 글귀요 한 구절을 보고 그에 매달
려, 너희들이 변화되고 내가 새로 역
사하는 그 의미를 모르고 있는 것이니,
33 너희들은 이와 같은 믿음에서 너희들
이 성서의 감춰 둔 그 비밀을 깨닫는
하늘의 지혜를 얻으면, 그 뜻이 무엇
이며 그 가르침이 무엇인가를 알 것이
니라.
34 그 모두가 나의 법전 속에 기록되어
있음이니라.
35 그리하여 내가 나의 법전을 정독하지
않는 자, 하늘에 와 심판을 받을 수 있
는 기회를 얻지 못한다 함을,
36 너희들이 그 두려움을 가슴 깊이 새
겨, 너희들이 나의 법전을 읽고 깨우
치는 데 최선을 다하도록 그리하라.

10,999 번째 하나님 말씀

2004년 5월 10일 08시 38분

1 사랑하는 나의 아들아!
2 "네, 아버님! 말씀하옵소서."
3 네가 모든 백성을 대중적으로 보며 모
든 사람을 똑같이 사랑하며 똑같이 대
화하라는 것의 그 의미를 알겠는가?
4 "네, 아버님!
5 지금에 와서 아버님께서 주신 그 말씀
의 의미는, 저와 저의 제자들이 경지
가 높으며 깨달음이 앞에 가며 올라
갈수록, 모든 사람의 마음과 그들의
원하는 것과 미래에 어찌 역사하는가
를 다 들여다보며 알 수 있는 그때가
될 것이라 그리 생각되옵나이다.
6 그리되었을 때, 모든 사람을 대중적으
로 생각하지 아니하면 그들이 원하는
것, 소원하는 것을 다 그를 보고 알고
있음이니,
7 그러니 아는 대로 그 뜻에 맞춰 무엇
을 다스려 주고 또 무엇을 깨우쳐 준
다면, 이는 결코 질서가 될 수 없으며
이는 바로 유지될 수 없기에,
8 아버님께서 모두를 다 초월하여 대중
적으로 보라는 의미를 그리 생각하옵
나이다.
9 사람들이 요구하는 것, 원하는 것, 지
도자로서 그것을 다 들어주며 그것을
다 보고 마음 아파한다면, 결코 그 자
리를 지킬 수 없으며 그리 갈 수 없는
것이기에,

10 모두를 다 대중적으로 하나같이 똑같
이 사랑하라는 것, 그 의미가 거기에
있음을 알겠사옵나이다."
11 사랑하는 나의 아들아! 그러하니라.
12 모두를 네가 대중적으로 똑같이 사랑
하며 똑같이 대하며 똑같은 마음으로
베풀지 아니한다면, 또한 너를 따르는
제자들도 그러니라.
13 그들이 선생으로 세상에 나감이니, 모
두를 다 대중적으로 똑같은 마음으로
보지 아니하면 치우치게 되어 있으며
흔들리게 되어 있음이니라.
14 너희들이 사람들이 원하고 바라는 것
이 무엇인가를 알 수 있듯이, 그들이
그들에게 마음을 줌을 다 알고 있음이
니,
15 그리하여 대중적으로 보라는, 그 한계
를 넘으라 함이니라.
16 그리하여 모두를 다 똑같이 보며 똑같
이 사랑하며 똑같이 대화하며 똑같이
베풀 수 있는 그와 같은 마음이 아니
면 지도자로서 바로 갈 수 없기 때문
이니,
17 그 덕목을 갖추라 함을 알았다면, 그
와 같은 마음이요, 그 의미를 알았다
면, 그를 이제 행하고 지키도록 그리
하라.
18 그러지 아니하면 모두가 부서지며 모
두가 무너지며, 서로가 너희들이 반목
하며, 화목함이 이루어질 수 없음이니
그리 알라, 사랑하는 나의 아들아!

11,000 번째 하나님 말씀

2004년 5월 10일 08시 42분

1 사랑하는 나의 아들아!
2 "네, 아버님! 말씀하옵소서."
3 구약의 시대에 나의 백성을 구원했던
방법과 신약의 시대에 구원하는 방법
이 다 다름을 너희들은 알아야 될 것
이니라.
4 그러니 그 모두가 다름이니, 내가 또
한 마지막 시대에 나의 백성을 구하는
방법이 그리 다름을 너희들은 당연한
사실임을 알아야 될 것이니라.
5 너희들이 초등학교요, 너희들이 어렸
을 때 배우는 책이요, 그 학문의 수준
이 있듯이, 또 너희들이 더 성장하면
성장할수록 거기에 맞는 학문으로써
너희들을 가르치고 다스리며 깨우치
듯이,
6 이 모든 성경이요, 하늘의 뜻이 다 그
러하니라.
7 그러니 내가 모세의 시대는 출발의 시
대요, 신약의 예수의 시대는 중간의
시대요, 지금은 나 여호와가 마지막
시대라 하였으니,
8 마지막 시대에 너희들이 그 열매를 거
두는 데 필요한 그와 같은 새로운 성
경이 필요한 것이니라.
9 그러니 그와 같은 이치를 안다면, 지
금 내가 너희들에게 전하는 구약 시대
의 성경이요, 너희들이 공부하는 것,
그리고 신약 시대의 성경을 너희들이
공부하는 것,
10 그리고 또 제3의 마지막 시대의 새로
운 성경이 내려와 역사한다는 것을,

너희들은 당연한 것이라는 깨달음을
얻어야 될 것이니라.
11 그러니 제3의 시대는 나 여호와가 직
접 관여하여 역사하는 시대라 하였음
이니라.
12 제3의 시대는 추수의 시대니, 그 추수
에 맞는 도구요, 추수에 맞는 모든 성
경이요, 추수에 맞는 가르침과 새로운
나의 뜻이 세상에 전해지는 것은 당연
한 것이거늘,
13 너희들이 어찌하여 이 역사를 거역하
며 이 시대의 변화를 거역하여, 이것
을 이단이요 사탄이라 핍박하는 그와
같은 행위를 하고 있단 말이더냐?
14 신약의 시대가 구약의 시대로부터 너
희들이 견딜 수 없는 그 핍박을 받았
던 그것을 그대로 너희들이 지금 재현
하는 그와 같은 어리석은 짓을 하지
말도록 그리하라.
15 모두는 나 여호와의 주관하에 이루어
지는 것이며, 모두는 나의 뜻에 의하
여 역사하는 것이요, 내 뜻에 의하여
역사하지 아니하는 것이 없거늘,
16 어찌하여 너희들이 나에게 도전하며
나에게 불순종하는 그와 같은 행위를
하려 하느냐?
17 내가 너희들에게 다시 한 번 전함이
니, 너희들이 추수 때는 추수에 대한
그 도구가 필요하듯이 너희들이 모두
가 거기에 따르는 나의 새로운 성령이
요, 나의 새로운 가르침이 세상에 내
려와 그 백성들을 다스리고 거두어 추
수하는 그와 같은 시대가 열어짐을 알
라 그리 전하라.
18 어리석게 너희들이 처음서부터 너희
들 것만을 주장하며 그것만이 옳다 그
리하지 말라.
19 완전하지 아니한 너희들 것을 가지고
완전하다는 그와 같은 착각 속에 헤매
서는 아니 됨이니라.

11,001 번째 하나님 말씀

2004년 5월 10일 08시 46분

1 사랑하는 나의 아들아!
2 "네, 아버님! 말씀하옵소서."
3 지금 수없이 번져 있는 종교 집단이
요, 지도자들, 감히 나 여호와의 고유
의 권한인 것을, 저희들이 구원을 받
았다, 그리고 하늘에 와 상을 받을 것
만 남았다 말하는 그 백성들,
4 너희들이 정녕 나 여호와와 해결할 수
없으며 서로가 돌이킬 수 없는 자식과
부모 간에 원수지간을 만드니,
5 그 원수지간이 되지 아니하려거든, 너
희들이 오늘에 가는 그 믿음에서 탈피
해야 되며, 그를 너희들이 접어 둬야
된다는 것을 모든 백성들에게 전해야
됨을 알라.
6 지금 나의 아들을 통하여 내 성령을
모두를 태워 하늘에 오르는 길이요,
만백성을 구하고자 내가 새로운 성경
을 세상에 내려보내니,
7 너희들이 감히 나의 아들을 핍박하며
그를 따르는 제자들을 핍박하며, 그리
고 나의 새로운 성경을 찢어 버리고
태워 버리는 그와 같은 행위요, 이단
이요, 사탄이라 너희들이 장난질을 함
이니,
8 이와 같은 행위가 나 여호와와 영원히

돌이킬 수 없으며 해결할 수 없는 원
수지간으로 만들면서 너희들이 그리
가는 것이라는 것을 명확히 알아야 될
것이니라.
9 그러니 너희들이 지금 사탄이요, 이단
이라 장난을 하여 나의 백성들의 귀를
막고 눈을 막음으로써 지금의 나의 피
조물 만백성이 어떠한 길을 가고 있는
지 알겠느냐?
10 지금의 종교 집단이요, 지도자, 구원
을 받았다 광분하는 그 신도들, 너희
들이 이미 나의 아들 예수와 돌이킬
수 없는 적이 되어 가고 있음을 알겠
는가?
11 생명을 바쳐 너희들을 구원하고자 했
으며 성령으로 임하라 했거늘,
12 너희들이 그를 적대시하며 그를 너무
나 가슴 아프게 하며, 적으로 지금 만
들고 그 길을 가고 있는 것이 오늘의
믿음이요, 너희들의 형국이라는 것을
알아야 될 것이니라.
13 그런 너희들이 이제는 나 여호와와
너희들이 원수지간을 만들며 영원히
돌이킬 수 없는 적과 같은 관계를 만
들고자 함이 너희들의 오늘의 행동이
니라.
14 그러니 여기서 너희들이 이 모두를 중
단하고 바로 깨우치지 아니하면, 너희
들은 정녕 나와 관계없다는 말이 여
기 있음을 알라.
15 내가 나의 아들을 통하여 160권의 새
로운 성경을 세상에 내려보내어, 그
제자들이 어렵고 힘들게 하얀 눈이
세상을 덮듯이 모든 백성들이 접하도
록 하여 그를 깨우치고자 하는 그 길
을 너희들이 핍박하며,
16 그를 사탄이요, 이단이라 저주하는 행
위, 그리하여 나의 사랑하는 백성들이
그를 접하지 못하며 읽지 못하게 함이
니,
17 그와 같은 행위가 너희들이 구세주라
부르는 예수와, 너희들이 창조주 아버
지요, 전지전능한 아버지라 부르는 나
여호와와 너희들이 영원히 해결할 수
없으며 돌이킬 수 없는 원수지간으로
만들어 가고 있는 행위를 하고 있다는
이 무서운 사실을 알라.

11,002 번째 하나님 말씀

2004년 5월 10일 08시 53분

1 사랑하는 나의 아들아!
2 "네, 아버님! 말씀하옵소서."
3 너희들이 생명을 가지고 세상을 나가
며 모든 동식물을 통제하고 관리하며
살아가는 그 은혜요, 나로부터 받은
그 은혜가 헤아릴 수 없으며,
4 너희들이 육의 삶을 다할 때까지 그
보답하는 길을 간다 해도 너희들이 다
어찌 그 길을 갈 수 있겠는가?
5 그러하거늘 더불어 살면서 너희들이
나를 능멸하는 죄를 또 수없이 지고
있는 것이 너희들의 오늘의 삶이거늘,
6 어찌하여 너희들이 나 여호와와 적이
되며 원수가 되는 그와 같은 길을 가
고 있단 말이더냐?
7 오늘의 모든 종교 집단, 너희들이 멸
망의 길을 달려가고 있으며, 나 여호
와와는 더불어 만날 수 없으며 영원히
같이할 수 없는 그와 같은 길을 가고

있으며,
8 더욱이 너희들이 나와 원수지간의 적
으로 만드는 행위만을 하고 있다면,
그 일만을 일삼고 살아가고 있는 것이
오늘의 믿음의 집단 너희들임을 과연
알겠느냐?
9 너희들이 지금 믿음이 바로 되지 아니
하며 참진리를 모르기에, 하늘의 지혜
를 얻음이 없으며 성령이 임함이 없음
이니,
10 이 세상의 모두 이루어지는 것을 육으
로써 너희들이 보는 것으로 판단하며
그리고 귀로 듣는 것으로써 그것을 가
지고 판단하고 너희들 계획대로 모두
를 역사하기 때문에, 너희들이 세상
것을 벗어나지 못하며 오늘 이와 같은
형국이 되었음이니라.
11 사랑하는 나의 아들딸 너희들의 그 지
혜가 얼마나 높더냐?
12 앞으로 바람이 불 것이며 비가 올 것
이라는 천기를 너희들이 더러는 예측
하는 그와 같은 무서운 지혜를 가지고
있는 백성이면서도,
13 어찌하여 성령의 변화되는 시대요, 변
화되는 그 모두는 너희들이 모르고 있
단 말이더냐?
14 그러니 너희들이 이를 알아도 보려 하
지 아니하며 이를 들어도 듣지 않으려
함이니라.
15 한 획도 고치고 더해서는 아니 되며,
지금 미완성품이요 불완전한 신약의
시대가 완성품이요 완전한 시대라는
너희들의 고정관념이요, 그와 같이 머
릿속에 세뇌되어 있기 때문에,
16 너희들이 새로운 시대요, 새로운 역사
를 이루기 위하여 새로운 성령이요,
새로운 성경이 세상에 내려감을 인정
하지 아니하려 하며 받아들이려 아니
하기 때문에,
17 너희들이 하늘의 지혜를 얻을 수 없으
며, 성령으로 임할 수 있는 백성이 못
되기에 변화되는 그 모두를 모르고 있
는 어리석은 백성들이니라.
18 그러니 이제 나의 새로운 성경 160권
이 세상에 나가는 대역사를 이룸이니,
너희들이 이는 나 여호와의 뜻이 아니
면 역사할 수 없다는 것을 누구든지
깨달을 것이니라.
19 그렇다면 너희들이 주저하지 말며 용
기 있게 나의 새로운 성경을 정독하여
내가 원하는 뜻을 깨우치도록 그리하
면, 너희들이 스스로 판단할 수 있는
길이 거기에 있을 것이니 그리 알도록
하라.

11,003 번째 하나님 말씀

2004년 5월 10일 09시 01분

1 사랑하는 나의 아들아!
2 "네, 아버님! 말씀하옵소서."
3 수천 년 흘러왔던 잘못된 구습이요,
악습의 그 모두를 털어 버리고 나 여
호와가 새로운 성령을 내려보내어, 새
로운 성경을 세상에 전하여 새 시대가
열리며 심판의 시대가 열리고 있음이
니라.
4 그러니 너희들이 때가 되면 가르치는
지도자요, 선생이 또한 당연히 새로
역사하는 것이 아니더냐?
5 그러니 내가 마지막 시대에 새로운 성

경을 세상에 내려보내며 지금 심판의
시대를 열어 가고 있음이니,
6 그리하여 거기에 합당한 선생이요, 지
도자가 있어야 하기 때문에, 나의 아
들을 따르는 제자들이요, 나의 법전을
읽고 깨우친 백성, 너희들을 선택하여
내가 오늘의 선생이요, 지도자로서 육
성해 감은 당연한 것이요, 당연한 이
치가 아니더냐?
7 그러니 이러한 선생이요, 이러한 지도
자가 기초 지식이 없으며 다스려짐이
없으며 믿음이 없으면, 정녕 나의 새
로운 성경의 의미를 제대로 파악하지
못하며 알지 못한다면, 너희들이 어찌
나의 백성들을 가르치고 인도하겠느
냐?
8 그리하여 너희들에게 나의 새로운 성
경을 정독하고 읽고 또 깨우쳐 공부하
라 함이 여기 있음이니라.
9 오늘의 모든 종교 집단이요, 지도자들
이 기초 상식이요, 기초 학력에서 벗
어나지 못하며, 그와 같은 것을 가지
고 벗어나지 못한 자들이 나의 피조물
만백성을 깨우치고 인도한다 하여,
10 믿음의 길로 인도하여 하늘에 오르는
길로 인도한다 하여 오늘의 너희들이
이와 같이 질서가 없으며 모두가 파괴
되었으며 우후죽순으로 종교 집단들
이 수없이 생긴 것이 그러하니라.
11 모두가 완성된 것이 아니요, 다 미완
성이요, 제대로 갖춰지지 아니한 자들
이 세상에 있기에,
12 서로가 갖춰지지 아니한 자끼리 지금
저희들이 완벽한 것처럼 착각 속에서
서로 물고 뜯고 시비하는 그와 같은
세상이 되었음이니,
13 완벽한 것이 내려오지 아니하였으며
완벽한 것이 없었기 때문이니라.
14 그리하여 내가 나의 성경에 기록하여
전하기를 완벽한 것이 내려왔을 때 부
분적인 것은 다 폐한다 하지 아니하였
더냐?
15 이것이 완벽하지 못한 너희들이 부분
적인 그와 같은 역사 속에서 완벽한
것이라 착각하고 다스리고 있기 때문
이라는 것을 알아야 될 것이니라, 사
랑하는 나의 아들딸들아!
16 그리하여 내가 160권의 새로운 성경
을 세상에 내려보내니, 너희들이 이를
정독하고 깨우치라 함이니라.
17 이는 믿는 자, 믿지 않는 자, 그리고
너희들이 지금 이방인이라 하는 자,
믿음에 광분하는 맹종 맹신하는 신도
그 누구도 너희들의 죄를 묻고자 아니
하며 너희들의 지난 삶을 묻고자 아니
하니,
18 너희들이 이를 보고 깨우쳐 거듭나는
은혜를 얻도록 하면 나 여호와의 가장
큰 기쁨이요, 더 이상 내가 무엇을 묻
지 않는다 하지 아니하였더냐?
19 그러니 이것이 너희들의 마지막 기회
라는 걸 절대 잊지 말라.
20 오늘의 이 기회를 놓쳐서는 아니 됨이
니라.
21 그러니 이와 같은 기회를 만들어 전하
는 백성, 너희들이 새로운 선생이요,
새로운 지도자로서 나오는 것은 당연
할 것이니라.
22 그러니 나의 아들을 따르는 제자들이
요, 새로운 선생, 너희들은 공부하고

또 공부하여 깨우침을 얻어 하늘의 지
혜를 얻어,
23 너희들이 이 세상의 부드러운 것, 단
단한 것, 거친 것, 너희들에게 핍박하
는 자, 너희들을 사랑하는 자, 그와 같
은 모두를 다 다스리고 소화시키는 그
와 같은 선생이 되어야 하기 때문이니
라.
24 너희들이 진정 사랑하는 선생이요, 진
정한 사랑이 있는 선생이요,
25 너희들이 어떠한 대가든 매로써 다스
리며 체벌로써 다스림이 아니라, 진실
한 사랑으로써, 마음속에 우러나는 사
랑으로써 학생이 감화를 받을 수 있는
선생으로서, 너희들이 그와 같은 지도
자요 선생으로 이제 거듭나지 아니하
면 아니 되니, 너희들이 가야 할 길이
그 길임을 알라, 사랑하는 나의 아들
딸들아!
26 모든 나의 아들딸 너희들이 어떠하더
냐?
27 너희들이 변하고 변화되는 삶이요, 새
로운 가르침이요, 새로운 성령을 받아
차원 높게 변해 가는 그와 같은 삶을
살아야 되는 것이니라.
28 아이들이 성장하면서 그들이 섭취하
는 영양이 다르며 양분이 다르니, 그
또한 양이 다르지 않더냐?
29 그리하여 자라나는 것에 맞춰서 영양
을 섭취시키며 영양을 공급시켜서 그
들이 성장하고 자라도록 지탱하도록
하는 것이 아니더냐?
30 그와 같은 이치와 똑같은 것이니라.
31 그러니 너희들이 그와 같이 변화되고
변화되는, 그리고 전진하고 전진하는
믿음이요, 신앙의 길이 아니면 너희들
이 하늘의 이치를 알 수 없음이니라.
32 고인 물이 썩듯이 너희들이 우물 안
개구리처럼 거기서 아무리 울부짖어
도 밖의 세상을 알 수 없는 그와 같은
형국이 되어 있음이니,
33 밖의 세상을 볼 수 있는 그와 같은 지
혜를 얻도록 그리하라.
34 그 모두가 내가 내리는 새로운 성경이
요, 160권의 법전 속에 들어 있느니
라, 사랑하는 나의 아들딸들아!

11,004 번째 하나님 말씀

2004년 5월 10일 09시 04분

1 사랑하는 나의 아들아!
2 **"네, 아버님! 말씀하옵소서."**
3 지금까지 너희 자신들이 믿고 온 신앙
이요, 믿음의 생활로써는 너희들이 절
대 구원을 받을 수 없다 함을 알라.
4 내가 무어라 하였느냐?
5 너희들이 나 여호와로부터 은혜요, 전
지전능한 아버지의 그 은혜에 갚을 길
이 없다 너희들이 말하며, 나의 아들
예수의 죽음으로써 구원이요, 너희들
의 죄를 사했다 울고불고하는 그 백성
들이,
6 나의 아들 예수가 나에게 영원히 돌이
킬 수 없는 적이 되는 그와 같은 길이
요, 그와 같은 일만 너희들이 하고 왔
다는 것, 그리고 또 지금도 그리 행한
다는 그 무서운 의미를 너희들이 받아
들이지 아니하면 아니 됨을 알아야 될
것이니라.
7 그러니 너희들의 오늘의 믿음으로써

는 절대 구원을 받을 수 없으며 나 여
호와를 볼 수도 없다는 것을 너희들에
게 내가 전함이니,
8 이 무서운 사실을 받아들이는 자는 너
희들이 변화되는 역사 속에서 거듭남
을 얻을 것이요,
9 이를 잘못된 자요, 사탄이요, 마귀가
하는 소리라 부르짖는다면, 너희들은
정녕 어떠한 것도 이룰 수 없는 불행
한 백성들이라는 걸 잊지 말라.
10 내가 뭐라 말하였느냐?
11 새로운 복음이요, 새로운 성령이요,
모두를 내가 역사하는 것은 나의 백성
너희들이 전혀 생각하지 못했던 방법
이요, 그리고 생각해 낼 수도 없는 그
와 같은 방법으로써, 그리고 너희들이
체험을 할 수도 없으며 그 체험으로써
도 경험한 일이 없는 그와 같은 방법
으로써 나의 새로운 성경의 내 뜻을,
내 복음을 전하는 역사가 시작될 것이
며,
12 그와 같은 방법으로써 만백성을 구하
는 시대가 온다 하지 아니하였더냐?
13 전혀 너희들이 생각해도 생각할 수도
없으며, 연구하여도 연구할 수 없는
그와 같은 방법이요, 새로운 방법으로
써 새로운 시대의 역사를 펼쳐 감이니,
14 내가 새로운 방법으로 새 역사를 펼쳐
가며 모두를 이룬다 하지 아니하였더
냐?
15 그 뜻을 너희들이 명심하라.
16 모두는 새로운 방법으로써 내가 새로
운 시대에 나의 모든 구상대로 역사할
것이며, 나의 새로운 성경이 세상을
덮는 것은 당연한 것이니,
17 여기서 동참하는 자, 그리고 이를 보
고 깨우쳐 읽는 자, 육의 마감을 하기
전에 이를 보고 깨우쳐 변화되는 백
성, 너희들은 그 상을 나로부터 받을
것이요,
18 끝까지 찢어 버리고 태워 버리며 사탄
이요, 이단이라 하는 자, 너희들이 죽
어 나에게 왔을 때 구원을 받는다는
것이요, 구원이라는 것은 생각도 해서
도 아니 될 백성이라는 것을 잊지 말
도록 그리 전하라.

11,005 번째 하나님 말씀

2004년 5월 10일 09시 12분

1 사랑하는 나의 아들아!
2 "네, 아버님! 말씀하옵소서."
3 출발의 시대, 그리고 중간의 시대와
마지막 추수의 시대에 너희들이 거기
에 필요한 모두가 준비되어야 함을 알
아야 될 것이니라.
4 내가 구약의 시대는 출발의 시대라 했
음이니, 그 출발의 시대는 모두가 준
비되는 것이며, 그 시대를 위하여 존
재하는 것을 너희들은 알아야 될 것이
니라.
5 그러니 신약의 중간의 시대는 또 무엇
이더냐?
6 그 중간의 시대에 필요한 너희들의
가르침이요, 깨우침의 그 도구가 다
거기에 필요한 것이니라.
7 그러니 내가 또한 마지막 시대는 무엇
이라 했느냐?
8 마지막 시대는 열매를 거둠이요, 추수
의 시대가 진행됨이니,

9 추수를 하기 위한 모든 도구가 필요하
며 모든 가르침이 필요하며, 그리하여
모두가 준비되어야 함은 당연한 이치
가 아니더냐?
10 너희들이 농사를 짓는 농부의 그 수고
로움을 비유하여 말한다면 그러하니
라.
11 너희들이 봄에 씨앗을 뿌리는 것은 씨
앗을 뿌리는 것의 준비요, 그 과정을
거치는 것이지, 그때 너희들이 추수를
결코 할 수는 없지 않더냐?
12 그러니 봄에 너희들이 뿌리고 터를 닦
는 것은 당연한 그 한계에서 너희들
이 머무르는 것이며, 그 이상의 것으
로써 너희들이 행하지 아니하며 행할
수도 없지 않더냐?
13 그리하여 씨를 뿌려 놓음이니, 너희들
이 여름에 그를 가꾸고 다스리며 그를
보호하여 성장하도록 하는 것은 또한
거기에 필요한 것이며,
14 그가 또한 추수를 할 수 있는 그와 같
은 일을 할 수 없으며 봄에 씨앗을 뿌
리는 그와 같은 일을 할 필요가 없지
않겠느냐?
15 그러니 봄에 씨앗을 뿌리는 과정은 그
과정대로 필요한 것이며, 중간의 과정
도 그 과정대로 필요한 것이니라.
16 그러니 마지막 시대는 내가 추수의 시
대라고 했으니, 결실의 시대라고 했느
니라.
17 그러니 중간의 시대는 중간의 시대로
써 모두를 충실히 다하며 그 한계를
벗어나지 못함이니라.
18 그러니 추수의 시대는 거기에 필요한
도구요, 거기에 필요한 모든 것이 다
필요하지 않으냐?
19 그러니 거기에 대해 모든 준비를 해
야 되는 것이 당연하니, 그리하여 추
수하며 너희들이 열매를 거둬들이는
그때가 되었기에,
20 내가 나의 아들을 통하여 160권으로
써 새로운 성경을 세상에 내려보내,
너희들이 마지막 추수 때에 필요한 모
두를 갖추고자 준비하고 있는 이 단계
라는 것을 알라.
21 너희들은 그와 같은 이치를 깨닫는다
면, 너희들이 지금 구약과 신약이요,
제3의 시대를 이해할 수 있으며,
22 아직 완성되지 않은 그 초보 단계요,
중간 단계를 가지고 하늘에 오르는 길
이요, 구원의 길이라 하여 너희들이
지금처럼 서로 물고 뜯고 시시비비하
는 그 어리석은 짓을 하지 아니할 것
이니라.
23 너희들이 초보 단계에 봄에 씨앗을 뿌
리는 기술이요, 능력은 그 단계대로
거기서 존재하며,
24 중간에 가꾸는 시대는 또 그 단계대로
그가 필요하며, 그러니 그때 준비할
것은 거기에 있는 것을 너희들이 깨우
치고 배우면 되는 것이니라.
25 마지막 시대는 마지막 시대대로 그를
깨우치고 또 너희들이 그를 다스리며
거둬들일 준비를 갖추면 되는 것이니
라.
26 모두가 다 이와 같은 이치로써 이루어
지니, 너희들은 그리 알라.
27 그러니 지금 내가 새로운 성경이라 하
여 새로운 나의 이 모두를 내려보내는
것은 무엇이더냐?

28 추수할 때 필요한 것이기에 지금 나의
아들을 통하여 그 모두를 너희들을 위
하여 내려보냄이니라.
29 그러니 너희들이 간단하고 쉽게 하늘
의 이치를 깨우치도록 그리하라.
30 그러니 추수 때 필요한 나의 성령이
내려짐이 당연한 것이며, 그를 가지고
또 역사하는 것으로 선택되는 백성들
이요, 그들이 또 선택되는 것은 당연
한 것이 아니더냐?
31 그러니 지금 나의 아들을 따르는 제자
들이요, 나의 새로운 성경을 읽고 깨
우쳐 따르는 그들이 바로 추수 때 필
요한, 추수를 할 수 있는 백성들임을
너희들은 알라.
32 그러니 이 길이 너희들에게 영원한 복
음이요, 구원의 길이요, 영광의 길이
요, 하늘에 오르는 길이라는 것을, 그
리고 너희들이 그리 갈구하는 구원의
길임을 알라 그리 전하라.
33 이 과정에서 너희들이 추수 때에 추수
할 수 있는 백성으로서 선택되지 아니
하며, 추수할 때에 필요한 도구를 챙
기지 않는 자, 그 준비 과정이 무엇이
며 그 도구가 무엇인지 모르는 자,
34 맨손으로 그 모두를 역사할 수는 없기
때문에 준비되는 과정을 거쳐 너희들
이 역사하는 백성으로 이루어진다는
이 엄연한 하늘의 법도의 뜻을 너희들
이 깨우치도록 하기 위해 내가 기록함
이니 그리 알라, 사랑하는 나의 아들
딸들아!

11,006 번째 하나님 말씀

2004년 5월 10일 09시 18분

1 사랑하는 나의 아들아!
2 "네, 아버님! 말씀하옵소서."
3 내가 지금 새로운 성경을 내려보냄이
니, 지금의 모든 종교 집단이요 그 속
에 얽혀 있는 자, 세뇌되어 있는 자,
너희들은 이를 읽고 읽어도 하늘의 지
혜요, 성령이 임하는 백성으로서 거듭
나는 그와 같은 역사를 이루지 못할
것이니라.
4 너희들의 생각과 너희들의 마음 자세
요, 인간 생각으로써 만든 그 교리요,
욕심의 그 모두를 다 버리고,
5 너희 자신을 던져 버리며 너 자신의
마음을 비워 버린 그와 같은 백성이
나의 새로운 성경을 읽는다면, 너희들
이 하늘의 지혜요, 그리고 성령이 임
하는 백성으로서 거듭나게 되니,
6 그와 같은 은혜를 입은 자만이 바로
나의 새로운 성경을 알고 이해할 수
있는 그 은혜요, 축복의 영광을 얻게
된다는 그 무서운 사실을 알라.
7 지금의 종교 집단과 지도자, 그 신도,
너희들이 새로운 성경을 알 수 없는
것은, 너희들이 지금의 인간의 생각이
요, 그 교리요, 너희들의 깨우침을 가
지고 공부하는 그 상태에서는 이를 알
지 못하는 것이 당연한 것임을 알아야
될 것이니라.
8 내가 너희들에게 무어라 말하였느냐?
9 구약은 출발의 시대요, 구약은 씨앗을
뿌리는 시대라 하지 않았느냐?
10 그러니 그 구약에는 씨앗을 뿌리며 그

를 다스리는 것, 그것만 가르치는 내
용이 거기에 있으며, 너희들이 그것
외에 그 이치를 알 수 없으며 뜻을 알
수 없는 자들이니라.
11 그러니 성령으로 임하며 하늘의 지혜
를 얻은 자는 구약의 씨앗을 알 것이
며, 씨앗을 뿌리는 가르침의 그 책 속
에서 다음에 가꾸는 것까지 너희들이
깨달을 수 있음이니, 그것이 한 계단
너희들이 마음을 비우고 나에게 오른
백성만이 알 수 있는 길이니라.
12 그리고 신약의 시대는 무엇이더냐?
13 구약의 시대에 씨를 뿌려서 넘겨준 그
것을 너희들이 가꾸고 튼실하게 성장
시켜 열매를 거둘 수 있도록 잘 가꾸
는 것이니,
14 그 구약의 시대가 지나 신약의 시대의
성경은 바로 너희들이 가꾸는 내용만
이 거기 기록되어 있으며, 가꾸는 방
법만이 거기에 기술되어 있기 때문에,
너희들이 아무리 읽고 읽어도 그를 알
수 없는 것이니라.
15 다만, 너희들이 너희 자신을 버리고
천사와 같은 마음으로 읽는 자는 다음
의 가꾸는 시대에서 추수의 시대로 넘
어가는 그와 같은 깨달음을 얻게 될
것이며, 그렇지 아니한 백성 너희들은
그를 알 수 없음이니,
16 모든 백성들이 그 한계를 벗어나지 못
하고 있음을 알라.
17 그리하여 신약의 성서가 너희들이 가
꾸는 기술이며, 나의 피조물 만백성
너희들이 성장하는 그와 같은 과정이
거늘,
18 그것도 너희들이 제대로 가르치고 깨
우치지 못하여 오늘과 같이 더 험악한
세상이 되었음이니라.
19 그러니 모두가 다 무너지는 그와 같은
형국이 되었음이니, 그 줄거리가 제대
로 성한 것이 하나도 없음이니, 과연
어찌 추수를 할 수 있단 말이더냐?
20 그러니 어쨌든 너희들이 그와 같은 과
정을 잘 겪고 잘 역사했을 때, 순탄하
게 너희들이 다음의 기회요, 다음의
세상을 이해할 수 있는 그와 같은 지
혜요, 너희들이 성령이 임하는 백성이
될 것이거늘, 너희들이 가꾸는 것부터
실패한 백성들이니라.
21 그러니 또한 내가 마지막 시대, 추수
의 시대는 추수를 할 수 있는 기술을
가진 자, 그리고 거기에 필요한 모든
것을 내가 역사함이니,
22 그 일을 역사하기 위하여 내가 나의
아들을 따르는 제자들이요, 나의 법전
이요, 새로운 성경을 읽고 깨우친 백
성, 너희들이 세상에 등장하며 연구하
고 공부하게 되어 있음을 알아야 될
것이니라.
23 그러니 지금의 내가 제3의 시대를 열
어 어렵고 힘들게 가는 그 과정이 무
엇이더냐?
24 너희들이 처음부터 중간 과정까지 다
다시 다스리며 모두를 연구하지 아니
하면 아니 됨이니라.
25 오늘의 신약의 시대의 중간에 잘 가꾸
고 가꿔 너희들이 그를 바로 세워야
될 것이며, 열매를 얻을 수 있도록 성
장시켜야 할 그 몸통을 다 썩고 썩게
만들어 놓은 그 형국이기에, 다시 시
작하는 그와 같은 역사를 하고 있음을

너희들은 알라 그리 전하라.
26 나 여호와가 너희들에게 새로운 성경
을 접하지 아니하면 너희들이 추수 때
에 필요한 도구요, 교육이요, 상식이
요, 그 방법을 알 수 없기 때문에,
27 너희들이 거기에 아무나 역사할 수
없다는 것을 알라.
28 그러니 지금 나의 새로운 성경이요,
그 법전을 가지고 공부하는 나의 아들
딸들이 거기에 선택된 자들이요, 그
임무를 하는 자들이니라.
29 그러나 지금의 중간의 시대가 너무 썩
고 썩어 그 몸통이 썩어졌기에, 처음
서부터 너희들이 시작하는 그와 같은
어렵고 힘든 길을 가고 있음을 알라,
사랑하는 나의 아들딸들아!

11,007 번째 하나님 말씀

2004년 5월 10일 17시 15분

1 사랑하는 나의 아들아!
2 "네, 아버님! 말씀하옵소서."
3 네가 나의 십계명을 암송하니, 그 암
송하는 소리는 세상에서 없어지지 아
니하며, 만백성이요, 모든 동식물 그
들에게 구원의 길이라 내가 그리했으
며, 구원의 생명의 역할을 한다 하지
아니하였더냐?
4 그 십계명이 살아서 움직인다 내가 하
지 아니하였더냐?
5 그러니 그 십계명을 암송하는 네 마음
이 과연 어떠하겠는가?
6 내가 너에게 깨우쳐 주기를 똑같은 말
을 한다 해도 네가 아름다운 생각을
하고 말하는 것은 하늘의 뜻이요,
7 네가 사악한 생각이요, 잘못된 마음을
가지고 말하는 것은 바로 사탄의 일을
역사하는 것이라 내가 그리하지 아니
하였더냐, 사랑하는 나의 아들아!
8 그리하여 너희들이 천국과 지옥이라
는 것이 백지 한 장의 그 사이를 놓고
오고 가고 넘나드는 것이라 하였음이
니라.
9 그러니 네가 나의 십계명을 암송하며
전하는 것이 이 세상에 없어지지 아니
하며 살아서 움직인다 하였음이니,
10 과연 네가 어떠한 마음이요, 어떠한
정성으로써 십계명을 암송하느냐에
따라서 그가 세상의 모든 동식물의 생
명수가 되는 것이요, 그렇지 아니하면
그들을 죽이는 그와 같은 역할을 함이
니라, 사랑하는 나의 아들아!
11 이와 같이 네가 암송하는 십계명의 뜻
도 그러하거늘, 이 세상에 살아가는
나의 아들 네가 어떠한 말이요, 어떠
한 대화요, 어떠한 생각을 가지고 전
하느냐에 따라서 그것이 얼마나 무서
운 것인지 알겠느냐?
12 그러니 내가 어떠한 마음으로 살아가
야 되겠는가, 사랑하는 나의 아들아!
13 "네, 아버님! 알겠사옵나이다.
14 아버님께서 말씀하신, '하늘을 향하여
한 점의 부끄러움이 없는 삶을 살라.'
하셨던 것처럼,
15 대화를 하든 누구와 무엇을 하든 한
점의 부끄러운 마음이 없는 그와 같은
삶을 살아가는 것,
16 그리하여 그것이 얼마나 위대한 것인
지, 그것이 하늘에 오르는 길이요, 만
백성을 인도하는 지도자의 자세라는

것을 이제야 깨닫고 있사옵나이다."
17 그러니라, 사랑하는 나의 아들아!
18 네가 어떠한 마음으로 십계명을 암송
하느냐에 따라서 모두가 다르듯이, 너
의 자세가 그러하니라.
19 그러니 네가 하늘을 향하여 한 점의
부끄러움이 없는 그와 같은 마음이요,
그와 같은 생각을 단 1초라도 버리고
대화하며 지워 버리고 생각해서는 아
니 되는 것이 네가 살아가는 길이요,
너의 제자들이 살아가는 삶이라는 것
을 그들에게 깨우쳐 주도록 그리하라,
사랑하는 나의 아들아!
20 네가 십계명을 암송할 때마다 그 한
장의 종이가 쌓이고 쌓여 네 키를 넘
었을 때, 그 모두가 역사한다고 하지
아니하였더냐?
21 그러니 네가 그와 같은 정성으로써 그
와 같은 마음을 가지고 그를 암송할
때, 네 키만큼 되었을 때 그 모두는 역
사할 것이요,
22 네가 부질없는 생각을 하고 다른 생각
을 하며, 모든 정성과 마음을 다 바쳐
십계명을 암송하지 아니한다면 그것
은 사탄의 뜻이니,
23 그와 같이 암송하는 것은 네가 죽을
때까지 암송한다 해도 네 앞에 쌓이는
것이 없다는 것을 알아야 될 것이니
라, 사랑하는 나의 아들아!
24 이것이 네가 가야 할 길이며 네가 역
사할 길이라는 것을 잊어서는 아니 됨
이니라.
25 그러니 나로부터 선택된 너의 제자들
의 삶이 또 어떠하던가?
26 그들도 그와 같은 삶을 살지 아니하면
아니 됨이니라.
27 그것을 그들에게 명심하도록 그리 전
하라.
28 그렇지 아니하면 아무것도 이루어지
지 않으며 너희들이 역사할 수 없는
것이니라.
29 이제는 너희들이 하늘에 오르는 길이
무엇이며, 진리가 무엇이며, 나 여호
와가 원하는 것이 무엇이요, 내가 너
희들에게 깨우쳐 주는 것이 무엇인가
를 알고 있으니,
30 너희들이 높고 높은 산을 정복할 수
있는 그 계단을 지금 한 발짝 한 발짝
오르기 시작한 백성들이니라.
31 그러니 너희들이 그 계단을 한 번에
다섯 개, 열 개를 넘을 것처럼 그와 같
은 행위를 하는 것이 아니요,
32 한 계단 한 계단 차분히 하나씩 올라
가는 그와 같은 지혜요, 현명함을 얻
었으며 그와 같이 너희들이 가고 있는
백성들이니라.
33 그러니 너희들이 한 번에 남들처럼 그
저 열 개요, 스무 개를 뛰어넘을 것처
럼 대들지 말며, 경망한 행동을 하지
말며,
34 지금처럼 한 계단 한 계단 너희들이
쌓아 올라가면 그것은 정복될 것이며,
올라갈 때마다 너희들의 발아래 보이
는 것, 네 눈 아래 보이는 것의 그 모
든 움직임이요, 살아가는 것, 그들의
생태를 모두 보고 깨닫게 될 것이니라.
35 그때 너희들이 바로 나의 뜻을 알게
되며 하늘의 뜻을 알게 되는 것이니,
36 오늘의 너를 따르는 그 제자들이요,
오늘의 그 계단 앞에까지 와 서기까지

오늘의 고통이요, 수고로움에, 내가
너희들에게 오늘 내 기쁨을 나의 아들
을 통하여 전함이니,
37 이제 너희들이 그 계단을 오르기 시작
하면 되는 것이니라.
38 내가 나의 기쁨을 그들에게 전함이니,
너는 이 뜻을 꼭 전하도록 그리하라,
사랑하는 나의 아들아!
39 너를 따르는 제자들이 너나 할 것 없
이 누구나 다 오를 수 있는 곳까지 올
랐음이니, 이제는 너희들이 계단을 밟
고 올라옴이니,
40 그 계단은 나 여호와가 너희들이 나에
게 오를 수 있도록 내가 만든 황금 계
단과 같은 것이며 그보다도 더 소중한
것이 없음이니,
41 그 계단을 한 발짝 한 발짝 밟고 올라
오면 될 것이니라.
42 서두르지 말며 서서히 너희들이 오르
도록 그리하라.
43 너희들이 그 계단 앞에 서 있는 자, 남
이 뒤따라오든 따라오지 아니하든, 그
리고 남이 무어라 말하든 너희들이 그
리 귀 기울이지 말며,
44 네가 한 발짝 올라가며 아래를 내려다
보고, 두 발짝 올라가 아래를 내려다
보며, 그리하여 네가 깨우침이요, 그
아래의 세상의 흐름을 알고 터득하여
하늘의 뜻을 알 수 있는 그와 같은 지
혜를 얻도록 그리하라.
45 좌우, 뒤를 보지 말며, 남이 무어라 하
든 그 말을 듣지 말며,
46 모든 종교 집단이요, 지도자들이 너희
들이 오르는 길이 하늘에 오르는 길이
아니라 하든 맞다 하든, 그리고 너희
들을 끌어내리고자 하든 말든 너희들
은 관계하지 말며,
47 한 계단 한 계단 묵묵히 올라가도록
그리하라.
48 그러면 너희들이 정상에 오를 수 있는
것이니라.
49 정상에 올라왔을 때 너희들이 나를 볼
것이며, 나를 보는 자 또한 내가 너희
들을 안을 것이니라.
50 이 뜻을 너의 제자들에게 전하여 깨우
쳐 주도록 그리하라.

11,008 번째 하나님 말씀

2004년 5월 10일 17시 23분

1 사랑하는 나의 아들아!
2 "네, 아버님! 말씀하옵소서."
3 누가 무어라 하든, 그들이 너희들에게
무어라 말하든, 그리고 너희들을 이단
이요, 사탄이요, 사악한 자라 그리 말
하든 말든, 너희들은 그들의 말에 귀
기울이지 말며 거기에 너희들의 마음
을 쏟지 말라.
4 너희들은 너 자신을 이제는 진지하게,
그리고 나 여호와가 존재함이요, 그리
고 너희들이 나로부터 나의 아들을 통
하여 내리는 새로운 성경을 접했으니,
5 너희들이 두렵고 떨리는 마음으로써
너희 자신을 돌아다보는 그와 같은 현
명함을 얻도록 그리하라.
6 사랑하는 나의 아들아!
7 거울을 바라보면서 바른 것을 잡지 못
하는 자가 있다면 무엇하겠느냐?
8 그는 거울이 아무 필요 없지 않겠느냐?
9 나의 새로운 성경은 이를 접하고 공부

하고 정독하는 백성, 너희들의 모두를
비춰 보는 그 외형의 거울이요, 마음
의 거울이니,
10 두 개의 거울을 나로부터 받은 너희들
이 축복된 백성임을 알아야 될 것이니
라.
11 그러니 너희들이 떨리고 두려운 마음
으로써 거울에 비치는 네 마음의 모습
이요, 그리고 네 외형의 모습을 돌아
다보며,
12 너희들이 나 여호와가 원하고 바라는
것이며, 나의 아들을 통하여 내가 너
희들에게 제시하며 너희들에게 이루
고자 하는 그 뜻이 무엇인가를 깊이
파악하고 그 뜻을 아는 데 최선을 다
하도록 하여, 그와 같은 삶을 살도록
하라, 사랑하는 나의 아들딸들아!
13 너희들에게는 내가 모두를 비춰 볼 수
있는 그 귀한 거울을 주었음이니라.
14 그러니 그 거울을 받지 못한 백성들이
제 모습이요, 제 마음을 비춰 보지 못
함이니, 그들이 어찌하여 바른 자세를
갖출 수 있단 말이더냐?
15 그러나 그와 같은 마음의 거울이요,
외형을 볼 수 있는 거울을 다 너희들
에게 내가 주었음이니,
16 이를 받은 백성들이 경망한 마음으로
살아가는 것이 아니요, 너희들은 두렵
고 떨리는 마음으로써 너희 자신의 모
습을 구석구석을 다 돌아다보라.
17 그리하여 너희들이 그를 다스리고 갖
춰, 나 여호와가 원하고 바라는 그 아
름답고 고운 모습으로써 너희들이 변
하는 삶을 살아야 됨을 절대 잊지 말
라, 사랑하는 나의 아들딸들아!
18 누가 무어라 해도 마지막 시대는 내가
나의 아들을 세상에 보내며 새로운 성
서를 세상에 내려보내, 그가 내 뜻을
가지고 목숨을 두려워하지 아니하며
외칠 때가 있다 하였음이니라.
19 그러니 그 음성을 듣는 자와 듣지 못
하는 자, 이는 구원을 받고 못 받는 그
와 같은 차이임을 너희들은 알라.
20 지금 나의 아들을 따르는 제자 너희들
은 마지막 시대에 나 여호와가 나의
아들을 보내어 내 뜻을 외치니, 그 음
성을 믿고 순종하는 백성들이요,
21 그러니 너희들은 인간적인 생각과 계
산을 다 내려놓은 자들이요, 오로지
너희들이 나의 뜻에 모두를 걸고 살
아가는 그 백성들이 아니더냐?
22 여기서 너희들과 지금의 믿음의 길을
가는 백성들의 그 차이가 무엇이더냐?
23 너희들은 두마음을 가진 자가 아니니
라.
24 그러나 그들은 두마음을 가지고 지금
아직도 방향을 잡지 못하고 있으며 흔
들리고 있는 그와 같은 자들이니라.
25 그러니 그들은 인간 세상의 생각과 계
산을 내려놓지 못하며, 저를 던지지
못하며, 육의 저 자신이 죽음의 그와
같은 길을 선택하지 못한 자들이니라.
26 그리하여 그들은 그를 다스리지 못하
고 있음이니라.
27 나의 아들을 따르는 제자 너희들은 모
든 죽음을 다 내려놓은 자요, 다 죽은
자들이요, 그리고 그 모두를 비운 자
들이니라.
28 그러니 내가 나에게 오를 수 있는 황
금의 계단 앞에 와 서 있는 것이 너희

들이라 했음이니,
29 그를 한 발짝 한 발짝 나에게 오면 된
다 내가 그리 말하지 아니하였더냐?
30 그것이 지금 너희들이 오늘의 고통이
요, 시련을 겪으며 깨달음에서 얻은,
나로부터 받는 상이라는 것을 잊지 말
라, 사랑하는 나의 아들딸들아!
31 모든 성경에 기록됨을 보라 하라.
32 마지막 때에 나 여호와가 선택한 나의
아들로서 보낸 보혜사요, 내가 새로운
역사를 이룰 때, 내 뜻을 가지고 그 음
성을 가지고 외치는 자가 있을 것이니,
33 그를 순종하고 믿는 자는 구원이요,
그렇지 못하는 자는 나를 볼 수 없다
내가 명한 그 뜻을 너희들이 다시 한
번 음미하도록 그들에게 전해 주라,
사랑하는 나의 아들아!

11,009 번째 하나님 말씀

2004년 5월 10일 17시 32분

1 사랑하는 나의 아들아!
2 "네, 아버님! 말씀하옵소서."
3 이 동양의 작은 나라의 너희들이 거침
없이 그저 주저 없이 그 모든 신앙이
요, 믿음을 숭배하는 나라가 되었음이
니,
4 이 동양의 선택된 작은 나라가 온갖
우상으로 그득 찼으며 우상으로 들끓
는 이와 같은 세상이 되어 있음을 알
아야 될 것이니라.
5 그러니 갖가지 우상 속에서 이루어진
것이 무엇이더냐?
6 참진리요, 나 여호와의 뜻이 이루어지
는 것이 아니요, 죄악의 영향을 받아
죄악의 영향 속에 모두가 지금 다 죽
어 가며 그들이 시들어 가는 그와 같
은 이 땅이 되었음이니라.
7 그러나 이 동양의 작은 나라서부터 내
가 새로운 역사요, 이 동양의 작은 나
라의 언어요, 관습으로써 이 세상의
모든 백성을 하나로 만들고자 함이니,
8 그들을 바로 내가 나 여호와의 백성이
요, 내가 원하는 그 백성들로서 만들
고자 오늘의 지금 그 역사를 시작함이
니,
9 그것이 바로 선택된 너희들이 그 모두
를 이루는 것이니라.
10 지금까지 모든 우상이 그득 찬 나라가
되었으며, 그리고 죄악의 영향 속에
죄 속에서 사는 그와 같은 백성들이요,
11 그러니 그와 같은 너희들이 육의 본성
으로 살아왔던 모든 죄악된 습관을 다
뽑아 버리고 나 여호와의 백성이요,
내 뜻에 따라, 참진리에 따라 살아가
는 백성으로 거듭나도록 그 역사를 해
야 되는 것이 우선 이 동양의 작은 나
라에서 이루어야 될 변화인 것이니라.
12 그러니 이 동양의 작은 나라에서 모든
너희들의 우상을 다 버리며, 그리고
죄악의 영향을 받고 있는 자, 육의 본
성대로 벗어나지 못하고 지금 그 죄악
의 습관대로 살아가는 그 백성들을 바
로잡는 그 역사가 너희들로부터 시작
함이니라.
13 작은 강둑이 터져 물이 새듯이, 너희
들로 하여금 지금 그 역사를 이루지
아니하면 이를 이룰 수가 없기 때문이
니라.
14 그러니 그 환란이요, 그 고통이 얼마

나 너희들에게 심하겠는가?
15 그 환란과 고통을 너희들이 겪지 아니
하면 절대 아니 됨이니라.
16 모든 선택된 백성들이 애굽의 나라에
서 노예로서의 삶의 그 기나긴 세월의
고통보다도 더 무서운 시련의 그와 같
은 것이 너희들에게 닥칠 수 있으며,
그와 같은 환란의 역사가 있을 수도
있음을 너희들은 알아야 될 것이니라.
17 다만, 나의 아들을 따르는 제자 너희
들이 천사와 같은 마음이요, 성령으로
임한 백성이 되어 하늘의 지혜를 얻으
며, 성령으로 임한 백성 너희들이 하
나가 되어 모두를 헤쳐 가는 그 하늘
의 지혜를 받아들이고 그를 행할 수
있는 백성으로 변한다면,
18 너희들은 노예 생활하는 길고도 긴 그
역사요, 광야에서 고통을 겪어 왔던
그들이요, 며칠 만에 갈 수 있는 것을
40여 년이란 그 길고 긴 세월의 고초
가 무엇이더냐?
19 너희들의 악습이요, 근성이요, 버리지
못한 죄악의 그 모두를 뽑아 버리고
내가 선택된 나라로 그 백성들을 가게
하고자 하였던 것처럼,
20 너희들이 지금 바로 서지 못하며 바로
역사하지 못한다면 그와 같은 것을 너
희들이 전철을 밟지 아니한다 말할 수
있겠는가?
21 그러기에 내가 너희들에게 무어라 말
하였느냐?
22 너희들이 바로 서는 백성 하나가 있을
때 이 세상을 다 태울 수 있는 불씨요,
그 불씨의 심지가 됨이니,
23 그를 위하여 내가 세상을 다 태우는
그와 같은 역사를 이룬다 하였음이니,
너희들이 바로 그와 같은 백성이 누가
나와야 되지 않겠는가?
24 내가 나의 성령을 태워 모두를 내려보
낸 새로운 성경을 읽고 깨우치는 백
성, 그리고 나의 아들을 통하여 내리
는 강론을 듣는 백성,
25 이것이 하늘의 진리요 나 여호와의 뜻
이니, 너희들이 이것보다 더 교육이
없으며 이것보다 너희들이 바로 갈 수
있는 길이요, 바로 깨우칠 수 있는 길
이 없기 때문이니라.
26 그러니 이를 공부하는 백성 중에서 누
군가는 너희들이 나의 아들로서 손색
이 없으며 나의 백성으로서 손색이 없
는 아들딸 한 사람이 먼저 나와야만
그 불씨를 지필 것이며,
27 그 불씨는 타도 타도 꺼지지 않는 불
씨요, 타도 타도 꺼지지 않는 그 심지
의 불꽃이요, 그리하여 그가 모두를
다 역사할 수 있는 것이며, 그를 따라
모두가 변화되는 그와 같은 역사를 이
룰 것이니, 너희들이 알아야 될 것이
니라.
28 과연 너희들이 선택된 백성들이 그 길
고 긴 노예 생활의 역사요, 그리고 광
야에서의 그 고통이요, 그와 같은 어
렵고 힘든 그 길을 가겠는가?
29 내가 너희들에게 불로 다루며 너희들
에게 거칠게 다뤄 너희들을 정금으로
만드는 그와 같은 나의 아들딸이 되는
것을 원하지 아니함이니라.
30 지금 나의 아들을 따르는 제자들이요,
나의 아들을 따라 새로운 성경을 만드
는 백성, 너희들이 최선의 노력을 다

하고 있으며, 너희들이 이제 나의 계
단 앞에까지 온 백성이라 했음이니,
31 여기서 너희들이 아름다운 마음이요,
아름다운 뜻으로 거듭나는 그와 같은
삶이 되어, 그 정금이 황금의 계단을
오를 수 있는,
32 너희들이 황금과 똑같은 백성의 자세
로 변화되어 올라오는 자가 되어, 그
계단과 하나가 되는 그와 같은 영광을
얻도록 그리하라.
33 그리했을 때 그 모두는 너희들이 다
하나가 될 것이니라.
34 황금의 계단에 하얀색이요, 검은색으
로써 너희들이 올라올 수 없지 않더냐?
35 그러니 모두가 하나가 되어 황금의 정
금이 되어 너희들이 그 계단을 올라올
때, 아무런 흔적도 없으며 상처도 없
으며 똑같은 빛으로써 볼 수 있도록
너희들이 그리 거듭나는 백성이 되도
록 하라.
36 훈련과 훈련을 거듭하여, 누구든 간에
너희들이 먼저 한 사람이 위대하게 태
어난 백성으로 거듭나는 것, 그것이
너희들이 가장 중요한 것이요,
37 너희들이 오늘의 모두가 힘을 합쳐 역
사해야 될 것이니, 각자가 두 주먹을
불끈 쥐고 하늘을 향하여 한 점의 부
끄러움이 없는 마음이요, '설마 이것
은 되겠지.' 하는 그와 같은 생각을 버
리며,
38 오로지 너희들이 내가 원하는 내가 내
린 계명이요, 내가 내리는 성경이요,
나의 아들을 통하여 내리는 강론을 너
희들 것으로 만들어 바르고 곧은 삶을
살도록 최선의 노력을 다하라.
39 육의 본성을 버리고 살아가는 것이요,
이 세상의 죄악된 습관을 모두 버리고
거듭나는 그와 같은 백성이 되지 아니
하면 아니 됨이니라, 사랑하는 나의
아들딸들아!

11,010 번째 하나님 말씀

2004년 5월 10일 17시 37분

1 사랑하는 나의 아들아!
2 "네, 아버님! 말씀하옵소서."
3 내가 너를 통하여 강론으로 전한 그
내용들이요, 그와 같은 역사를 나의
새로운 성경에 기록하여 책으로 만들
어, 만백성이 깨우쳐 저희들이 그 지
혜를 얻도록 그리하라, 사랑하는 나의
아들아!
4 너희들은 지금까지 흘러온 구약과 신
약의 그 과정이 없어서는 아니 되며,
또 이를 부인해서는 아니 된다 내가
너희들에게 그리 가르치지 아니하였
더냐?
5 구약은 출발의 시대요, 신약은 중간의
시대로서 서로가 그 역할을 다했으며
그를 충실히 이행하는 그와 같은 삶을
살아왔으면, 오늘의 이와 같은 험악한
단계는 이루어지지 아니하였을 것이
라 하였느니라.
6 그러나 너희들이 출발의 단계요, 중간
의 단계가 모두가 중하고 귀하나, 너
희들이 그대로 행하지 못하며 그대로
살아오지 못한 것이 오늘의 너희들이
기 때문에,
7 추수의 열매를 거두는 그 시대에 모두
가 다 되돌아가 너희들로 하여금 다시

시작하는 그와 같은 어렵고 힘든 길을
가야 한다 내가 말하지 아니하였던가?
8 사랑하는 나의 아들딸들아!
9 너희들은 초보의 단계요, 중간의 단계
요, 추수의 단계요, 그 모두가 다 나누
어진 것을 스스로 잘 알고 있을 것이
며, 너희들이 그와 같은 것이라 그리
말하고 있음이니라.
10 그러나 너희들이 중간의 시대요, 그
과정을 거치면서 너희들이 완벽한 삶
이요, 완벽한 역사를 하지 못했으며
그 책무를 다하지 못하였기 때문에,
11 오늘에 이와 같이 불안전한 세상이
되었음을 너희들은 알아야 될 것이니
라.
12 사랑하는 나의 아들딸들아!
13 너희들이 중간의 과정은 내가 무엇이
라 나의 아들을 통하여 전했느냐?
14 너희들이 완벽하게 열매를 맺으며 그
결실을 거두기 위해서 그 중간의 과정
은 불안전한 과정이요, 미완성인 과정
이요, 부분적인 역할을 하는 과정이라
내가 그리 전하지 아니하였더냐?
15 그러나 지금의 믿음의 길을 오는 그
백성들이 초보적인 그 믿음의 길을 가
는 구약 시대의 백성은 저희들이 완결
한 것이요, 열매를 거둘 수 있는 것이
라 그리 부르짖고 나름대로 그 고집을
피우고 있으며,
16 중간주자인 신약의 시대는 또 신약의
시대대로 불안전한 이와 같은 시대를
완벽한 시대라 말하며,
17 너희들이 새로 오는 시대요, 추수의
시대에 오는 것을 받아들이지 아니하
며, 마지막 시대에 오는 것을 거부하
는 이와 같은 어리석은 믿음으로 가고
있음이니,
18 너희들이 온 그 모든 믿음이요, 그 신
앙생활이 완벽한 것을 거두는 것이 아
니요, 완제품을 만드는 것이 아니요,
19 미완성인 것을 가지고 너희들이 지금
불안전한 상태에서 허덕이고 있다는
것을 알아야 될 것이니라.
20 나의 아들을 통하여 내가 말하였느니
라.
21 완전한 것은 하늘의 뜻에 의하여 완전
한 것이 이루어지는 것이며,
22 그리하여 너희들의 그 완전한 것을 만
들기 위하여 나 여호와가 모두를 역사
한다 하였으나,
23 너희들이 초보의 단계요, 중간의 단계
에 바로 역사하지 못하였기 때문에,
지금 선택된 나의 아들을 통하여 나의
그 백성들을 통하여 처음서부터 다시
시작하는 이와 같이 어렵고 힘든 길을
간다 하지 아니하였느냐?
24 그리하여 나의 새로운 성경을 누구나
읽을 수 있도록 모두를 다 풀어 간단
하게 볼 수 있게 하여, 각자가 깨우쳐
올 수 있도록 그와 같은 역사를 지금
시행하고 있음을 너희들은 알아야 될
것이니라.
25 사랑하는 나의 아들딸들아!
26 너희들이 미완성이면 미완성품대로
그 자리를 지키면 될 것이며, 너희들
이 부분적인 것은 부분적인 것으로 그
역할을 충실히 하면 될 것을,
27 어찌하여 미완성인 것이 완성품인 것
처럼 그리 둔갑시키며, 너희들이 아직
도 부분적인 것을 가지고 완전한 것처

럼 지금 그와 같이 역사를 이루는가?
28 이게 모두가 다 모래 위에 집을 짓는
것이요, 모래 위에 역사하는 것이요,
너희들이 모래 위에 집을 지으며 모래
위에 궁궐을 짓는 그와 같은 행위를
하고 있다는 것을 알아야 될 것이니라.
29 그러니 그 형태에서 벗어나지 못하며
그 형태를 바라보지 못하는 백성 너희
들은 완전히 열매의 꽃도 피워 보기
전에 모두가 떨어지는 그와 같은 형국
임을 잊지 말라 그리 전하라.

11,011 번째 하나님 말씀

2004년 5월 10일 17시 43분

1 사랑하는 나의 아들아!
2 "네, 아버님! 말씀하옵소서."
3 너희들의 가장 큰 문제요, 너희들이
가장 먼저 해결해야 될 것이 무엇인
줄 알겠느냐?
4 너희들이 잘못된 것은, 지금 가장 급
히 고쳐야 되며 바로잡아야 되는 것
은, 너희들이 완성품이 아니요, 완제
품이 아닌 것을 가지고, 부분적이요,
부분적인 것을 가지고 완제품인 것처
럼 나의 피조물 만백성들을 현혹하는
것이니,
5 오늘의 잘못된 종교 집단이요, 지도자
들이 이 세상을 지배하며, 모두를 다
차지하고 있기 때문임을 알라.
6 완성품을 위한 부분적인 부품밖에 아
니 되는 것을 가지고, 너희들이 부품
을 가지고 완성품인 것처럼 생각하고
그를 믿고 따르라 그리 강요하며, 그
것이 너희들이 하늘에 오를 수 있는
길이라 그리 가르치고 있음이니, 이것
이 너희들이 잘못된 것임을 알아야 될
것이니라.
7 지금 너희들이 하늘에 오르는 길이요,
완전한 믿음이요, 나 여호와의 뜻에
의해 역사한다는 백성 너희들의 모습
이 무엇인 줄 알겠느냐?
8 너희들이 크나큰 등치는 있으나, 그
기계를 움직이는 가장 중요한 생명줄
이 되는 엔진이라는 것은 없으며, 그
저 몸통만 가지고 있는 기계의 모습이
라 함을 너희들은 알겠느냐?
9 그러니 몸통만 가지고 있는 그 기계가
생명력이 어디 있으며 어찌 너희들이
움직이겠는가?
10 그를 움직일 수 있는 엔진이라는 것이
존재하며 건재해야만 움직이는 것이
아니더냐?
11 그러니 너희들이 엔진은 없으며 오로
지 몸통이요, 형태만 가지고, 부분적
인 것만 가지고 너희들이 움직일 수
있으며 전진할 수 있다 그리 말하는
어리석은 자들이니라.
12 바로 너희들이 그를 시험하며 그를 시
험에 옮기고자 하여 너희들이 시동을
걸어 보면 알 것을,
13 너희들이 시도하기도 전에 그는 완벽
한 것이요, 그리고 이룰 수 있는 것이
라 그리 나의 피조물 만백성을 현혹하
고 있음이니라.
14 시험해 보고 시동을 걸어 보자고 해도
너희들이 그걸 할 필요가 없다며 그저
믿고 탑승만 하면 갈 수 있다 그리 말
하니,
15 그 말을 믿고 지금 탑승하는 어리석은

백성 너희들이 오늘의 그 믿음이요, 구원의 길에 들어서겠다는 자, 그리고 구원을 받았다는 어리석은 백성들의 형태이니,
16 그리하여 그것이 가장 큰 문제요, 가장 너희들이 시급히 다스리고 고치지 아니하면 아니 될 문제라는 것을 알아야 될 것이니라.

11,012 번째 하나님 말씀

2004년 5월 10일 23시 13분

1 사랑하는 나의 아들아!
2 "네, 아버님! 말씀하옵소서."
3 나의 사랑하는 피조물 만백성이요, 그리고 너를 따르는 제자들이요, 나의 법전을 읽고 깨우친 백성, 하나하나가 누구든 다 귀하고 소중하지 아니한 백성이 없음이니라.
4 그 모두가 자기 스스로의 장점이 있는가 하면 또한 단점이 있고, 단점이 있는가 하면 그 많은 장점을 가지고 있으며, 누구도 할 수 없는 자기만의 아름다움을 가지고 있느니라.
5 그러니 내가 모두가 스승이라 하였으며, 그들로부터 하나하나를 배워 나가는 것이 너희들이 서로 의지하고 살아가는 길이라 하였느니라.
6 그러니 너희들이 그들의 악습이요, 잘못하는 것을 보기 전에, 그들의 아름다운 장점을 볼 수 있는 그와 같은 마음 자세로써 모든 백성을 본다면,
7 스스로 그것이 너희들이 남으로부터 사랑을 받는 것이요, 남으로부터 신뢰를 받는 것이라는 것을 알아야 될 것이니라.
8 너희들이 이 세상에 살아가면서 누구든 다 장점이 있고 단점이 있거늘,
9 단점만을 가지고 너희들이 그를 시시비비한다면 그게 끝이 없고 한이 없느니라.
10 그러나 너희들이 아름다운 장점을 가지고 그들과 대화하고 그를 평가한다면, 그리고 또한 너희들이 그를 본다면,
11 그것이 또 끝이 없고 모두가 다 아름답게 보이는 것이니라.
12 그러니 그것도 너희들의 마음에 달렸음을 알아야 될 것이니라.
13 그리하여 너희들이 모든 백성들이요, 나의 성전에 와 같이 공부하는 형제요, 그 모두를 너희들이 단점을 보지 말며 장점을 보도록 그리하라.
14 그들이 가지고 있는 장점을 너희 것으로 만들어 네가 교훈으로 삼으며 그를 배워 깨우치는 그와 같은 현명한 백성이 되어야 할 것이니라.
15 너희들이 남의 단점을 보며 그걸 가지고 시시비비한다면 남의 장점을 보지 못함이니, 너희들이 배우는 것이 없으며 얻는 것이 없음이니라.
16 다만, 남의 단점을 봄이니, 너희들은 그 단점을 시시비비할 때 스스로 너희들도 그와 같은 행위를 하게 되며 그것을 배우는 것이 아니더냐?
17 그러니 너희들이 같이 있는 형제를 보는 것도 아름다운 모습을 보면 아름다운 것을 배우는 것이요, 너희들이 단점을 보며 그 악습을 본다면 그 악습을 배우게 되어 있음을 알아야 될 것

이니라, 사랑하는 나의 아들딸들아!
18 그러니 너희들이 변하고 바로 서기 위
해서 남의 단점을 보지 말며 장점만을
보도록 그리하라, 사랑하는 나의 아들
딸들아!

11,013 번째 하나님 말씀

2004년 5월 10일 23시 18분

1 사랑하는 나의 아들아!
2 "네, 아버님! 말씀하옵소서."
3 학문을 하는 그와 같은 스승과 제자
요, 너희들이 이 세상에 살아가면서
스승과 제자의 관계를 연결하며 그와
같이 얽히고설켜서 살아가는 것이 아
니더냐?
4 그러니 너희들이 한 스승의 수석 제자
라 하며 수제자라는 그와 같은 제자가
선생의 뜻을 따르지 아니하고 학문을
게을리하며 학문에 매진하지 않는다
면,
5 과연 그가 그 스승의 제자로서 그 자
리를 지킬 수 있다 말할 수 있는가?
6 그러니 스승의 가르침을 따르지 아니
하며 그 가르침을 본받아 그와 같이
행하지 아니하며, 방탕한 길이요, 학
업을 게을리한다면,
7 과연 그러면서 제가 나가 누구의 수제
자라 그리 말한다면, 그가 과연 그 수
제자로서 존재할 수 있으며 그 가치가
있다 말할 수 있겠느냐?
8 그는 도리어 그 선생을 욕되게 하며
그 선생의 명예를 더럽히는 그와 같은
행위를 하는 것이 아니더냐?
9 그러니 지금 나의 아들딸 너희들은 들
으라.
10 수천 년 동안 믿음의 길을 온 그 백성
들이 나의 아들 예수로부터 은혜를 받
았으며 그 보혈로써 구원을 받았으며,
11 그리고 나의 아들 예수를 구세주라 하
며, 그들이 저희들이 명받은 자요, 그
의 수제자요, 그리고 그를 따르는 자
들이라 그리 말하는 자들이,
12 과연 너희들이 스승이라는 나의 아들
예수의 삶이요, 그가 고통스럽게 살아
오며 역사했던 그 모두를, 그 발자취
를 따라 그와 같이 역사하고 가고자
하는가?
13 너희들이 나의 아들 예수의 수제자며,
그 예수를 따라 모두를 역사하며 그
가르침을 본보기로 하여 나의 피조물
만백성을 이끈다 하면,
14 너희들은 그 스승의 뒤를 따라 그리
어렵고 힘든 길을 마다하지 아니하고
가야 하는 것이 아니더냐?
15 그러니 지금의 모든 종교 집단의 지도
자 너희들이 나의 아들 예수요, 너희
스승이 간 길을 과연 그를 따라가며,
16 그와 같은 어렵고 힘든 곳에 나의 복
음을 전하며 나의 성령을 전하는 그와
같은 역사를 하고 있는가?
17 정녕 너희들이 얼마나 자신의 육의 부
귀영화를 위하여 사악한 짓을 하고
있는가?
18 그러면서 너희들이 예수의 수제자라
그리 말할 수 있는가?
19 그러니 너희들이 아무것도 이루어지
는 것이 없으며, 나의 아들 예수의 이
름만 욕되게 하는 자들이라 함을 내가
너희들에게 전하는 것임을 이제 알겠

느냐?
20 나의 아들은 너희들처럼 쌓아 놓은 것
이 없으며, 너희들처럼 쌓아 놓고 또
관리하는 것도 없음이니라.
21 그러나 너희들은 지금 그 수제자라는
자들이요, 그리고 나의 아들 예수의
은혜로써 구원을 받았다는 그 제자들
이요, 그 지도자라는 자들이 과연 어
찌 살아가는가?
22 방탕한 제자가 스승을 욕되게 하듯이,
지금 종교 집단의 지도자 너희들이
그와 같은 행위를 하고 있다면 과연
어찌하겠는가?
23 너희들처럼 나의 아들 예수를 욕되게
하는 자가 없음을 알라.
24 너희들이 나의 아들 예수의 제자요,
예수에게 명받은 자라 그리하면서, 스
승의 명예를 더럽히는 잘못된 제자처
럼 나의 아들 예수를 욕되게 하는 그
와 같은 행위만 하고 있는 것이 오늘
의 종교 집단이요, 믿음의 길을 가는
너희들이라는 것을 알아야 될 것이니
라.
25 과연 너희들이 한번 돌이켜 보라.
26 나의 아들 예수가 이 세상에 나와 어
찌 살았으며 어찌 복음을 전했으며,
나의 뜻을 만백성에게 전하는 그 삶
을 살았는가,
27 너희들처럼 그리 호의호식하고 궁궐
같은 것을 지으며, 나의 피조물 만백
성을 우롱하여 재물을 갈취하고 거둬
들이는 그와 같은 짓을 하고, 나의 아
들 예수가 역사했는가?
28 그 제자들로부터 나의 아들 예수가 재
물을 거둬들이면서 그와 같이 역사했
으며, 신도라 하여 따르는 자들에게
재물을 거둬들여 그들에게 명예를 팔
았는가?
29 이것이 오늘의 종교 집단 너희들이니,
과연 그것이 나의 아들 예수의 제자라
는 자들이 그 제자의 자리를 가는 백
성들이요, 지도자인가 너희들 스스로
한번 들여다보라.
30 얼마나 너희들이 썩고 부패했으며, 나
의 아들 예수를 욕되게 하는 짓만을
하고 있는 것인가를 너희들은 알아야
될 것이니라.

11,014 번째 하나님 말씀

2004년 5월 10일 23시 29분

1 사랑하는 나의 아들아!
2 **"네, 아버님! 말씀하옵소서."**
3 오늘의 믿음의 길을 오는 종교 집단
의 지도자들의 강론이요, 설교가 무엇
이더냐?
4 나의 성령의 그 의미를 알아 그들이
가르치고 설교하고 가르친다면 내가
말하지 않겠느니라.
5 그러나 지금의 종교 집단의 지도자들
이 기도하고 강론하며 설교하는 것은
무엇이더냐?
6 '이번에 교회를 옮겨 짓는데, 모 장로
들과 집사, 권사, 여러분들이 남의 땅
을 싸게 사들였으니, 그것이 하나님의
은혜니, 우리 다 같이 손뼉 치고 기도
드립시다.' 그와 같은 행위를 하는 것
이 너희들의 오늘의 믿음이 아니더냐?
7 '아무개 장로가 교회에 운동장을 넓히
는 데 그 땅을 기증했으니, 그가 축복

을 받을 수 있도록 그를 위하여 우리
손뼉 치고 기도합시다. 아멘, 헬렐루
야!' 하는 것이 너희들이요,
8 '아무개 집사가 기도원 땅을 이번에
싸게 기증했으니, 그 집사를 위해 우
리가 다 같이 기도하고 그 축복의 기
도요, 손뼉을 칩시다.' 하는 것이 너희
들이 오늘의 단상에서 하고 있는 짓
이 아니더냐?
9 거기에 더군다나 '청년들이 너희들의
기도원을 역사하는데 거기에 와 터를
닦았으며, 그리고 그들이 벽돌을 날라
쌓았으며, 또 어떤 권사는 그 기도로
하나님으로부터 명을 받아 그 기도원
에 벽돌을 모두 다 댔으니, 그 사람을
위하여 우리가 기도하고 또 그 사람을
위하여 축복받도록 모두 박수합시다.'
하는 것이 너희들이 오늘의 믿음이요,
종교 집단이 오늘까지 온 것이니라.
10 심지어는 너희들이 '오늘의 기도요,
오늘의 주일을 지키는 데 아무개 집사
가 아름다운 꽃으로 장식했으며 여기
를 아름답게 가꿨으니, 아무개 집사를
위하여 우리가 기도하고 다 같이 박수
합시다.' 하는 것이 아니더냐?
11 '모 권사는 집을 팔아 그걸 갖다가 교
회를 짓고 역사하는 데 그 모두를 다
바쳤으니, 그를 위하여 우리가 기도하
고 박수하자.' 하는 것이 너희들이 아
니더냐?
12 그리고 너희들이 간증이라는 것이 무
엇이더냐?
13 아무개 권사요, 아무개 집사요, 그 신
도가 너희들에게 어떠한 재물을 바쳤
으니, 그가 그 재물을 바침으로 어떠
한 은혜를 얻어 축복을 얻어, 지
금은 몇 배의 재산을 굴려 모았다 하
며,
14 그런 것을 너희들이 간증이라 하며 그
와 같이 갖다 바치면 복을 받는다 하
니,
15 너희들 신도들은 평생 그 말을 듣고
들어, 갖다 바치면 복을 받는다는 것
때문에 바치지 아니하면 아니 되며,
바치지 아니하면 불안한 그와 같은
중병환자로 다 만들어 놓은 것이 오늘
의 종교 집단 지도자 너희들이 아니더
냐?
16 '이번에 새 신도를 역사하기에 수고한
그 부목사요, 전도사요, 그리고 권사
요, 그 사람들을 위하여 다 같이 기도
하고 박수합시다.'
17 그리고 '항상 성가대로서 고생하는 그
들이 너무나 잘 가고 잘하고 있으며,
단합이 잘되어 지금 성가대를 잘 운
영하고 있으니, 그들을 위하여 기도하
고 박수합시다.' 이와 같이 하는 것이
너희들의 오늘의 기도요, 너희들의 모
두가 다 그리 역사하는 것이니라.
18 수천수만 가지에 너희들이 '손뼉 치고
기도하고 축복받도록 우리가 다 같이
기도드리자.' 하는 것이 아니더냐?
19 '하나님의 목자가 일하는 데 피로하고
고단하니, 그가 일을 열심히 하라고
하여 그 장로가 장로된 기분으로 이번
에 승용차 하나를 바꿔서 목사에게 기
증했으니,
20 너희들이 하나님의 종의 편함을 위하
여 그가 열심히 일하라 그리했으니,
그를 위하여 우리 다 같이 기도하고

그에게 축복을 내려 주기 위해 기도
합시다. 아멘, 헬렐루야!' 너희들이 이
와 같은 행위를 하는 것이 아니더냐?
21 심지어 너희들은 종교 지도자의 겨울
나기를 위하여, 또한 그 집 자식을 시
집장가 보내며, 그 아들딸을 유학 보
낸 것까지, '모 권사요, 장로요, 여러분
들이 이리해서 그들이 잘 가서, 하나
님의 종이 모두를 역사할 수 있고 성
서를 가르치는 데 제대로 일을 할 수
있도록 하여, 이렇게 해 준 것에 우리
다 같이 기도하고, 그에게 축복이 있
기를 바랍시다.'
22 이와 같이 너희들이 그 추하고 더러
운 짓을 하고 있는 것이 오늘의 믿음
의 길을 가는 자들이 아니더냐?
23 '주의 종이 설교하는 그 강대상이요,
그 바닥을 향기 나는 나무로써 모두
를 바꿔 준 오늘의 권사요, 장로요, 그
리고 신도 여러분들이 그 역사를 했으
니,
24 거기에 그 재물을 바치며 봉사한 자
들을 위하여 우리 다 같이 손뼉 치고,
기도로써 그 몇십 배 더 복을 받도록
합시다.' 하는 것이 너희들이 오늘의
기도가 아니더냐?
25 그러면서 눈물 흘리고 콧물 흘리고 울
고불고 그와 같이 하는 것이 오늘의
믿음이요, 그것만을 위하여 온 것이
너희들의 믿음이니,
26 참진리요, 나 여호와의 뜻을 역사해서
온 것이 아니라는 것을 너희들은 알라.
27 그러니 내가 나의 새로운 성경에 기록
하여 전하는 이 뜻, 과연 너희들이 그
런 짓을 하고 있는가, 있지 않은가 스
스로 평가하여,
28 너희들이 그런 짓을 한다면, 이는 사
탄이요, 사악한 자가 너희들을 현혹하
는 일이라는 것을 잊지 말라.
29 '모든 너희들이 주의 종을 위하여, 그
가 강론을 열심히 하라 하여 그에게
이번에 옷을 해 주었으며, 그에게 무
엇을 해 주었으며, 그러니 그에게도
우리가 다같이 축복받도록 기도하고
손뼉칩시다.' 너희들이 이와 같은 짓
을 하는 자들이니,
30 그리하여 바치고 바치는 것, 거둬들이
는 것만 너희들이 강론 시간이요, 설
교 시간에 듣고 오니,
31 나와서 바치지 아니하면 불안하며, 남
들보다 덜하면 저희들이 지옥 간다
생각하여 있는 것, 없는 것, 그저 팔아
바치도록 만들고 세뇌시킨 것이 그들
이니,
32 그리고 바치지 아니하면 너희들이 불
안에 떠는 그와 같은 중환자로 모두
다 만들어 놓은 것이 그들이 오늘의
한 행위라는 것, 이것이 오늘의 믿음
의 대표적인 것이니라.
33 나의 아들을 따르는 제자들이요, 나의
법전을 읽고 깨우친 백성, 너희들은,
그들이 그와 같은 행위를 하는 것과
지금 너희들이 새로운 성경을 읽고 깨
우치며 하늘에 오르는 길을 오는 것
과, 과연 누가 참진리요, 나의 뜻에 의
해 역사하는 것인가를 스스로 너희들
이 평가한다면,
34 너희 자신이 나의 법전을 얼마나 소
중히 다루어야 될 것이며, 나의 법전
을 너희들의 생명보다도 더 귀하고

소중히 간직하여 만백성에게 전하는
그와 같은 역사를 하지 아니하면 아니
된다는 것을 깨닫게 될 것이니라.

11,015 번째 하나님 말씀

2004년 5월 10일 23시 35분

1 사랑하는 나의 아들아!
2 "네, 아버님! 말씀하옵소서."
3 너희들의 성서가 숨겨진 비밀이요, 그
비유의 뜻으로 역사하는 것이 무엇이
더냐?
4 시대가 바뀌게 되면 너희들의 그 모
두가 변화되며 나 여호와가 역사하고
자 하는 것도 시대에 맞춰 내가 모두
를 다 변화하고 역사하게 되어 있음
이니,
5 그리하여 성서가 비유의 뜻으로 되어
있으며 숨겨진 비밀로 되어 있다 함이
니라.
6 그리고 지금 내가 마지막 시대에 새
로운 성경을 내려보냄이니, 그것 또한
너희들이 이 시대에 반드시 이루어져
야 될 일이며, 이 시대에 역사하지 아
니하면 아니 되는 그와 같은 나의 뜻
이요, 나의 계획에 의하여 그 모두가
역사하고 있음이니라.
7 그러나 너희들이 지금의 가는 그 믿음
의 길이요, 그 신앙에 사로잡혀 거기
서 벗어나지 못하는 그와 같은 백성들
이 되어 버리고 말았음이니라.
8 그러기에 너희들이 미래를 모르며 새
로운 시대가 역사하는 것을 보지 못함
이니라.
9 그러니 나의 아들 예수가 세상에 내려
와 너희들이 놀랍고 무서운 그 새로운
역사를 이루고자 했으나,
10 너희들이 그와 같이 새로운 역사를 이
루는 것을 알지 못하기 때문에 나의
아들을 그와 같이 죽음으로 몰고 가지
아니하였더냐?
11 그러니 내가 성서에 기록하여 전하기
를, 마지막 시대에 나 여호와의 뜻을
가지고 외치는 종이 세상에 올 것이
며, 그가 와 너희들에게 외칠 때, 너희
들은 믿지 못하며 놀랍고 무서운 일이
생길 것이며 이루어질 것이라 그와 같
이 기록하여 전했음이니라.
12 그리하여 지금 나의 아들을 통하여 너
희들이 상상할 수 없는 새로운 성경
160권을 세상에 내려보내니,
13 너희들이 새로운 성령을 기록하여 새
로운 성경으로써 세상에 내려오는 일
보다 너희들이 도무지 믿지 못할 일이
어디 있으며, 더 놀랍고 무서운 일이
어디 있으며, 이보다 더 위대한 그와
같은 역사가 어디 있겠느냐?
14 내 이 모두를 이와 같이 역사한다 너
희들에게 성경에 기록하여 전했거늘,
15 아직도 너희들이 옛것에서 벗어나지
못하며, 인간적인 생각과 인간적인 판
단으로써 너희들이 지금까지 잘못 오
는 그 신앙이요, 믿음을 가지고 너희
들이 그를 지키며 버티려 하며,
16 나 여호와가 시대가 바뀌고 변함으로
새로운 역사를 이루는 그와 같은 것을
받아들이지 아니하며 역사하려 하지
아니하는 것이, 이것이 얼마나 너희들
이 지금 어리석은 백성이요,
17 이로 인하여 나의 피조물 만백성이 구

원의 길에 오를 수 있는 그 백성들이
기어코 구원의 길에 오르지 못하는 자
들이 되고 있음을 너희들은 알아야 될
것이니라.
18 모든 영적인 귀머거리요, 영적인 소경
이 된 자들이 지금 나의 사랑하는 백
성들을 인도한다 그리 말하니,
19 그들이 내가 변화되는 것, 새로운 시
대에 맞춰 모두가 역사하는 것, 내 진
리가 그때 너희들이 필요할 때 내려오
며, 필요하도록 내가 모두가 역사하는
것을 알지 못하는 어리석은 자들이기
때문에,
20 이와 같이 오늘의 잘못된 세상의 흐름
이 지금까지 왔으며, 앞으로도 계속
이와 같이 가기 때문에 내가 너희들을
지금 이 시점에서 바로잡고자 너희들
에게 성경에 기록하여 전했던, 도무지
믿지 못하며 도무지 알지 못하며 도무
지 놀라운 그와 같은 방법으로써 너희
들을 깨우친다 하였음이니,
21 그것이 바로 160권의 나의 새로운 성
경임을 알라 그리 전하라.

11,016 번째 하나님 말씀

2004년 5월 10일 23시 45분

1 사랑하는 나의 아들아!
2 "네, 아버님! 말씀하옵소서."
3 내가 너에게 무어라 그리 말하였느냐?
4 너희들이 선물을 주고받음도 너희들
이 돌려줄 수 없으며 답례를 할 수 없
는 것은 받지 않는 그와 같은 것이 너
희들의 도리라 하지 아니하였더냐?
5 인간 세상에 너희들이 살아가면서 남
으로부터 은혜 받은 자는 그를 반드시
돌려 갚으며, 그를 갚기 위하여 너희
들이 얼마나 노력을 하는가?
6 더욱이 너희들이 나 여호와로부터 모
든 것을 다 받았으며 나로부터 너희들
이 얻지 못한 것이 없거늘,
7 어찌하여 너희들은 나에게 돌려주는
그와 같은 마음 자세로 살지 못한단
말이더냐?
8 너희들이 나로부터 받은 것이 얼마나
크며 얼마나 많은가?
9 그 많은 것을 받았으며 많은 것을 얻
은 너희들이 어찌하여 나에게 되돌려
주는 그와 같은 마음을 갖지 못하고
산단 말이더냐?
10 그러니 모든 종교 집단의 지도자들이
나로부터 받은 은혜만 해도 너희들이
나에게 갚을 것이 수없이 많으며, 나
에게 갚을 것을 너희들이 죽을 때까지
갚아도 갚지 못하는 그와 같은 나로부
터 받은 백성들이 어찌하여 나에게 돌
려주는 그와 같은 은혜를 생각하지 못
하고 사는가?
11 그러니 너희들이 오늘의 교회요, 믿음
의 길을 가는 백성들이 어찌 기도하는
가?
12 너희들이 나로부터 받은 것의 그 은혜
에 보답하고 돌려주겠다는 그와 같은
생각을 하지는 아니하고, 더 달라, 더
이루어 달라 울고불고 기도함이니,
13 그를 보는 나 여호와의 마음이 얼마나
기가 막히고 통탄할 일이겠느냐?
14 모든 믿음의 길을 가는 백성 너희들이
그것 하나도 분별하지 못하며 나에게
더 달라, 이루어 달라, 그저 소원을 비

는 그와 같은 행위를 하고 있음이니,
15 이것이 진정 나를 따르는 백성이요,
나 여호와의 은혜에 감사하는 백성이
라 너희들이 말하겠느냐?
16 너희들이 나 여호와 창조주로부터 얼
마나 많은 것을 받았으며 얼마나 많은
것을 누리고 사는 것이냐?
17 그와 같은 많은 것을 나에게 받은 자,
너희들이 나에게 바치는 것은 당연한
이치거늘,
18 그와 같은 행위는 할 생각도 아니 하
며, 그저 나에게 더 내놔라 더 달라 그
리 부르짖고 있으니,
19 언제까지 너희들이 나로부터 더 받으
며 더 무엇인가를 챙기고자 그와 같은
방법으로써 죽을 때까지 그와 같이 그
게 믿음이라 하늘을 향하고 오는 길이
라 너희들이 그리하겠는가?
20 너희들은 여기서 들어야 될 것이니라.
21 인간관계에서도 너희들이 은혜를 받
은 자에게 반드시 갚는 것이요, 내가
성서에 기록하여 너희들이 갚을 것 갚
지 아니하고 오는 자 아니 된다 하지
않았더냐?
22 그러니 너희들이 나로부터 받은 은혜
요, 나로부터 받아 누린 것이 얼마나
크고 많은가?
23 너희들이 그를 나에게 돌려주며 나에
게 바치는 그와 같은 마음 자세를 갖
고 사는 백성이 되어야 할 것이니라.
24 당연히 받기만 하면 되며 당연히 챙기
기만 하면 된다는 그와 같은 생각을
가지고 있는 모든 백성 너희들이 얼마
나 어리석고 잘못된 백성인 줄 알겠느
냐?
25 더욱이 그 많은 것을 받고 누리면서도
지금도 더 달라, 이루어 달라 울고불
고 그와 같이 기도하는 자, 너희들이
과연 어찌하는가?
26 내가 너희들을 선별할 때, 너희들의
열매로써 너희들이 그 결실을 거둬들
여 내 창고에 쌓을 때,
27 너희들이 계속 달라는 자는 어찌 될
것이며, 너희들이 지금 받은 은혜의
그 모두에 감사하며 나를 위하여 돌
려주고자 하는 그와 같은 마음으로 살
아가는 백성은 어찌 될 것인가?
28 그때 누가 나의 곳간에 쌓이는 백성
이 되며, 내가 추수할 때 거둬들이는
백성이 될 것인가, 이것은 스스로 너
희들이 깨우쳐도 다 알 것이니라.
29 그러니 이와 같은 깨달음을 알았다면,
너희들이 당장 행하는 삶으로 살라.
30 너희들이 나로부터 받고 누린 것이 헤
아릴 수 없거늘, 더 달라는 그와 같은
행위를 하는 자 너희들이 그 모두를
중단하며,
31 너희들이 나로부터 받은 것을 되돌려
준다는 그와 같은 마음 자세로, 너희
들이 받은 것만큼 나에게 그 은혜를
갚겠다는 그와 같은 생각이요, 그와
같은 마음을 너희들이 갖고 가지 아니
하면, 결코 너희들이 나를 볼 수 없으
며 나에게 오를 수 없다는 것을 알아
야 될 것이니라.
32 이제 나의 아들을 따르는 제자들이요,
나의 법전을 읽고 깨우친 백성, 너희
들은 들으라.
33 너희들이 나로부터 받은 것이요, 누리
고 역사한 것이 얼마나 많고 많더냐?

34 그러니 너희들은 그 은혜에 보답하는
길이 아니요, 역으로써 너희들이 헬
수 없는 그 많은 죄를 짓고 있는 자들
이 아니더냐?
35 그러니 너희들이 과연 어떠한 기도요,
어떠한 마음으로 역사하는가?
36 모든 종교 집단이요, 그 신도들처럼
더 달라, 이루어 달라 너희들이 울고
불고 소원하는 기도를 한다면,
37 나에게 와 내가 결실을 거둘 때 너희
들이 내 창고에 들이지 못하는 그와
같은 자가 되어서는 아니 될 것이니
그리 전하라.

11,017 번째 하나님 말씀

2004년 5월 11일 07시 03분

1 사랑하는 나의 아들아!
2 "네, 아버님! 말씀하옵소서."
3 모든 인간 세상에 너희들이 살아가면
서 그 역사요, 너희들이 그 시대의 흐
름을 무엇으로써 가르치고 남기는가?
4 너희들은 기록이라는 것으로써 그를
전하고 또 그를 만들어 후손에게 전하
며, 또한 후손은 그를 보고 깨우치며,
그 지난 역사를 보며 너희들의 뿌리들
이 어찌 살아갔는가 하는 것은 모두를
다 보고 깨우치는 것이 아니더냐?
5 너희들은 하늘의 뜻이요, 하늘의 그
모두의 역사하는 것, 또한 너희들은
인간 세상에 너희들을 깨우치는 것이
니,
6 너희들이 역사의 흐름을 기록하듯이
나 여호와의 뜻을 글로써 책으로써 만
들어 전하지 아니하면 그를 역사할 수
없는 것이니라.
7 다만, 나 여호와가 어느 나라요, 어느
나라의 언어요, 어느 나라의 문화로써
역사하느냐, 그것만이 다를 뿐이요,
8 어쨌든 나의 뜻이요, 내가 이루고자
하는 모든 것을 너희들에게 전하는 것
은 내가 선택한 나라의 언어요, 글로
써 전하는 것밖에 그것 외에는 어떠한
길도 없음이니라.
9 그러니 지금 동양의 작은 나라가 선택
된 나라요, 내가 그 나라의 모두를 가
지고 역사함은, 이는 나에게 선택된
나라요, 준비된 나라이기 때문이니라.
10 그러니 이 작은 나라의 언어요, 그 풍
습으로 세상을 통일하며 모두가 하나
가 된다는 그와 같은 역사의 가르침을
내가 전하지 아니하였더냐?
11 그러니 지금 나의 성령을 받아 기록하
는 '하늘에 오르는 길'이요, '하나님!
말씀하옵소서.'라는 이 책은 너희들이
역사를 기록하여 전하는 것처럼 하늘
의 뜻을 기록하여 너희들에게 전함이
니,
12 이를 읽고 깨우치지 아니하면 너희들
이 어떠한 것도 역사할 수 없으며 이
룰 수 없다 함이 여기 있음을 알라, 사
랑하는 나의 아들딸들아!
13 일찍이 성서에 내가 기록하여 전하지
아니하였던가?
14 너희들이 알지 못하는 방법으로써, 너
희들이 이해하지 못하는 무서운 방법
으로써 모두를 역사하며 변화가 이루
어진다 내가 그리 기록하였음이니,
15 지금 160권의 새로운 성경으로써 내
가 역사하는 이것보다 더 무섭고 두려

운 것이 없음을 너희들은 알아야 될
것이니라.

11,018 번째 하나님 말씀

2004년 5월 11일 07시 20분

1 사랑하는 나의 아들아!
2 "네, 아버님! 말씀하옵소서."
3 너희가 인생의 종착역이라는 죽음을
향하여 가지 않는 백성은 없으며 그를
피할 수 있는 자는 이 세상에 그 누구
도 없느니라.
4 그러나 그 종착역이 언제 너희 자신에
게 닥칠지 아는 백성은 또한 이 세상
에 아무도 없는 것이니라.
5 그러니 너희들이 영원이라는 이 종착
역이 각자가 얼마나 빨리 너희들에게
올 것이며, 그리고 얼마나 긴 세월이
흐른 뒤에 너희들이 그를 맞이하는 것
인가, 그것 또한 알 수 없는 자들이니,
6 항상 너희들은 그 언제 올지 모르는
인생의 종착역이라는 그 죽음을 대비
하는 그와 같은 삶을 살지 아니하면
아니 되는 것이니라.
7 다만, 그를 아는 것은 창조주 나 여호
와뿐이며, 모두가 나의 계획에 의해
역사하는 것이거늘, 그것 자체도 알지
못하는 백성 너희들이 오늘의 살아가
는 그 삶의 마음이 어떠하던가?
8 영원히 너희들이 사는 것처럼, 영원히
존재하는 것처럼 너희들이 모두 그와
같은 삶을 살아가는 백성들이 아니던
가?
9 그러나 너희들이 그 종착역을 달려가
면서 구원을 받았다 하는 백성들이
있는가 하면,
10 그리고 구원이 무엇인지 모르고 살아
가는 백성들이요, 그리고 너희들이 각
종 우상을 섬기며 각종 잡신을 섬긴다
는 그 백성들이 있는가 하면,
11 지금처럼 어렵고 힘든 제3의 시대에
새로운 성경의 가르침에 따라 어렵고
고통스러운 길을 가는 나의 아들을 따
르는 제자, 그와 같은 백성들이 있느
니라.
12 그러니 너희들이 지금 어떠한 대역을
맡고 있으며, 어떠한 대열에 끼여 가
고 있는가 하는 것을 바라보지 아니하
면 아니 됨이니라.
13 그리고 너희들이 어떠한 길이 정녕 하
늘에 오르는 길이요, 나 여호와에게
올 수 있는 길인가, 그를 자세히 들여
다보지 아니하면 아니 됨이니라.
14 인간 세상에 살아가면서 너희들이 세
상에 제 자식보다 귀하고 소중한 자는
없으며, 그보다 더 예쁘고 착한 자식
이 없는 것이 인간의 마음이 아니더냐?
15 그러니 그와 같은 마음으로써 제 자식
을 보는 것이 인간의 마음이거늘, 너
희들이 지금 그보다 더 무서우리만큼
강하고 깊은 마음으로써 골이 파여
있는 것이, 저희들이 가고 있는 것, 저
희들이 믿는 그 길이요, 그것만이 하
늘에 오르는 길이요, 나 여호와의 뜻
이라 너희들이 그리 말함이니,
16 너희들이 지금 어떠한 대열 속에 흘러
가고 있는가를 저 자신을 지금 들여다
보지 아니하면 아니 됨을 알라.
17 구원을 받았다 하는 믿는 백성 너희들
이 말뿐이며 나를 기만하는 삶을 살고

있는 대표적인 백성이라 하면, 너희들
은 과연 이 말을 믿겠는가?
18 나의 아들 예수를 찾으며 나를 찾으며
나를 경배한다고 하는 백성 너희들이
가장 내 뜻을 거역하며 내 뜻을 따르
지 아니하며 순종치 않는 백성이라면,
너희들은 어찌하겠는가?
19 이와 같은 너희들의 오늘의 위치를 내
가 깨우쳐 주고 전해 줌이니, 너희들
은 이를 명심하여 받아들여. 과연 어
찌하여 너희들이 그와 같은 길을 가고
있는가를 돌아다보지 아니하면 아니
됨을 모든 종교 집단의 지도자요, 맹
종 맹신하는 백성 너희들은 알아야 될
것이니라.
20 그러한 너희들이 언제 내 앞에 올지
모르는 인생의 종착역을 맞이할 때,
그를 너희들이 대비하지 아니하고 오
늘의 그것이 가장 위대한 것이며 구원
의 길이라 몸부림치고 살아가는 너희
들이 종착역을 맞이했을 때, 가장 후
회하며 통곡할 백성이라는 것을 절대
잊지 말도록 그리하라.

11,019 번째 하나님 말씀

2004년 5월 11일 22시 39분

1 사랑하는 나의 아들아!
2 "네, 아버님! 말씀하옵소서."
3 너와 너를 따르는 제자 그 모두는 하
늘을 향하여 한 점의 부끄럼이 없는
그와 같은 삶을 살라 그리하였음이니
라.
4 그러니 너희들이 그와 같은 삶을 사는
데 모두를 다 바치고 나가지 아니하면
아니 되느니라.
5 그러니 너희들이 하늘을 향하여 한 점
의 부끄러움이 없는 삶을 살라 함이
무슨 뜻인 줄 알겠느냐?
6 사랑하는 나의 아들아!
7 내가 너에게 한 점의 부끄러움이 없는
삶을 살라, 그리고 너의 제자들 또한
그리 살라 함이니, 너는 무슨 뜻이 거
기 있는 줄 알겠는가?
8 "네, 아버님!
9 아버님께서 말씀하시는 것은, 저희들
이 오늘 아버님의 성령을 받아 160권
의 법전으로써 만백성을 구하는 역사
를 하며, 또한 저의 제자들이 전사요,
선생으로서 세상에 다 나감이니,
10 그들이 지금 살아감에 있어서 하늘을
향하여 한 점의 부끄러움이 없는 그와
같은 삶을 살 때, 그들이 만백성을 통
제하고 다스리는 대명을 완수할 수 있
다 그리 생각되옵나이다.
11 저희들이 모든 사람을 다스려 나가되,
지금 아버님께서 역사하시는 이 성전
만 하여도 저를 따라오는 제자들이요,
그리고 제 품에 있는 그와 같은 제자
들이요, 법전을 읽고 깨우치는 백성을
제가 관리하며 다스리며 그들을 품에
안는 것으로써 그게 제가 하는 대명
이 아니라 그리 생각되옵나이다.
12 지금 아버님 성전에 와서 공부하며 법
전을 연구하며 강론을 듣는 그 제자들
을 제가 관리하고 통제하며 그들을 가
슴에 안는 것이 아니라,
13 아버님께서 하늘에서 콩을 뿌려 놓듯
이, 지금 수없이 뿌려 놓은 그 백성들,
그리고 아버님께서 깨우치도록 지혜

를 준 그 백성, 그 모두를 다 가슴에
안아야 되기 때문에,
14 그리고 그들을 지금의 제자들과 똑같
이 모두를 다 거둬들이며 받아들여야
되기 때문에, 저희들이 한 점의 부끄
러움이 없는 그와 같은 백성으로서 서
야만 된다 그리 생각되옵나이다.
15 지금 아버님으로부터 그 하나의 명을
받고 그 가르침을 받아 대명을 받은
그 백성들이 지금 수없이 있음이니,
16 그들이 깨우치고 깨달아 연구하며 살
아가는 그 삶이 또한 경지가 높으며,
세상의 이치를 깊이 깨닫고 있는 백성
들이 수없이 있사옵나이다.
17 그러니 그 모두를 받아들이고 거둬들
여 저희들이 그 모두를 다스리고 이끌
어 가야 됨이니,
18 그와 같은 역사를 하기 위해서는 우선
하늘을 향하여, 아버님을 향하여 한
점의 부끄러움이 있는 그와 같은 삶을
산다면, 그들을 받아들일 수 없으며
그를 거둬들일 수도 없으며, 그들을
또한 제자로서 거둬들일 수 없는 그와
같은 형국이 되기 때문에,
19 아버님께서 그 모두를 다 거둬들일 수
있는 것은 바로 하늘을 향하여 한 점
의 부끄러움이 없는 삶을 사는 것이
가장 우선이요, 근본이요, 그 모두를
통제할 수 있는 것이라 이를 더욱 강
조하시는 것이라 저는 그리 생각되옵
나이다."
20 사랑하는 나의 아들아! 그러하니라.
21 지금 네 품에 있는 너의 제자들이요,
너를 따르는 제자들이요, 그리고 나의
새로운 성경을 읽고 깨우친 그 백성
들, 그들만을 네 가슴에 안고 다스리
는 그와 같은 백성이 되어서는 아니
됨이니라.
22 내가 하늘에서 콩을 뿌려 놓듯이 수없
이 뿌려 놓은 그 백성들, 깨우쳤다는
자, 그리고 나름대로 경지에 올라온
자, 그리고 자연의 이치요, 세상의 돌
아가는 이치요, 인간의 사는 도리를
알고 깨우쳐 가는 그 백성,
23 그들이 너희들보다 더 높은 경지요,
더 위에 있는 경지에 있다면, 과연 너
희들은 그를 어찌하겠느냐?
24 이것이 너희들이 그 모두를 받아들일
수 있겠는가?
25 내가 너희들에게 무어라 하였느냐?
26 정규 교육을 받은 백성과 정규 교육을
받지 않는 백성의 차이점이 있다 하였
음이니라.
27 그러니 바로 너희들은 정규 교육을 받
은 자요, 나로부터 모든 대명을 받아
나의 아들을 통하여 역사한 백성들이
기 때문에,
28 너희들은 하늘을 향하여 한 점의 부끄
러움이 없이 사는 것, 그것이 바로 너
희들이 정규 교육을 받은 백성이요,
29 그리고 지금 나로부터 콩을 뿌리듯이
뿌려 놓아 깨우친 백성 그들은 하늘을
향하여 한 점의 부끄러움이 없는 그와
같은 삶을 살지 못하는 것이니라.
30 그들은 세상사의 삶과 타협하며 때에
따라서 흔들리는 그와 같은 삶을 사는
것이니,
31 그들을 너희들이 받아들이고 다스릴
수 있는 것은 너희들이 하늘을 향하여
한 점의 부끄러움이 없는 그와 같은

백성이 되어야 하기 때문이니라.
32 지금 나의 법전을 공부하며 나의 새로
운 성경을 가지고 연구하고 공부하는
나의 아들을 따르는 제자들과 나의 새
로운 성경을 읽고 깨우친 만백성 너희
들이 지도자요 선생으로 나가면,
33 너희들은 너희들 밑에 와서 배우고 공
부하고 너희들의 강론을 듣는 그 제자
들만 감싸는 것이 아니요, 내가 뿌려
놓은 그 모든 백성들을 너희들의 제자
로서 거둬들이며 너희들이 모두를 감
싸, 내가 이루는 역사를 그들과 더불
어 역사하기 위해서는,
34 너희들이 하늘을 향하여 한 점의 부끄
러움이 없는 나의 아들딸로서 거듭나
지 아니하면 아니 됨이니,
35 너희들이 한 점의 부끄러움이 없이 거
듭나는 것, 그것이 나의 아들딸로서
거듭나는 증표이니 그리 알라 전하라.

11,020 번째 하나님 말씀

2004년 5월 11일 22시 44분

1 사랑하는 나의 아들아!
2 "네, 아버님! 말씀하옵소서."
3 지금 수천 년 동안 믿음의 길을 오는
종교 집단의 지도자요, 그리고 구원을
받았다는 백성, 그들에게 내가 묻기
를, '과연 너희들이 살아가는 목적이
무엇이냐?' 한다면, 그들은 '구원'이라
그리 말할 것이니라.
4 그러나 내가 보는 너희들이 과연 구
원의 길을 가는가, 육의 행복을 위하
여 너희들이 살아가는가?
5 너희들이 정녕 이를 스스로 한번 평
가해 볼 때가 되었음을 알아야 될 것
이니라.
6 내가 너희들에게 '무엇을 위하여 살아
가느냐?' 묻는다면, 너희들은 두말할
것 없이 '구원이요, 하늘에 오르는 길
이요, 거듭나는 영광된 길을 위하여,
천국에 창조주 아버님을 뵙고 아버님
의 부름을 받는 것이 저희들의 소원이
라' 그리 말할 것이니라.
7 그리고 너희들이 육의 행복이요, 육의
삶은 아무것도 아니라 그리 말할 것이
니라.
8 그러나 너희들이 말은 그리해도 너희
들은 절대 그러한 백성이 아님을 알라.
9 수천 년 동안 믿음의 길을 오는 백성
들이요, 하늘의 뜻에 따라 역사한다고
너희들이 깨우치고 그 길을 간다면,
오늘처럼 너희들이 말세요, 험악한 세
상은 절대 결코 될 수가 없었음이니라.
10 너희들이 하늘의 법도를 따르며 나 여
호와의 뜻에 따라 정녕 거듭나는 백성
으로서 구원을 받겠다는 것, 그 소원
이 구원이라는 것이며 그걸 위해 너희
들이 지금까지 살았다면, 너희들은 오
늘과 같이 험악한 세상은 결코 절대
되지 아니하였음을 알라.
11 작은 것에 눈이 어두워 너희들이 육의
세상의 삶이요, 육의 행복을 추구하는
그와 같은 삶에 모두를 바치고 살아가
기 때문에, 너희들이 오늘의 이와 같
은 것이 되었음을 알라.
12 너희들은 이익을 추구하는 것, 그리고
명예와 부귀를 위하여 장기적인 계획
을 세워 가면서 모두를 역사하는 그와
같은 삶을 사느니라.

13 거기에 대한 너희들이 철저한 계획이
요, 장기적인 계획을 가지고 명예를
얻기 위하여, 그리고 너희들이 부를
누리기 위하여, 너희들이 이익을 추구
하기 위하여,
14 그와 같이 너희들이 계획을 세운 그곳
에 최선의 노력을 다하는 그와 같은
삶을 살아가는 것이 너희들의 오늘의
육의 삶의 모습이 아니더냐?
15 그러니 너희들이 언제 인생의 종착역
이 될지도 모르는 그 육의 삶에 대한
장기적인 계획을 세우며, 그를 위하여
너희들의 삶을 다 바치며 모든 노력을
다하고 있는 것이 아니더냐?
16 과연 너희들은 거듭나는 것이요, 나에
게 오르는 것이요, 영혼에 대한 너희
들의 삶을 위하여 무슨 계획을 세웠으
며 어떠한 계획을 세워 놓고 노력을
하는가?
17 너희들이 육의 세상의 부귀영화를 위
해 세우는 그 계획보다도 더 피나는
노력을 해야 될 것이 영혼이 구원을
받는 길이요, 거듭나는 그와 같은 영
광의 길을 너희들이 올 수 있는 것이
거늘,
18 그와 같은 계획조차도 없으며 너희들
은 그와 같은 삶을 살지 않고 있음이
니라.
19 그러니 지금 너희들을 기다리고 있는
그 심판이요, 그때가 되면 너희들이
어찌 되는 것인가를 스스로 알게 될
것이니라.
20 더욱이 너희들이 인간 육의 삶을 나로
부터 명을 받아 나갔음이니, 나로부터
명받은 그 삶을 내 뜻대로 살았다 그
리 말할 수 있는가?
21 너희들은 지금 그와 같은 생각을 절대
하지 아니하고 있는 자들이니라.
22 너희들이 그와 같은 마음이요, 그와
같은 자세를 가지고 산다면, 너희들은
나 여호와가 존재함을 알며 하늘의 뜻
이 무엇인가를 알며, 그리하여 너희들
이 구원에 대한 장기적인 계획을 세울
것이며,
23 그리 가는 백성은 심판이 있다는 것을
알게 될 것이며, 그렇다면 심판의 두
려움을 알며 무서움을 안다면, 너희들
이 과연 오늘과 같은 험악한 세상이
되었겠느냐?
24 그것 하나도 행하지 아니하며 지키지
않는 것이 너희들이니라.
25 모두를 지워 버리고 잊어버리고 던져
버리고 사는 백성이 지금 바로 너희들
의 삶이니,
26 그와 같이 삶을 살다 너희들이 과연
인간의 종착역인 심판대에 섰을 때,
너희들이 그 어떤 것도 얻을 수 없으
며 구원할 수 없으며,
27 너희들이 어떠한 곳으로 가는지 나는
너희들을 모른다 함이니, 너희들이 모
른다는 나를 찾아 내 집에 올 수 없으
며,
28 너희들을 길러 주고 그 힘을 실어 주
었던 사탄들이 지배하는 지옥의 길로
가게 되어 있음을 잊지 말라.

11,021 번째 하나님 말씀

2004년 5월 11일 22시 51분

1 사랑하는 나의 아들아!

2 "네, 아버님! 말씀하옵소서."
3 너희들은 지금 육은 영혼의 집이요,
그리고 또한 육은 너희들의 그 영혼을
보호함이라 그리하였음이니라.
4 그러니 너희들이 인간의 육의 세상의
삶과 영혼의 삶의 두 삶을 지금 같이
가고 있다는 것을 알고 있지 않으냐?
5 그러니 너희들은 육은 죽어 나에게 오
며 또한 영혼은 어찌 된다 하였느냐?
6 너희들의 육은 나에게 와 한 줌의 흙
으로 돌아갈 것이며, 그 영혼은 나에
게 심판을 받게 됨이니라.
7 그러니 너희들의 그 영혼은 어떠한 길
을 선택하고 어찌 오는가?
8 그 모두는 너희들이 어찌 살았느냐에
따라 그것으로써 너희들이 나에게 오
르고 오르지 못하는 그 결과가 거기서
이루어진다 하지 아니하였더냐?
9 그러니 너희들이 육과 영혼의 두 삶을
살아, 육은 모두가 다 흙으로 돌아가
는 것이요, 그리고 너희들의 영혼은
나 여호와로부터 심판을 받아 거듭날
자와 지옥으로 갈 자로 그와 같이 모
두가 구분된다 하지 않았더냐?
10 그러니 너희가 지옥에서 발버둥치며
몸부림쳐도 변화될 수 없으며, 너희들
이 나올 수 없는 곳, 몸서리치는 그 무
서운 곳을 너희들이 지금 기억하고 두
렵다 생각하고 사는 백성들이 과연 얼
마나 있는가?
11 너희들은 그와 같이 발버둥치고 몸부
림쳐도 나올 수 없으며 몸서리치는 그
무섭고 무서운 지옥의 삶을 무시하고
사는 것이니라.
12 그러니 그 모두를 너희들이 무시하고
사는 백성이기에, 오직 너희들이 육의
삶을 살아가는 데만 모두를 다 바치는
것이 아니더냐?
13 그러니 그와 같은 어리석은 나의 아들
딸을 바라보는 내 마음이 얼마나 아픈
것인가를 너희들은 생각해 보았느냐?
14 사랑하는 나의 아들딸들아!
15 너희들이 인간 육의 삶을 살다 곧 종
착역을 맞이하게 됨이니, 너희들은 지
금 지옥의 문턱을 넘어야 하는 시간이
얼마 남지 않았음을 어찌 모른단 말이
더냐?
16 너희들이 오늘의 이와 같은 삶으로써
산다면, 결국 너희들은 언제 나에게
부름을 받을지 모름이니,
17 바로 너희들이 지옥의 문턱을 넘어야
하는 그 시간이 너희들에게 얼마 남지
아니하였으며, 얼마 남은지도 알지 못
하는 너희들이 아니더냐?
18 그러니 너희들이 구원을 받고 지옥으
로 갈은 육의 세상에서 모두가 결정
난다 하였거늘,
19 얼마 남지 않은 너희들의 시간이요,
그 생명의 종착역에 도착하는 시간을
알지도 못하는 너희들이 어찌하여 이
와 같이 험악한 삶을 산단 말이더냐?
20 이대로 살면 너희들이 지옥의 문턱을
넘는 것밖에는 남아 있지 아니함을 알
라.
21 하늘에 오르려는 것은 기억도 하지 말
며 생각도 하지 말며, 감히 그와 같은
은혜를 얻을 것이라 생각도 하지 말라.
22 오늘의 너희들이 살아가는 그 모든 삶
이 그러니라.
23 너희들이 나의 새로운 성경을 읽고 깨

우쳐 참진리요, 참사랑을 따라 살아가
는 그와 같은 삶으로 변화되지 아니한
다면, 아무것도 이루어질 수 없음이니
라.
24 지금 지옥의 문턱을 너희들이 넘을 시
간은 얼마 남지 않았으니, 그 시간을
아름다운 삶으로 변하지 못하고 사는
백성들, 너희들이 불쌍하고 가련하여
내가 새로운 성경을 세상에 내려보내
어 너희들에게 읽고 깨우치게 함이니,
이것이 바로 무엇이더냐?
25 나 여호와가 너희들을 사랑하는 증거
요, 이보다 더 큰 사랑을 내가 너희들
에게 내릴 수 없거늘,
26 어찌하여 너희들이 이를 보고 깨우치
지 아니하며, 사탄이요, 이단이요, 마
지막 시대에 거짓 선지자가 오는 그와
같은 것이라 그리 말하는가?
27 사랑하는 나의 아들딸들아!
28 너희들이 영원한 불행 속에서 헤어나
지 못하며, 지금 바로 그 문턱에서 서
있는 자들이니, 곧 넘을 길이 머지않
았으며 그 지옥의 문턱을 넘는 그 순
간에 너희들은 돌이킬 수 없는 그와
같은 자가 된다 내가 하지 아니하였느
냐?
29 그러니 언제 너희가 나에게 부름을 받
음으로 인하여 너희들이 지금 살아 있
는 그 모든 목숨이 그 종착역인 그때
가 너희들을 내가 부르는 순간이 됨이
니,
30 내가 언제 부를지 모르는 것이 너희들
이라 하였음이니라.
31 그러니 내가 너희들을 언제 부를지 모
르기 때문에, 너희들이 영원한 불행
속에서 헤어나지 못하는 그와 같은 문
턱에 지금 와 있다 함이 바로 그러니
라.
32 그러니 너희들이 오늘의 삶으로써는
절대 아니 됨이니라.
33 오늘의 이와 같은 삶으로써는 너희들
이 지금 넘어서는 안 되는 불행의 그
문턱에 서 있다는 걸 절대 잊지 말라.
34 너희는 언젠가 넘지 아니하면 아니 되
며 누구도 피할 수 없는 그 문턱에 서
있으니, 과연 너희들의 그 자세가 어
떠한 것인가를 돌이켜 보라.
35 너희들이 인간이요, 육의 세상의 삶에
서 그를 다스리고 닦아 내고 가꿔 나
가지 아니하면 아니 됨이니라.
36 너희들이 얼마 남지 않은 세상의 삶의
시간을 영원히 불행 속에서 헤어나지
못하며 허덕이는, 그리고 그 무섭고
두려운 대가를 치르는 너희들이 그 문
턱을 넘을 시간이 얼마 남지 않았다는
그 무서운 사실, 그 길을 위하여 너희
들이 과연 지금도 그리 갈 것인가,
37 그렇지 아니하면 지금이라도 너희들
이 그 모두에서 벗어나, 나로부터 은
혜를 받아 하늘에 오르는 영광을 얻을
수 있는, 내가 새로 내리는 새로운 성
경을 읽고 깨우쳐 바른 삶을 살겠는가?
38 너희들이 지금 지옥의 문턱에 서 있는
자임을 알라.
39 그러니 너희들이 시간이 없음이니라.
40 언제 너희들이 나에게 불려올지 모르
는 자들이니라.
41 그러니 지금이라도 너희들이 이를 읽
고 먼저 변하고 깨우치지 아니하면 아
니 되는 무서운 사실을 알라 그들에게

전하라.

11,022 번째 하나님 말씀

2004년 5월 11일 22시 55분

1 사랑하는 나의 아들아!
2 "네, 아버님! 말씀하옵소서."
3 방대한 종교 집단이요, 그 조직이요,
인간이 만든 그 짜인 교리 속에서 너
희들이 어떠한 종교의 믿음의 생활을
한다 하든,
4 그렇지 않으면 나의 아들을 통하여 내
리는 나의 새로운 성경, '하늘에 오르
는 길'이요, '하나님! 말씀하옵소서.'
이 책을 너희들이 가슴에 안고 정독하
여 하늘에 오르는 길을 볼 수 있는 백
성이라 하든,
5 그 모든 백성 너희들이 가장 중요하게
지키고 행해야 할 것이 무엇인 줄 알
겠느냐?
6 너희들은 사랑을 떠나서는 아무것도
역사할 수 없으며, 사랑을 뒷전으로
밀어붙이며 사랑을 던져 버리고는 아
무것도 이룰 수 없으며 역사할 수 없
다는 것을 그들에게 네가 심어 줘야
됨을 알라.
7 너희들이 사랑이 충만한 백성에게만
성령이 임할 수 있는 것이기 때문이니
라.
8 그러니 성령이 임하지 아니하는 백성
은 하늘의 지혜를 알 수 없으며,
9 하늘의 지혜를 알지 못하는 자, 내가
역사하는 것, 내가 바라고자 하는 것,
이루고자 하는 것을 아무것도 알지 못
함이니라.
10 그러니 너희들이 사랑이 충만한 백성
이어야만 성령이 임함이요, 사랑이 충
만하지 아니한 백성은 성령이 임하지
아니하고 지혜를 얻을 수 없으니,
11 너희들이 아무것도 이룰 수 없으며 보
지 못한다 내가 너희들에게 그리하지
않았느냐?
12 그러니 사랑을 행하지 못하는 백성 너
희들은 항상 무너질 수 있으며, 너희
들이 항상 나로부터 멀어질 수 있으
며, 나를 등질 수 있으며, 너희들이 사
탄에게 불려 가는 그와 같은 신세가
된다는 것을 절대 잊지 말라.
13 잠시도 너희들이 사랑을 지워서는 안
되며, 너희들이 사랑을 행하는 마음을
갖고 살지 아니하면 항상 무너지며,
언제 무너져 벼랑으로 떨어질지 모르
는 그와 같은 것이 나의 백성 너희들
이 살아가는 근본임을 알라.
14 이제 사랑하는 나의 아들딸들아!
15 내가 너희들에게 하늘에 오르는 길이
요, 너희들이 하늘의 지혜를 얻을 수
있는 그 모든 근본과 기본이 사랑이라
그리하였음이니라.
16 그러니 너희들이 이 근본이요, 기본인
그 사랑을 행하고 실천하는 건 무엇이
더냐?
17 너희들이 죽어 심판대에 서서 너희들
의 영혼이 심판을 받을 때, 그때는 너
희들이 사랑을 베풀고자 해도 지상에
서 말하는 단 1초요, 0.1초도 너희들
에게 그와 같은 기회가 주어지지 아니
함이니라.
18 그러니 지금 육이 존재하는 이 세상에
서 너희들이 모두를 행하며 역사하지

아니하면 아니 됨을 알아야 될 것이니
라.
19 육에서 행하는 자만이 하늘에 오르는
길을 볼 수 있으며, 반석 위에 서서 그
빛을 따라올 수 있는 영광을 얻게 됨
이니라.
20 지금 육에서 너희들이 사랑을 행하지
아니하며 사랑을 베풀지 아니하면 아
니 됨이니라.
21 사랑을 베푸는 그 모든 것이 그 근본
이요 기본이요, 사랑을 베푸는 자, 그
곳에 성령이 임하며,
22 성령이 임함이니 너희들이 하늘의 지
혜를 얻을 수 있어 모두를 보고 깨우
쳐 바른길을 올 수 있으며, 너희들이
구원의 길에 들어설 수 있는 백성으로
서 선택되며,
23 너희 스스로 변화되어, 그 어렵고 힘
든 길을 너희들이 말하지 아니하며 웃
고 즐거운 모습으로써 갈 수 있는 백
성이 되기 때문이니 그리 알라.

11,023 번째 하나님 말씀

2004년 5월 11일 22시 59분

1 사랑하는 나의 아들아!
2 "네, 아버님! 말씀하옵소서."
3 너희들이 인간의 머리요, 너희들의 상
식으로 판단해도 하늘의 이치를 들여
다볼 수 있으며 알 수 있을 것이니라.
4 내가 너희들에게 하나를 묻느니라.
5 너희들이 구약의 시대가 역사하였음
이니, 그 구약의 시대가 역사한 것이
무엇이더냐?
6 그는 바로 기초요, 시작이라 하였음이
니라.
7 그리고 내가 신약의 시대는 중간 시대
라 하였으니, 구약과 신약의 시대가
지난 다음에 심판의 시대가 온다는 것
은 너희들이 알 수 있으니,
8 그러니 인간의 지혜로써 너희들이 하
늘을 들여다본다 해도 심판의 시대는
반드시 와야 되며 온다는 것을 너희들
은 알 것이니라.
9 너희들이 구약의 시대가 심판의 시대
가 아니요, 신약의 시대가 또한 심판
의 시대가 아니요, 나의 아들 예수가
심판한다 하지 아니하였음이니,
10 너희들이 이 세상을 살아가면서 심판
의 시대는 반드시 온다는 것을 알 수
있으며 깨달을 수 있는 것이니라.
11 너희들이 하늘의 뜻을 보지 못하며 알
지 못한다 해도, 인간의 지혜를 가지
고도 너희들이 계산해 보고 노력한다
면, 하늘의 비밀이요, 하늘의 뜻을 너
희들이 조금은 깨달을 수 있지 않겠
느냐?
12 구약과 신약의 시대가 지남이니, 반드
시 제3의 시대요, 그 모두를 심판하는
시대가 온다는 것을 너희들은 알고
있어야 될 것이며, 너희들이 스스로
아는 자 수없이 있을 것이니라.
13 그리하여 두려워하며 공포에 젖은 자
들이, 잘못된 종교 집단 지도자들이
그저 명하는 대로, 주의 종이라는 자
들이 명하는 대로 따라가면 구원을
받을 것이라 하여,
14 너희들이 지옥의 표를 사는 것인지,
너희들이 지옥의 길로 지금 달려가는
것인지, 그 모두를 구분하지 못하고

거기에 매달려 맹종 맹신하니,
15 그 불쌍하고 가련한 백성들에게 내가
묻느니라.
16 너희들이 심판의 시대가 무엇이더냐,
그리고 심판의 시대는 온다 생각하느
냐, 심판의 시대가 없다 생각하느냐?
17 너희들은 들으라.
18 심판의 시대가 반드시 있음이니, 너희
들은 그 심판의 시대가 무엇인가를 알
아야 될 것이니라.
19 사랑하는 나의 아들딸들아, 심판의 시
대란 무엇이더냐?
20 나 여호와가 거둬들일 수 있는 그 열
매를 내가 이제는 고르고 그를 선택함
이니라.
21 내가 선택하는 열매요, 내가 원하는
대로 너희들이 열매를 맺은 자는 내가
그를 다스려 거둬들일 것이며, 그리고
그 나무는 내가 보존할 것이며,
22 다만 너희들이 내가 거둬들일 수 있는
열매를 맺지 못한 그 나무는 내가 모
두를 찍어 불 속에 던져 버리는 것이
바로 너희들이 심판의 시대라는 것을
알라, 사랑하는 나의 아들딸들아!
23 나 여호와가 지금 새로운 성경이요,
하늘에 오르는 길이요, 이를 기록하여
나의 아들을 통하여 그 제자들로 하여
금 세상을 다 덮을 수 있도록 그 역사
를 이루는 것이 무엇이더냐?
24 바로 새로운 성경이 마지막 시대요,
그러니 열매를 맺는 나무와, 잎과 가
지만 무성하며 열매를 맺지 못하는
그와 같은 나무를 내가 구분하여,
25 찍어 불 속에 태울 나무와 내가 보존
할 나무를 선별하는 것이 나의 바로
이 새로운 성경이요, 그 모든 기준이
여기 들어 있음을 너희들은 알아야 될
것이니라.
26 사랑하는 나의 아들딸들아!
27 너희가 지금 가는 믿음의 형태로는 너
희들이 불 속에 던져짐이 당연한 것이
며, 너희들 스스로 불 속에 가지 아니
하면 갈 길이 없는 것이 너희들의 삶
이라 잘 알 것이니라.
28 그러니 너희들이 생각해도 너희들이
심판하고 평가해 봐도, 너희들이 정녕
오늘의 믿음이요, 오늘의 형태로써는
나에게 오르는 길을 오지 못하며 불
속에 던져진다는 걸 스스로 잘 알고
있을 것이니라.
29 그러니 그 불쌍하고 가련한 백성들을
위하여 내가 160권이라는 책으로 엮
어 '하나님! 말씀하옵소서.', '하늘에
오르는 길'이라 하여 새로운 성경을
세상에 내려보내니,
30 너희들이 이를 보고 열매를 맺는 나무
로서 거듭나지 아니하면 아니 되며,
너희들이 열매를 얻는 나무로서 열매
를 맺는 그와 같은 수고로움이 없이는
아무것도 이루어질 수 없다는 것을 알
라 그리 전하라.

11,024 번째 하나님 말씀

2004년 5월 11일 23시 06분

1 사랑하는 나의 아들아!
2 "네, 아버님! 말씀하옵소서."
3 지금의 믿음의 길을 가는 그 백성들이
요, 그 종교 집단의 지도자, 모든 백
성, 너희들이 어찌 가고 있는가?

4 그 믿음이 과연 무엇이더냐?
5 지금 나의 백성 너희들은 지상에서 살
면서 무엇을 위하는가?
6 너희들이 죽어 천국에 오름이요, 천국
에 오르겠다는 것이 너희들의 모든 소
망이요, 그를 위하여 너희들이 살아가
는 것이 아니더냐?
7 너희들이 지상에 살다 죽어 천국의
나의 나라에 오고자 하는 것, 그 모두
를 위하여 너희들이 가는 것이 오늘
의 신앙이요, 믿음이 아니더냐?
8 그러니 너희들이 잘못 가고, 모르고
잘못 가르치며, 잘못 오고 있으며 잘
못 행하는 것이, 너희들이 얼마나 지
금 오류를 범하는 그와 같은 것인 줄
알겠느냐?
9 내가 나의 아들을 통하여 나의 새로운
성경에 기록하여 전함이니, 너희들이
지상에서 사는 삶은 죽어 천국에 오고
안 오는 그를 위해 신앙이요, 믿음의
길을 가는 것이 아님을 알라.
10 그것은 너희들의 권한 밖이며 너희들
이 역사할 수 없는 것임을 알라.
11 나의 사랑하는 백성들이요, 그리고 믿
음의 길을 가며 울고불고 가는 백성,
너희들이 천국이요, 나의 나라에 온다
는 그와 같은 것을 위하여 믿음의 길
을 가며, 거듭난다는 것을 위하여 믿
음의 길을 가는 그 믿음이 너희들의
그 고유의 권한이 아님을 알라.
12 너희들이 할 수 있는 것은, 나 여호와
가 너희들을 알찬 열매로서 거둬들이
느냐 버리느냐 하는 것,
13 그 자격 기준에 너희들이 최선을 다
하는 삶이요, 그를 위하여 너희들이
노력하는 그와 같은 삶이 지상의 삶
의 전부요, 너희들이 역사할 수 있는
한계라는 것을 알라.
14 너희들이 지상에 살면서 창조주 나
여호와가 거둬들일 수 있는 열매로서
너희들이 그 역할을 다하는 데 모두
를 다 바치며, 너희들의 삶의 모두를
다 바치며, 너희들이 모든 노력을 다
바치는 것이지,
15 내가 거둬들이는 열매로서 너희들이
합격품이냐, 불합격품이냐를 구분하
는 데, 너희들이 나로부터 선택받으며
나로부터 합격되는 그 열매가 되기 위
해서 최선의 노력을 다하며 피나는
노력을 하는 것이 너희들이 할 수 있
는 일이지,
16 너희들이 죽어 천국에 와 구원받고
못 받으며 거듭나고 못 나는 그를 위
하여 너희들이 믿음이요, 신앙의 길을
가는 것이 얼마나 잘못되었는가?, 내
뜻과 아무런 관계도 없는 길을 가고
있음이니라.
17 모든 믿음의 길을 가는 광신하는 신
도들이요, 그리고 지도자요, 종교 집
단, 그리고 나의 아들을 따르는 너희
들이 이를 깨우쳐야 될 것이니라.
18 너희들이 내가 거둬들이는 열매로서
합격품이냐 비품이냐 구분할 때, 합격
품이 되는 그 노력을 하는 것이지,
19 너희들이 구원을 받고 안 받고 천국에
오고 못 오는 것을 위해서 너희들이
믿음이요, 신앙의 길을 가는 것은 아
니니,
20 어리석은 백성들이요, 너희들이 관계
없는 짓을 하고 있으며, 관계도 없는

자들이 울고불고하고 있다는 것을 알
라.
21 너희들이 열매가 맺어지며, 열매가 맺
어짐으로써 너희들이 이 세상에 육이
존재하는 가치요, 의미가 거기 있으
며, 너희들의 육의 삶의 의미요, 가치
가 거기 있음을 알라 그리 전하라.
22 너희들이 육의 세상에서 내가 거둬들
일 수 있는 알찬 열매로서 거듭나느
냐, 그렇지 않으면 내가 버리는 열매
냐, 너희들이 그것으로써 삶의 모두를
다 바치고 오는 것이요,
23 너희들이 거듭남이요, 천국의 문제에
대해서 기도하고 경배하며 울고불고
너희들이 그를 위한 믿음으로 가지
말라.
24 그것이 바로 나 여호와의 고유의 권한
에 도전하는 것이며, 너희들 스스로
지금 해결할 문제가 아니며, 너희들과
는 아무런 관계도 없는 그와 같은 문
제를 가지고 너희들이 지금 거기에다
믿음을 맞추며 신앙을 맞추며 울고불
고 재물을 바치니,
25 너희들이 관계도 없으며 너희들이 관
계해도 안 되는 그와 같은 일, 그것을
너희들이 구원을 받고 못 받는 길이라
하여 가르치는 거짓된 사탄의 지도자
들에 의해 너희들이 모두가 얽매여,
26 너희 인생을 바치며 너희들의 삶을 바
치며, 죽어서는 너희들이 하늘에 오르
는 그 거듭나는 모두를 다 잃고 지금
간다는 것을 알라.
27 지금의 모든 믿음의 그 백성들, 너희
들이 죽어 천국에 가는 것, 그리고 너
희들이 이 세상에서 축복을 받는 것,
거기에 모두가 집중되어 지금 나를 울
고불고 찾으며 나의 아들 예수를 찾는
것이지, 너희들이 무슨 의미로써 나를
찾는단 말이더냐?
28 그러니 너희들이 모두가 계산된 것이
요, 계산된 너희들의 믿음이요, 신앙
으로 가니,
29 내가 불쌍하고 가련한 너희들을 깨우
쳐 주기 위하여 나의 아들을 통하여
새로운 성경에 모두를 기록하여 전함
이니,
30 너희들은 그저 열매로서 내가 거둬들
이느냐, 거둬들이지 않고 버리느냐,
그리고 내가 불 속에 던지느냐,
31 이와 같은 것에서 알찬 열매로서 거듭
나는 것까지만 너희들이 육의 세상에
서 할 수 있는 길이요, 너희들이 노력
할 수 있는 것이요, 인간인 너희들이
갈 수 있는 길이니라.
32 그러니 너희들이 그와 같은 길을 오늘
의 믿음이요, 신앙의 길을 다시 고쳐
바른 믿음과 바른 신앙생활로 가도록
그리하라.
33 너희들이 천국에 오는 것, 구원받는
것, 거듭나는 것은 너희들과 아무런
관계도 없으며, 누구도 좌지우지할 수
없으며, 오로지 나만이 할 수 있는 것
이니,
34 이와 같은 믿음이요, 이와 같은 길을
가는 어리석고 불쌍한 너희들을 보기
에 내가 너무나 한탄스러워, 나의 아
들을 통하여 새로운 성경에 모두 기록
하여 이리 전함이니,
35 이를 접하지 않는 자 너희들이 구원받
을 수 없음을 알라.

11,025 번째 하나님 말씀

2004년 5월 11일 23시 15분

1 사랑하는 나의 아들아!
2 "네, 아버님! 말씀하옵소서."
3 내가 너희들에게 다시 한 번 묻고자, 내가 너희들을 깨우치고자 너희들에게 전하고자 함이니라.
4 내가 무어라 하였느냐?
5 나의 아들을 따라 나의 법전을 만드는 백성 너희들이 온갖 고통과 시련 속에서 법전을 만들어 책으로 엮어 냄이니,
6 그를 가지고 너희들이 만백성을 구하기 위하여 세상에 하얀 눈이 내리듯이 모두를 다 덮는 그와 같은 역사를 한다 해도,
7 너희들이 나로부터 상을 받고 구원을 받는 것이 아니라 내가 너희들에게 일찍이 가르치고 전했음을 명심하고 또 명심하도록 그리하라.
8 너희들이 아무리 법전을 만드는 데 고통이요, 너희들이 전하는 데 고통이 따른다 해도,
9 너희들이 그것으로써 나로부터 은혜를 받으며, 그것으로써 나에게 오르며 천국에 와 거듭나는 그와 같은 백성이 될 수 없다 하지 않았더냐?
10 내가 너희들에게 일찍이 말하기를, 너희들 스스로 변화되는 삶이요, 천사와 같은 백성이 되는 것, 그리고 사랑을 베풀고 전하며 사는 것, 그것이 너희들이 나에게 오르는 길이요,
11 너희들이 어떠한 일을 역사했다 해도 나에게 구원을 받을 수 없다 내가 일찍이 나의 새로운 성경에 기록하여 전했거늘,
12 지금 믿음이요, 종교 집단이요, 그들이 하고 있는 짓이 어떤 것인가 내가 너희들에게 한번 전하고자 함이니라.
13 사랑하는 나의 아들아!
14 네가 보는 그들의 행위가 어떠하더냐?
15 내가 나 자신 모두를 태워 내려보내는 나의 성령이요, 마지막 시대에 만백성을 구하는 나의 새로운 성경을 만들고 전하는 것도, 너희들이 나에게 구원을 받고 못 받는 것, 천국의 문에 들어서고 못 들어서는 것과는 관계없다 하지 않았더냐?
16 오로지 천사와 같은 삶을 사는 백성만이 나에게 오를 수 있다 했던 이 뜻을 너는 아느냐?
17 "네, 아버님! 그 뜻을 저는 조금은 알고 있사옵나이다.
18 그러니 아버님의 그와 같은 말씀을 들으며, 이 세상의 모든 종교 집단 지도자들이 어찌 잘못 가는가 아버님께서 하명하시니,
19 법전을 읽는 백성들, 저의 제자들이 깨우칠 수 있는, 그리고 모든 백성들이 깨우칠 수 있는 그와 같은 것이 된다 하면,
20 저는 아버님의 말씀에 따라 제가 알고 있는 것, 제가 깨닫고 있는 것, 그들이 고쳐야 될 것을 몇 가지를 기록해 올리도록 그리하겠사옵나이다, 아버님!
21 모든 믿음의 길을 가는 그 백성들이 지금 교회를 짓는 것, 그리고 더 큰 교회를 짓는 것, 그리고 그저 물질을 갖다 바치는 것, 그것으로써 구원을 받아 저희들이 죽어 천국에 간다 생각하

는 어리석은 믿음을 믿고 있사옵나이
다.
22 교회에 봉사하며 저희들이 교회에 종
사하는 것, 그리하여 그것으로써 저희
들이 천국에 가는 길이요, 저희들이
구원을 받는다는 어리석은 믿음이요,
23 주의 종이라 하여 종교 집단의 지도
자에게 충성을 다하며 그들을 잘 받
드는 것,
24 그들이 잘못하는 것도 다 눈감아 주
며, 그들이 도둑질하며 간음하는 것까
지도, 인간이기 때문에 그렇다 하여
덮어 주는 자,
25 그와 같은 행위를 하는 것이 저희들이
바로 죽어 천국에 가는 것이라 생각하
는 어리석은 믿음이라 그리 생각되옵
나이다.
26 더욱이 저희들이 선교 사업이요, 복음
사업이라 하여 그와 같은 것을 잘 역
사하고 잘 전하는 것으로써 저희들이
죽어 천국에 간다 생각하는 어리석은
믿음에서 그들이 벗어나지 못하고 있
사옵나이다.
27 그러면서 그들은 십일조요, 각종 헌금
이요, 그를 많이 내는 것으로써 천국
에 간다 생각하며, 그 믿음을 믿고 있
사옵나이다.
28 더욱이 하늘나라에 상급을 많이 쌓아
놓는 것으로써 저희들이 죽어 천국에
간다 생각하니,
29 그리하여 하늘나라에 쌓는다 쌓는다
하여 저희들이 그리 거둬들이고 갈취
하는 그와 같은 사악한 자들,
30 이러한 모습이 다 천국에 가는 것이라
그들이 믿고 있사옵나이다.
31 그러나 제가 보는 그것은 아무것도 아
니며, 그들은 천국이 아니라 지옥으로
가는 길을 가는 것은 당연한 것이며,
32 부질없는 믿음이요, 다 거품 같은 그
믿음 속에서 사탄들의 꼬임에 의하여
사랑하는 아버님의 백성들이요, 저희
형제들이 하늘에 오르는 길을 버려두
고 지옥으로 간다 그리 생각하며, 그
것이 잘못됐다 그리 생각하옵나이다."
33 사랑하는 나의 아들아! 그러하니라.
34 이 무서운 사실을 그들에게 전해야 되
며, 그들에게 깨우쳐 주라.
35 내 성령을 태워서 마지막 나의 백성들
을 구하기 위해 내리는 나의 새로운
성경을 만들고 전하는 그 공으로써도
하늘에 오르고 못 오르는 것이 아니라
했거늘,
36 저희들의 손으로 지은, 내가 짓지 말
라 한 죄의 온상인 교회를 짓는 곳에
재물을 바친 것을 가지고 구원을 받는
다 하며, 저희들이 복음 사업이라 하
여 사탄의 소굴에 끌어들이는 것으로
써 저희들이 죽어 천국에 온다고 생각
하는 자들이니라.
37 더욱이 내가 무어라 말하였더냐?
38 예수가 살아가는 삶을 사는 것, 그와
같은 삶을 사는 것이 저희들이 그 모
두를 알 수 있으며 그 뜻을 아는 길이
라 하였거늘, 그들이 얼마나 제왕적인
생활을 하느냐?
39 그러면서도 저희들이 죽어 천국에 간
다고 생각하는 어리석은 자, 그와 같
이 주의 종을 모셔야 된다 하며 받들
어야 된다 하는 자, 그러면서 저희들
이 천국에 가며 죽어서 나에게 온다

울고불고하는 그 어리석은 백성들이
니,
40 그와 같은 행위를 하는 것이 얼마나
나를 욕되게 하는 것이며, 그것이 얼
마나 잘못된 길을 가고 있는 것이더냐?
41 그러니 그들을 너희들이 바로 깨우치
고 바로잡지 아니하면 아니 되는 것이
니라.
42 이러한 행위가 다 너희들이 천국이 아
니요, 지옥으로 가는 것이라 내가 말
하였으니, 바로 그들이 지옥으로 가는
자들이니라.
43 사랑과 봉사와 희생의 어렵고 힘든 그
역사를 하며 살아가며 천사와 같이 변
하는 길이 아니면 결코 너희들은 나에
게 오를 수 없다는 것을 그들에게 전
해 주라.
44 지금 그들이 하고 있는 그와 같은 짓
이, 나의 아들과 그 제자들이 새로운
성경을 만들어 만백성에게 전하는 그
역사보다 위대하고 귀중하다 생각하
는가?
45 저희들이 울고불고하는 그 모두를 내
가 너를 통하여 나열하여 전했으니,
46 그와 같은 것이 나의 새로운 성경을
만드는 것보다 더 위대하고 소중한 일
인가, 한번 그들에게 물어보도록 그리
하라, 사랑하는 나의 아들아!
47 지금의 종교 집단의 지도자들이요, 그
리고 맹종 맹신하는 자, 돈으로써 저
희들의 이름을 사고파는 그와 같은 불
쌍한 백성들,
48 그들이 모두가 다 나와는 관계없는 짓
들을 하고 있으며, 저희들이 지옥문
앞에서 울고불고하고 있는 것이 그들
의 모습이라는 걸 그들에게 전해 주도
록 그리하라.
49 나의 새로운 성경을 만드는 것으로써
도 너희들이 나에게 상을 받는 것이
아니라 했거늘,
50 교회를 짓는 것, 주의 종을 잘 받드는
것, 복음을 전한다고 하는 것, 그리고
십일조요, 헌금을 낸다는 것,
51 그리고 너희들이 하늘에 상급을 많이
쌓아 놓는다는 것,
52 그와 같은 부질없는 것을 가지고 너희
들이 하늘에 오를 수 있다 생각하는
그 어리석음에서 깨어나도록 그리하
라.

11,026 번째 하나님 말씀

2004년 5월 11일 23시 24분

1 사랑하는 나의 아들아!
2 "네, 아버님! 말씀하옵소서."
3 지금의 종교 집단의 지도자 너희들이
수천 년 동안 흘러오면서 나의 아들
예수의 그 귀하고 귀한 보혈을 팔아
축적했으며, 그리고 나의 백성들에게
갈취한 그와 같은 것이 오늘의 믿음의
그 현장이니라.
4 그리고 나 여호와의 이름을 팔아, 너
희들이 나에게 모두를 바치며 역사한
다 하여 나의 사랑하는 백성들로부터
갈취하고 도둑질하여 오늘의 너희들
이 이와 같이 역사를 이룬 것이 아니
더냐?
5 그러니 너희들이 오늘의 방대한 조직
이요, 그리고 너희들이 거느리고 있는
성도, 그 모두가 내 뜻을 거역했으며,

6 내 뜻에 의한 것이 아니라, 우리 부자
를 욕되게 팔아먹고 거짓된 짓을 한
것이 너희들임을 알아야 될 것이니라.
7 그러니 내가 너희들을 더 이상 관망하
지 아니하며 더 이상 두지 아니함이니
라.
8 그리하여 내가 너희들을 단죄하고자,
너희들을 다스리고자, 제3의 시대에
나의 새로운 성경을 세상에 내려보내
어, 내가 선별할 자와 버릴 자를 지금
구분하고 있음을 너희들은 알아야 될
것이니라.
9 너희들이 궁궐 같은 교회요, 성당이
요, 성막이요, 그 웅장한 수많은 교회
를 거느리고 있는 자, 성당을 거느리
고 있는 자, 성막을 거느리고 있는 너
희들의 집단이라 해도,
10 너희들의 그 교리와 그 교파가 조직적
으로 완벽하게 흘러가는 것 같으며,
차질이 없는 것이요, 너희들이 보기에
하나의 허점도 없는 것이요,
11 하늘의 뜻이요, 하늘의 진리를 가르치
는 것처럼 너희들이 그와 같이 완벽하
게 짜여 가는 모습인 것 같으나,
12 그것은 다 허점투성이요, 그건 말도
되지 않는 짓이요, 너희들이 하나를
놓고 따졌을 때 하나도 제대로 대답할
수 없는 그와 같은 인간의 생각이요,
인간의 교리를 가지고 지금 너희들이
역사한 것뿐임을 알아야 될 것이니라.
13 그저 사랑하는 나의 백성들이 구원이
라는 것에 눈이 어두우며, 저희들이
그 길이 아니면 구원이라는 것을 받을
수 없기에, 구분하지 못하며 분별하지
못하며 그저 사악한 그자들에게 끌려
가는 그와 같은 형국이요,
14 오늘에 그리하여 그 장삿속에 장사꾼
들의 수완으로써 오늘의 너희들이 이
룬 것이 성대한 교회요, 성막이요, 성
당이라는 것을 알라 그리 전하라.
15 그러니 과연 그곳에서 너희들이 구원
을 받을 수 있으며 나에게 오를 수 있
다 생각하는가?
16 너희들이 성령으로 임한 백성이요, 사
랑의 기본 아래 하늘의 지혜를 얻어
삶을 사는 백성도 너희들이 나에게 오
를 수 있는 그와 같은 길을 보는 것이
요,
17 그때서부터 너희들이 어찌 사느냐에
따라서, 어찌 행하느냐에 따라서 오고
못 온다 내가 그리 말하여 전하였거늘,
18 너희들이 지금 장삿속이요, 장사꾼들
속에서 과연 무슨 진리가 있으며, 어
찌 반석 위에 설 수 있으며, 하늘에 오
르는 길을 볼 수 있는 영광을 얻을 수
있다 생각하느냐?
19 너희들이 지금 가고 있는 것이 다 부
질없는 짓이요, 허황된 짓이니라.
20 그러니 너희들이 하고 있는 헌금이요,
그 모두는 다 사탄에게 힘만 실어 주
는 그와 같은 일을 하니, 너희 스스로
죄를 짊어지는 그와 같은 형국이 되었
으니,
21 너희들이 많이 바친 재물만큼 너희들
의 그 죄가 무거움이니, 너희들이 심
판대에 섰을 때 얼마나 분하고 억울하
고 통곡하며 한스러운가 그를 알게 될
것이니라.
22 그리고 너희들이 육의 세상에 아름다
운 자연을 느껴 보지도 못하며 그를

즐기지도 못하며 살아온 삶이 얼마나
어리석고 불쌍한 삶이며 가련한 삶이
었는가?
23 너희들이 이를 갈고 통곡해도, 너희들
을 가르치고 지도자라 한 자들은 보이
지도 아니하며, 그들은 너희들보다 더
고통스러운 속에서 헤매고 있으니, 그
형상을 보지도 못할 것이니라.
24 그러니 너희들은 들으라.
25 지금 화려한 외형이요, 방대한 조직을
가지고 자랑하는 어리석은 종교 집단
의 지도자, 그들이 이끄는 그 믿음이
다 부질없는 것이니,
26 너희들이 거기서 헤어나지 아니하면
나를 볼 수 없다 하였음이니라.
27 그러니 나 여호와가 너희들이 너무나
도 가련하고 측은하여, 지금 나의 아
들을 통하여 하늘의 뜻이요, 그리고
하늘의 계명을 지키라 하며,
28 160권의 법전이요, 새로운 성경이라
하여 세상에 내려보내 너희들이 변화
되며 깨닫게 하여, 너희들을 구원하
고자 함을 너희들은 알아야 될 것이니
라.
29 사랑하는 나의 아들딸들아!
30 나는 영근 열매요, 내가 찾고자 하는
아름다운 열매요, 그 좋은 결실의 열
매만을 거둬들이느니라.
31 그러니 지금의 종교 집단의 지도자
너희들이 무엇인 줄 아느냐?
32 나무에 비춰 말하면, 너희들이 잎과
가지가 무성하기만 하지 그 열매를
찾을 수 없는 그와 같은 나무들이니라.
33 그러니 내가 그 무성한 나무가 이 세
상을 더 지배하도록 놔두겠는가?
34 그 모두를 내가 베어 유황불에 던질
것이니,
35 지금 바로 160권의 법전이 세상에 나
가 세상을 비출 때, 그 빛에 의하여 너
희들이 잘못된 자, 썩은 자, 그리고 열
매를 맺지 못하는, 가지와 잎만 무성
한 그 모두를 다 내가 베어 유황불 속
에 던질 것이며, 이미 시작되었음을
너희들은 알라 그리 전하라.

11,027 번째 하나님 말씀

2004년 5월 12일 06시 40분

1 사랑하는 나의 아들아!
2 "네, 아버님! 말씀하옵소서."
3 너희들 인간 세상에 살아가면서 '손바
닥도 마주치지 아니하면 소리가 나지
아니한다.'는 말이 있느니라.
4 너는 물론이요, 너를 따르는 제자 너
희들이 남으로부터 시시비비를 받으
며 너희 이름이 오르내리는 것은, 그
리고 너희들이 언쟁을 하며 화합하지
못하는 것은, 그리고 나의 성전에 있
는 너를 따르는 제자 그 모두가 다 하
나가 되지 못하는 것은,
5 서로가 자신의 목소리를 내기 때문이
니라.
6 그러니 잘하고 잘못하는 것이 무엇이
있더냐?
7 지옥과 천국이라는 것도 좁쌀이라는
것, 백지 한 장의 두께만도 못한 것이
너희들이 지옥과 천국을 오가는 것이
라 내가 그리하지 아니하였더냐?
8 그러니 너희들이 손바닥이 마주쳐야
소리가 나듯이, 너희들이 그와 같은

것을 가지고 부닥치지 아니하면 결코 어떠한 것도 불화함이 생길 수는 없는 것이니라.
9 그러니 너희들이 잘하고 잘못하는 것이 없거늘, 서로가 잘잘못을 가지고 시시비비하고 부닥치다 보니 너희들이 하나가 될 수 없는 것이니,
10 이를 고치지 아니하면 아니 됨이니라.
11 지옥과 천국도 좁쌀 하나의 두께요, 종이 한 장의 두께밖에 안 된다 하였거늘,
12 너희들이 지금 서로가 잘못하고 잘한다 하여 시시비비한다면 그것은 무엇이더냐?
13 아무것도 아닌 걸 가지고, 너희들이 똑같은 자요, 하나도 다르지 않고 더 높고 낮은 자가 없는 것이 나의 아들을 따르는 제자 너희들이거늘,
14 너희들이 높고 낮은 것을 가리고 시시비비를 한다면, 너희들이 하나가 될 수 있겠는가?
15 결국 모두가 스스로 잘못하는 것이며 스스로 모두가 잘못 역사하기 때문이니라.
16 그러니 모두가 제 탓이라 생각하고 간다면, 정녕 너희들이 손바닥이 마주치는 일이 없으니, 소리가 날 일이 없느니라.
17 서로가 제가 옳다 하며 제 것을 주장하기 때문에, 너희들이 그와 같은 것을 시시비비하는 것은 잘하고 잘못하는 자가 없으며, 다 똑같은 자임을 알아야 될 것이니라.
18 이를 너의 제자들에게 깨우쳐, 너희들이 하나가 되는 길을 가도록 그리하며,
19 너희들이 시시비비하고 논하는 자체가 높고 낮음이 없는 것이며 다 똑같은 자인 것을,
20 어찌하여 똑같은 자들끼리 우열을 가리며, 제가 높은 자요, 남은 낮은 자요, 이와 같이 하는 너희들이 마음의 근성을 버리지 못하고 있음이니, 너희들이 남의 말을 할 수 있으며 시시비비를 할 수 있는 것이니,
21 이것부터 깨달아 너희들이 제가 낮은 자요, 모두는 제 탓이라 하여 누구와도 부딪히는 일이 없는 그와 같은 백성이야말로 내 뜻을 따르는 백성이요, 나의 새로운 성경을 가지고 강론을 듣는 백성이라 함을 알라 그리 전하라.

11,028 번째 하나님 말씀

2004년 5월 12일 06시 49분

1 사랑하는 나의 아들아!
2 **"네, 아버님! 말씀하옵소서."**
3 인간 세상에 너희들이 살아감이니, 자식이 부모에게 무엇을 얻고자 하여 달라고 울고불고한다면, 그 정 때문에 마음이 흔들리지 않는 육의 부모가 없으며, 또한 그를 거절하지 못하는 것이 너희들 인간의 부모라 하지 아니하였느냐?
4 그러기에 창조주 나 여호와 아버지요, 또한 이 세상에 갖지 아니한 것이 없으며 모두를 다 가지고 있는 그러한 아버지께 너희들이 울고불고 사정한다면, 창조주 나 여호와가 너희들에게 주지 아니하는 것이 없음이니,
5 너희들은 나에게 울고불고 그리 달라

구하고 기도하라 지금 가르치는 것이
종교 집단의 지도자 너희들이 아니더
냐?
6 더욱이 창조주 아버지께서는 눈물에
약하신 분이며 눈물이 많으신 분이요,
전지전능한 하나님으로서 안 가지고
계신 것이 없으니, 그리고 사랑의 하
나님이니,
7 너희들이 달라, 그리고 이루어 달라
울고불고 기도하며, 그리고 저희 손으
로 지은 교회에 와 기도하고 경배하
며, 재물을 바치며 더욱이 울고불고한
다면, 너희들에게 내려 주지 아니하는
것이 없다 너희들이 그리 말함이니,
8 그것이 너희들이 오늘의 믿음이요, 너
희들이 오늘의 가는 길이 아니더냐?
9 그러니 과연 너희들은 나에게 재물이
요, 무엇을 더 얻고 더 명예를 얻고자
울고불고하면서, 너희들이 재물이라
는 것을 나에게 바친다 하여 종교 집
단의 지도자에게 바치며, 너희들의 소
원을 비는 그와 같은 행위를 함이니,
10 그것이 과연 사랑의 아버지요, 눈물의
아버지인 나 여호와에게 진실로 무엇
인가를 이루어 달라 기도하는 그 자세
더냐?
11 그리 들어줄 수 없으며 그리할 수 없
는 것이 나 여호와니라.
12 하물며 그러한 나에게 너희들이 재물
이요, 물질을 갖다 바치고서 더 큰 것
을 달라, 더 역사하여 너희들이 부귀
영화를 누리며 남 앞에 군림할 수 있
는 것을 이루어 달라 기도하는 것이니,
13 그것이 첫째는 거래하고자 하는 자세
이니, 너희들의 순수한 믿음이요, 사
랑이 아니라 하였느니라.
14 그리고 너희들이 바침으로 인해서 더
큰 것을 얻고자 함이니, 그것이 너희
들의 욕심이요,
15 지금 가지고 있는 것으로써 축복이며
영광이라 생각하지 아니하고, 그저 더
달라고 하는 그와 같은 욕심에 찌든
백성이니라.
16 더욱이 너희들은 알아야 될 것이니라.
17 너희들은 말하지 않느냐, 나 여호와
창조주 아버지는 공의의 하나님이라
하니, 그 말뜻을 정녕 모른단 말이더
냐?
18 공의의 하나님이요, 창조주 나 여호와
가 과연 너희들이 울고불고한다 하여,
내가 없는 것이 없다 하여 너희들에게
그리 줄 수 있다 생각하는가?
19 어찌하여 너희들이 육의 세상에서 부
모가 너희들에게 주는 재물이요, 그
작은 것을 가지고 너희들이 구원을 받
고 못 받는 것에 견주어 말하는가?
20 나의 사랑하는 피조물 만백성에게 너
희 손으로 지은 죄의 온상인 교회라는
곳에 와 나를 찾고 예수의 이름을 부
르며 울고불고하며, 더욱이 광란의 짓
을 하면,
21 모두를 다 가지고 있는 창조주요 전지
전능한 아버지이니, 모든 걸 다 준다
너희들이 그리 말함이니, 그러면서 너
희들이 거둬들이고, 그와 같은 행위를
하며 또 바치는 것이 지금의 종교 집
단이니,
22 이게 너희들이 순수한 마음이며 순수
한 믿음에서 이루어지는 것이라 생각
하느냐?

23 그 속에는 내가 같이하지 아니하며,
나는 너희들의 그 소리를 듣지 아니한
다 함을 너희들은 알아야 될 것이니라.
24 너희 육의 부모가 재물을 주는 것을
어찌하여 너희들이 나에게 구원을 받
고 거듭나는 은혜를 입는 것에 견주
어 본단 말이더냐?
25 그러니 너희들이 그와 같은 마음으로
나의 사랑하는 백성들을 세뇌시켰으
며 그들을 지금 이끌어 왔기에,
26 그들이 바치면 더 받는다는 거래하는
장사의 심리를 그대로 지금 가지고
있으며,
27 그리고 너희들이 울고불고 그저 말로
매달리면 무엇이든 다 준다, 이루어
준다 그와 같은 착각을 하고 있음이
니,
28 오늘도 울고불고 너희들이 달라, 이루
어 달라 그와 같은 기도만을 함이니,
그 기도를 내가 듣지 아니한다는 그
뜻을 알겠느냐?
29 그리고 너희들이 나 여호와를 공의의
하나님이요, 정의로운 하나님이라 하
는 것, 이와 같이 말하는 의미를 잘 깨
우쳐 보라.
30 정녕 그 모두를 파괴하는 나 여호와
로 너희들이 또한 만들지 말라.
31 그러니 너희들이 나를 울렸다 웃겼다
하는 것이 아니더냐?
32 그리고 내 이름을 가지고 장사하면서
도, 그것이 장사인 줄 모르고 두려운
줄을 모르는 것이 너희들이니라.
33 공의의 하나님이라면서 너희들이 달
라 울고불고하는 자에게, 육의 부모가
자식에게 몇 푼 안 되는 재물을 내려
주는 것처럼, 그것이 너희들이 구원을
받는 길이요, 나에게 오를 수 있는 영
광의 길을, 거듭나는 것을 얻을 수 있
다 생각하는 너희들이니,
34 부모가 재물을 주는 것을 가지고 나로
부터 받는 은혜와 견주는 것이 너희들
이 얼마나 어리석은 백성인가?
35 너희들이 내 뜻을 모르는 자요, 하늘
의 이치를 모르는 자들이 지금 울부짖
는 소리를 내가 듣지 아니하며,
36 너희들이 나에게 왔을 때, '나는 너희
들을 모른다.'는 말의 그 대답의 뜻이
여기 있음을 알라 그리 전하라.

11,029 번째 하나님 말씀

2004년 5월 12일 06시 54분

1 사랑하는 나의 아들아!
2 "네, 아버님! 말씀하옵소서."
3 너희들이 말하느니라.
4 세월이 참 무상하며, 세월이 빠르며,
세월이 빨리도 흘러간다 너희들이 그
리 말하느니라.
5 그러나 이제 나의 아들을 따르는 제자
들이요, 나의 새로운 성경을 보고 깨
우친 백성, 그리고 강론을 듣는 선택
된 나의 아들을 따르는 제자, 너희들
은 이제 생각을 고쳐야 될 것이니라.
6 세월은 흐르는 것이 아니며, 세월은
가지 아니함이니라.
7 오늘에 떴던 태양은 내일 그 시간에
다시 너희들에게 뜸이니, 이 세월은
제자리를 돌고 돌고 있음을 너희들은
알라.
8 다만, 나의 사랑하는 백성 너희들이

세상에 태어나 죽어 종착역인 나에게
오는 그와 같은 것이니,
9 너희 자신이 흘러가는 것이요, 너희
자신이 변하는 것이지, 세월이 변함이
요, 세월이 흘러간다는 그와 같은 말
을 하지 말라 그리 전하라.
10 너희들이 세월이 가는 것을 원망하며
세월이 흘러가는 것을 탓할 것이니라.
11 그러나 너희들은 너희 자신이 흘러간
다 생각하라.
12 그리고 너희 자신이 그저 쉴새 없이
흘러가는 것이요, 네가 변화되는 것이
지,
13 세월이 변화됨은 없는 것이요, 세월은
제자리를 지키고 제자리를 돌고 돌아
그 자리에 서 있음을 알라.
14 그러니 너희들이 세월이 가는 것을 원
망하는 그 백성의 자세가 아니라, 네
가 흘러가는 네 인생이 흘러감이니,
15 네가 무상하게 흘러가는 네 인생을 그
저 함부로 쓰지 말며 함부로 흘려보내
지 않는 그와 같은 지혜를 얻도록 하
라.
16 쉬지 않고 가는 것은 세월이 아니요,
쉬지 않고 가는 것은 너희들이 늙어짐
이요, 너희들이 변해지는 것이며, 너
희들이 정해진 그 생활의 삶이요, 그
것이 너희들이 종착역에 도착하는 것
이니라.
17 정해진 자가 목적지를 향해서 갈 때,
너희들이 그 세월이 흐르는 것이요,
너희들의 인생이 흘러가는 것이지,
18 지구와 태양이요, 그 모두는 제자리를
지키고 지키고. 수천 년 수억 년 앞으
로도 계속 제자리를 지키고 있는 것이
니,
19 인생 너희들이 흘러가는 것이며 너희
들이 지나가는 것이라는 것을 잊지 말
라 그리 전하라.
20 그러니 여기서 나의 아들을 따르는 제
자 너희들은 들으라.
21 너희들이 과연 너 자신이 변해지며,
흘러가는 그 세월 속에서 너희들은 종
착역이 있음이니, 네가 흘러가는 세월
을 어찌 다스리고 살아갈 것인가?
22 과연 너희들은 세월은 빠르며 세월은
무상하다는 말만 듣고, 너희들이 죽어
가는 그 세월, 나에게 불려 오는 그 세
월 앞에 발만 구르고 있을 것인가, 아
니면 그 세월을 다스리는 백성이 되겠
는가?
23 내가 나의 아들을 따르는 제자 너희들
은 뭐라 말하였느냐?
24 시간에 너희들이 끌려가는 자가 아니
요, 시간을 다스리는 자가 되라 하지
아니하였더냐?
25 지구는 그대로 지키고 있으며, 이 세
상의 모두는 다 제자리를 지키고 있음
이니라.
26 그러니 너희들이 제자리에 있는 그것
을 보고 흘러가는 세월이라 그리 말하
지 말고,
27 흘러가는 너희들 자신을 어찌 다스리
며 어찌 너희들이 이루어야 되는 것인
가, 그것만을 생각하며, 그것을 위해
노력하는 현명한 백성이 되라 그리 말
하라.
28 이제 나의 아들을 따르는 제자들이요,
그리고 나의 새로운 성경을 읽고 깨우
친 백성, 너희들은 세월이 빠르며 세

월이 허망하며 세월이 무상하며, 빨리 도 가고 쉬지 않고 흘러간다는 말을 하지 말라.

29 네가 쉬지 않고 변하는 것이지, 세월은 그 자리를 지키고 있다는 것을 깨달으며,

30 흘러가는 너 자신을 어찌 다스리고 어찌 역사할 것인가,

31 너희들이 흘러가는 세월을 막고자 세워 놓고자 하는 그와 같은 마음을 갖지 말고, 흘러가는 그 세월 속에 있는 너희들이 어찌 변하고 어찌 가야 될 것인가,

32 그것의 깨달음을 얻도록 그리하도록 하라, 사랑하는 나의 아들아!

11,030 번째 하나님 말씀

2004년 5월 12일 06시 59분

1 사랑하는 나의 아들아!

2 "네, 아버님! 말씀하옵소서."

3 사랑이 무엇이며, 사랑이 얼마나 베풀기 쉽고 간단한 것이며 실천하기 쉬운 것인가를 너는 아는가 모르는가?

4 "네, 아버님!

5 아버님께서 말씀하시는 그 뜻이 정녕 무엇인가 제가 깊이는 알 수 없사오나,

6 사랑이라는 것이 얼마나 베풀기 쉬우며, 얼마나 위대한 것이며, 얼마나 소중한 것인가를 저는 깨닫고 있사옵나이다."

7 그러니 그 사랑의 실천함이 과연 무엇이더냐, 사랑하는 나의 아들아!

8 "네, 아버님! 그렇사옵나이다.

9 아버님께서 사랑은 베푸는 것이요, 제 소유물을 주는 것이며, 제 소유가 줄어드는 것이라 그리 말씀하셨사옵나이다.

10 아버님! 어떠한 백성이 만 원이라는 것이 간곡히 필요하며 그 만 원 때문에 지금 몸부림을 치고 있는 그 백성에게, 있는 자가 만 원이라는 지폐 한 장을 주는 것은 그리 어려운 일이 아니지 않사옵나이까?

11 그러니 그 몸부림치는 자에게 만 원이라는 지폐를 준다 하면, 그는 얼마나 뿌듯하고 행복함을 느낄 것인가, 이것이 바로 사랑을 실천하는 길이요, 이것이 사랑을 베푸는 것이요, 이것이 사랑으로써 만백성을 다스릴 수 있는 길이라, 저는 이제야 그를 깨달았사옵나이다."

12 사랑하는 나의 아들아!

13 "네, 아버님! 말씀하옵소서."

14 너희들이 길거리에 작은 물건을 놓고 파는 자에게, 내가 무어라 하였느냐?

15 그에게 그것을 깎지 말며, 그것을 너희들이 더 얻으려 하지 말며, 그리고 좋은 것을 고르려 하지 말라 하지 아니하였더냐?

16 정녕 그가 그것을 다 사고파는 장사를 이룬다 해도, 그가 남는 것이 무엇이며 그 이익이 얼마나 되겠느냐?

17 그러니 거기에서 너희들이 그와 같은 인정 없는 행위를 하지 말라, 그것은 나의 백성이 하는 짓이 아니라 하지 아니하였더냐?

18 그가 전부를 팔았을 때, 너희들이 말하는 만 원이라는 지폐 한 장이요, 2만 원이라는 그 지폐 두 장의 값어치

를 팔았을 때, 팔고 나면 그가 과연 얼
마나 남겠느냐?
19 그러나 그는 그 몇 푼 남지 않는 것을
가지고 한 자리에서 하루종일 기다릴
수도 있으며, 또 이틀, 사흘을 기다려
도 그를 소모시키지 못함이니,
20 그러니 너희들이 여유 있는 자 그저
한 1·2만 원을 그에게 그냥 줄 수도
있으며,
21 그 물건을 샀을 때 그 기쁨이요, 그 마
음이 흐뭇함이요, 그 행복은 과연 무
엇에게 비할 수 있느냐?
22 이것이 나의 아들을 따르는 제자들이
요, 나의 새로운 성경을 읽은 백성, 너
희들이 베푸는 길이요, 사랑을 실천하
는 길이요, 그 사랑을 행하는 것이니
라.
23 그러니 크고 방대한 것이 사랑을 행
하고 실천함이 아니니,
24 작고 큰 것을 너희들이 하여 그에게
기쁨을 주고, 그에게 뿌듯함을 주고,
그가 행복을 느낄 수 있는 그와 같은
삶을 산다면, 그것이 바로 무엇이더냐?
25 그러니 내가 무엇인가를 요구하는 자
에게 거절하지 말며, 거절하는 자가
잘못된 자라 그리 말함이 바로 그것
이니라.
26 너희들이 크고 큰 것을 거절하지 아니
하는 것이 사랑이 아니니라.
27 작은 것을 너희들이 베풀고 작은 것을
전하는 것이 사랑이니라.
28 너희들에게 구걸을 하며 그리고 한 끼
의 식사의 대접을 해 달라, 그리고 금
화와 은화요, 동전 몇 닢을 달라, 지폐
를 몇 장 달라 너희들에게 손을 내미
는 자에게,
29 너희들이 작은 성의를 보여 주었을
때, 그를 받는 자의 마음이 얼마나 뿌
듯하며 행복하며 기쁨이겠느냐?
30 그러니 그 기쁨이 바로 네가 얻는 것
이요, 그 행복이 네가 나로부터 상을
받는 것이니, 바로 그러한 것을 너희
들이 하늘에 쌓아 놓는 것이니라.
31 나 여호와가 그것을 너희들의 생명록
이요, 생명책에 기록해 놓느니라.
32 너희들이 무엇을 거래하고자, 구원을
받고자 나에게 울고불고하며 나에게
무엇인가를 바쳐 얻고자 하는 자, 나
는 그것은 모래알만도 못하며 쓰레기
만도 못한 것이라 했으니,
33 너희들이 나에게 오물을 뒤집어씌우
는 그와 같은 행위를 하는 것이라 하
였음이니라.
34 사랑하는 나의 아들딸들아!
35 그 의미를 알았다면, 이제 너희들은
그와 같은 눈으로 세상을 보며 그와
같은 마음으로 모든 인간관계를 이루
어 가도록 하면, 네가 행복하며 네가
기쁨이요, 나를 기쁘게 하는 것이요,
나를 행복하게 하는 것이요,
36 그리고 어렵고 약한 자요, 그 가난한
자에게 너희들이 뿌듯한 마음이요, 따
뜻함을 전하는 것이니라, 사랑하는 나
의 아들딸들아!

11,031 번째 하나님 말씀

2004년 5월 12일 07시 08분

1 사랑하는 나의 아들아!
2 "네, 아버님! 말씀하옵소서."

3 너희들이 인생을 살아가면서 계획서
요, 설계도를 작성함이니,
4 나 여호와가 보는 설계도와 계획서요,
내가 보지 않는 설계도와 계획서가 무
엇인 줄 알겠느냐?
5 사랑하는 나의 아들아, 너는 나 여호
와가 말하는 그 뜻이요, 그 의미를 알
고 있는가?
6 "네, 아버님!
7 아버님께서 깨우쳐 주시는 그 지혜요,
아버님께서 말씀하시고자 하는 그 뜻
을 제가 감히 알 수는 없사오나, 이러
한 것이라 생각하옵나이다.
8 아버님! 저희들이 살아가면서 남을
위해서 그 어떠한 일을 하겠다는 것,
남을 어찌하여 돕고 살아가겠다는 그
계획서와 설계도를 세우는 사람이 되
어야 하는 것이며,
9 그 사람은 아버님께서 그 설계도의 계
획을 보시면서 그를 기뻐하는 그와 같
은 것이요,
10 그렇지 않은 설계도는 아버님께서 보
시지 않는다는 것을 저는 깨닫고 있사
옵나이다.
11 저 자신이 부귀영화를 위해, 저 자신
을 위한 설계도요, 계획서를 만드는
것, 그는 결코 아버님께서 보지도 아
니하시며 관심도 없으며, 그와 같은
것을 그리는 자를 예쁘다 생각지 아
니하시는 것이라 저는 그리 생각되옵
나이다.
12 아버님께서 계획하고 아버님께서 사
랑하시는 백성은, 남을 위한 삶을 위
하여 그 설계도요, 계획서를 세우는
것,
13 아버님은 그것을 보시며 그것을 기뻐
하시며 그 가치를 높이 생각하시는 것
이라 저는 그리 생각되옵나이다.
14 그러나 아버님! 저희들 이 백성들이
얼마나 어리석고 잘못 살아가며, 아버
님께서 세상을 반대로 보고 반대로
살아가라 하신 그 뜻을 저는 이제야
깨닫고 있사옵나이다.
15 저희들이 아버님을 뵙고 거듭나는 그
와 같은 은혜와 영광을 얻을 수 있다
는 것은, 오늘에 존재하며 생명을 가
지고 이 우주 공간에 존재할 수 있도
록 해 주신 아버님의 은혜를 갚을 길
이 없음이니,
16 그 은혜를 보답하는 것은 지금의 종교
집단의 지도자들처럼 재물을 거둬들
이며 더 큰 교회를 지어서 아버님께
바친다 하여 재물을 거둬들이고 그와
같은 사악한 행위를 하는 것이 아니
며, 그는 감히 상상할 수도 없는 일이
라 생각되옵나이다.
17 그러나 모든 믿음의 길을 가는 백성들
이 거기에 모두를 다 바쳐 그리 가고
있사옵나이다.
18 아버님께서 기뻐하시는 것은 바로 남
을 위한 설계도요, 계획서이거늘,
19 인간 세상의 삶에 그 설계도를 어찌
작성하느냐 하는 것이, 그것이 아버님
을 뵐 수 있으며 아버님의 은혜에 보
답하는 길이며 아버님이 기뻐하심을
모든 백성들이 모르고 있사옵나이다.
20 이제 제가 그를 깨달았사옵나이다.
21 아버님이 하명하시니, 제가 알고 있는
것은 지금 바로 말씀드린 그것이라 생
각되옵나이다.

22 자기 자신을 위한 설계도요, 계획서
요, 제가 부귀영화를 누리며 저 자신
이요, 후세들이 이 세상에 살면서 남
에게 지배받지 아니하며 남에게 군림
하고 살아갈 수 있는 그와 같은 설계
도를 세우는 것,
23 그것이 바로 인간 세상에서 저희들이
거기에만 매진하며, 거기에만 눈이
어두워 그 설계도요, 계획서를 만드는
데만 모두가 정신이 없음이니,
24 이는 아버님께서 보시지도 아니하며
아버님과 관계도 없는 설계도요, 계획
서니, 이를 만들어 그리 살아가는 자,
아버님을 볼 수 없는 자요,
25 그러나 다만 저 자신이 살아 있는 것
이요, 존재하는 것이 아버님의 영광이
요, 축복 속에 얻은 것이라 생각하여,
26 그 은혜에 보답하고자 남을 위한 설
계도요, 남을 위한 계획서를 세우는
것, 그것이 아버님께 갈 수 있는 길이
거늘,
27 지금 그와 같은 설계도를 세우지 아니
하며, 더욱이 그 위에 달라, 이루어 달
라 몸부림치는 그와 같은 백성들이 살
아가는 것을 볼 때,
28 아버님의 마음이 얼마나 한탄스러우
며 탄식하실 것인가, 그리고 얼마나
고통스럽고 괴로우신가, 이걸 알지 못
하는 백성들을 바라보시는 아버님의
그 마음이 어떠하신가,
29 그 마음을 아버님께서 다스리며 그 아
버님의 뜻을 알게 하기 위하여 오늘의
이 부족한 저를 자식으로 명하여, 아
버님께서 지금 160권의 아버님의 성
령을 세상에 새로운 성경이요, '하늘
에 오르는 길'이라 내려보내시는 그
역사라 저는 그리 생각되옵나이다."
30 사랑하는 나의 아들아! 그러하니라.
31 너희들이 설계도를 세움이니, 너희들
이 두 개의 설계도를 그리고 계획서를
그리게 되었으니, 너희들이 저 자신을
위하는 것은 내가 보지 아니하며, 남
을 위한 계획서를 세우는 것은 내가
봄이니,
32 누가 제 계획서요, 제 인생의 설계도
를 세우지 아니하고, 남을 위한 설계
도요, 계획서를 세우는 백성이 이 세
상에 있느냐?
33 아무도 없느니라.
34 그러니 이제 나의 뜻을 들은 너를 따
르는 제자들은, 바로 남을 위한 설계
도를 그리고 설계도를 세우도록 그리
하라.
35 그것이 너희들이 나를 볼 수 있는 길
이요, 나에게 올 수 있는 것이요, 너희
들이 거듭나는 영광이니라.
36 내가 나의 아들을 통하여 하늘의 이
뜻을 내가 너희들에 전함이니,
37 이를 접하고 이를 깨달으면서도 너희
들이 이게 나의 성경이요, 내 뜻이요,
너희들이 구원을 받고 못 받는 그 기
본이요, 근본이라는 것을 알지 못하
며, 나의 아들을 너희들이 알지 못하
며,
38 사탄이요, 이단이라 하여 이를 찢어
버리고 태우려 하는 어리석은 백성에
게 전하라.
39 내가 지금 나의 아들에게 전한 너희들
의 인생의 설계도가 둘이 있음이니,
어떤 설계도를 그리는 것이 하늘에 오

르는 길이라 하였느냐?
40 그러니 그 설계도를 그리지 못하는
자, 나의 아들을 감히 사탄이요, 이단
이라 말하지 말며,
41 나의 새로운 성경을 이단이요, 사탄의
것이라 하여 찢어 버리고 태우는 너희
들이 용서받지 못할 일을 저지르지 말
며, 그대로 조용히 살아가면,
42 그저 지옥에 가서라도 너희들이 더 큰
죄는 받지 아니할 것이니 그리 전하라.

11,032 번째 하나님 말씀

2004년 5월 12일 16시 44분

1 사랑하는 나의 아들아!
2 "네, 아버님! 말씀하옵소서."
3 인간이 살아가되, 너희가 어떠한 설계
요, 어떠한 계획을 세워 살아가야 된
다 그리 말하였느냐?
4 "네, 아버님!
5 하늘에 오르는 백성이요, 아버님의 아
들딸로서 이 세상에 태어남을 은혜요,
축복이라 아는 백성이라면,
6 그 모두가 남을 위한 설계도요, 남을
위한 계획을 세우고 한평생을 살아가
는 것이 하늘에 오르는 길이라 그리
말씀하셨사옵나이다."
7 그러니 인간 세상에 저희들이 살아가
면서 인간 저 자신의 부귀영화를 위하
여 계획서를 세우며 설계를 한다면,
그는 결국 나에게 오를 수 없다 내가
그리 전했음이니, 너는 그 뜻을 알고
있지 않으냐?
8 바로 그것이니라.
9 내가 너에게 깨우쳐 주었듯이, 남을
위한 설계도요, 남을 위한 계획표를
작성하며, 자기를 위한 계획이요, 자
기를 위한 설계를 하지 말라 하였음이
니라.
10 그러니 지금의 백성들이 어떠하더냐?
11 저 자신을 위해서만 설계를 하며 계획
하는 백성이 지금 살아가고 있는가 하
면, 너희들이 그저 중간에 제자리를
지키며 살아가는 그 백성이 있고,
12 지금 남을 위해서 살아가며 남을 위
해서 설계하며 계획하는 백성이 세상
에 없음이니, 바로 내가 너희들에게
말하기를 하늘에 오른 백성이 없다
함이니라.
13 나의 아들을 따르는 백성 너희들, 또
한 나의 법전을 읽고 깨우쳤으나,
14 너희들이 지금까지 모든 계획을 세우
되 과연 남을 위한 계획이요, 남을 위
한 설계도를 그리고 설계하는 백성이
있었는가?
15 너희들은 그와 같은 자세로써 가야 됨
을 절대 잊지 말라.
16 그러니 남들이 너희들에게 말하기를,
남을 위한 설계요, 남을 위한 계획을
하여 남에게 다 주고 바친다면, 무엇
으로 남으며 무엇으로써 유지한단 말
이더냐,
17 그리하여 너희들이 바보요, 어리석은
백성이라 그리 말할 것이니라.
18 그러나 너희들은 들어야 될 것이니라.
19 너희들에게 있는 모두를 다 던지고 남
에게 바치는 그와 같은 것만이 남을
위한 설계도요, 남을 위한 계획표가
아니라는 것을 알라, 사랑하는 나의
아들아!

20 나의 아들아, 과연 나는 너에게 원하
는 것이 무엇이며, 내가 너에게 너의
제자들에게 전하고자 하는 마음이 무
엇인지 너는 알고 있느냐?
21 "네, 아버님! 아버님께서 지금 저에게
말씀을 내리셔서 전하고자 하시는 그
뜻을 저는 알고 있사옵나이다."
22 그것이 무엇이더냐?
23 "아버님! 그렇사옵나이다.
24 아버님께서 말씀하시기를, 길거리에
서 물건을 파는 자에게 그를 깎지 말
며, 그를 더 얻으려 하지 말라 하는 그
말씀을 주셨사옵나이다.
25 그와 같이 아버님께서 깎지도 말며
더 얻으려고도 하지 말라 하시는 그
말씀,
26 그와 같이 그를 파는 자에게 그를 돕
고 그의 마음을 편하게 해 주는 것, 그
작은 것이 바로 남을 위한 설계도요,
남을 위한 계획표라 그리 생각하옵나
이다, 아버님!"
27 그 야채를 팔며 과일을 파는 자, 노점
에서 그가 전부의 너희들이 말하는 금
화의 몇 닢 가치도 되지 않는 걸 가지
고 장사를 하는 자가 있다 하자.
28 그러니 그와 같은 장사꾼의 마음이 과
연 어떠하며, 그와 같은 자를 볼 때,
어찌하는 것이 내 마음이라 너는 생각
하는가?
29 "네, 아버님께서 전하고 아버님께서
말씀하고 싶어 하시는 것은 이와 같
은 뜻이옵나이다, 아버님!
30 그가 과일이요, 그 야채를 길거리에
놓고 어렵게 파는 자, 그 모두를 팔았
을 때, 저희들이 지금 쓰고 있는 지폐
요, 만 원짜리 석 장을 얻는다 하면,
31 그는 그것을 다 팔아야만 그걸 얻을
것이며, 그를 판다 해도 그 이익이 얼
마가 되겠사옵나이까?
32 그러니 이익이 얼마 되지 않는 그것
을 파는 자, 그리고 그것을 팔기 위해
서 비 오는 날이요, 궂은 날 누구도 사
주지 아니하고 그를 거둬 주지 아니하
면, 그 마음이 얼마나 괴롭고 답답하
며,
33 그는 그것을 팔아야만 또 다음날 그를
갖다 놓으며 그를 준비하여 그가 살아
갈 수 있는 그와 같은 생활이요, 그 꿈
을 이룰 수 있는 것이거늘,
34 그가 비가 오고 눈이 오는 날 그것을
팔지 못하고 있을 때, 그 아픈 마음이
어떠하겠사옵나이까?"
35 그러나 저희들이 지나가다 그걸 사지
아니하고, 그만큼 그에게 저희들이 쓰
고 있는 지폐요, 만 원이요, 2만 원이
요, 3만 원이라 하는 그 지폐, 만 원짜
리 석 장의 그 물건을 갖지 아니하고
3만 원을 그에게 주었을 때,
36 그는 얼마나 행복하며 그 마음이 얼
마나 뿌듯하겠사옵니까?
37 그는 아마 비가와도 걱정하지 아니할
것이며 눈이 와도 걱정하지 아니할 것
이옵니다.
38 그리고 그는 한 3일간 장사를 하지 아
니해도 걱정하지 아니할 것이옵니다.
39 그가 3만 원이라는 물건을 파는 것에
오히려 제가 3만 원을 번다면, 그는 3
일 동안, 5일 동안 아무것도 하지 아
니해도 될 것이라 그와 같은 마음을
기록하여 전하고자 하시며, 저의 제자

들에게 깨우쳐 주고자 하시는 것이 아
버님의 마음이 아니시옵나이까?
40 그가 3만 원이라는 것을 벌었을 때,
그는 3일이고 5일이고 그 돈에 아무
것도 하지 아니해도 된다는 그 뿌듯
한 마음, 그 흐뭇한 마음, 그것이 바로
아버님, 남을 위한 설계요, 남을 위하
는 계획을 세우는 것이 아니옵나이까?
41 아버님! 큰 것이 아니요, 작은 것, 아
주 미미한 것, 그와 같은 것을 남을 위
하여 설계하고 계획하라는 그 말씀을
전하시는 것이 아버님의 뜻이요, 그와
같은 마음으로 살아가라는 말씀이 아
니시옵나이까?
42 그런데 여기서 아버님께서 또 하나의
말씀을 더 전하고자 하시는 것이 있었
지 않사옵나이까?"
43 그러니라, 나의 아들아!
44 나의 마음을 네가 안다면, 내가 무엇
을 또 전하고 싶어 하느냐?
45 "네, 아버님! 그리 생각하시옵나이다.
46 추운 겨울에 지나가는 사람이 그 야채
장수에게 야채를 가져가지 아니하며
그 돈을 3만 원을 주었음이니,
47 그를 받은 자가 이것은 횡재요, 꿈이
라 생각하여 제가 챙기며 제가 살아
가는 그와 같은 마음을 갖는다면,
48 그는 깨달은 자가 아니요, 아버님의
뜻에 의해 역사하는 백성이 아니라는
그 말씀을 아버님은 전하고자 하지 않
사옵나이까?
49 이 부족한 저를 통하여 이를 기록하고
자 하시는 것이 아버님의 말씀이 아
니시옵나이까?
50 '내가 3만 원을 모르는 사람으로부터
이리 받았으니, 나도 남에게 더 줘야
되겠다, 내가 더 덤을 주겠다.' 하여
그가 장사를 할 때 그가 그와 같이 덤
을 주는 마음으로 장사해야 된다는 것,
51 그리고 '하나님께서 바라보고 계시니,
나에게 3만 원이요, 그와 같은 지폐를
준 사람이 있어서 그만큼 내가 이익
을 봤으니, 그만큼 남에게 더 얹어 주
겠다.' 하여 듬뿍듬뿍 얹어 주는 그 사
람의 마음,
52 비록 남들이 보기에 길거리에 가난한
장사꾼이요, 남들이 보기에 그보다 더
초라한 장사꾼이 없지만,
53 그는 누군가로부터 받은 그 은혜가 여
호와로부터 받은 은혜라 하여, 그가
그 은혜를 갚고자 듬뿍 얹어 준다 하
면, 모든 백성들이 그를 볼 때, 무어라
하겠사옵나이까?
54 그 앞에 그들이 모여들지 않겠사옵니
까, 그들이 모여들고 그들이 그를 따
를 것이며 그를 돕는 것이 아니겠사옵
나이까?
55 그와 같은 것을 아버님께서는 지금 보
여 주고자 하시며, 그와 같은 말을 묻
고자 하시는 것이 아버님의 뜻이 아니
옵나이까?
56 '내가 3만 원을 지나가는 의인에게 받
았으니, 이는 창조주 아버지께서 주신
은혜요, 아버지께서 이것을 어찌 쓰는
가 보고 계시다.' 그리 두렵게 생각하
여,
57 감히 제가 그를 가지고 착복하는 것이
아니라, 얻은 만큼 남에게 듬뿍듬뿍
더 얹어 주는 가난한 장사꾼의 그 거
친 손이요, 그 마음 자세로 저의 제자

들과 저희들이 가라 하시는 것이, 그
것을 기록하여 전하고자 하시는 것이
아버님의 뜻이 아니옵나이까?"
58 아들아! 그러하니라.
59 그리하면 그는 대성할 것이니라.
60 바로 나의 아들을 따르는 제자들이요,
법전을 읽고 깨우친 너희들이 그와 같
은 마음이요, 그와 같은 자세로 살아
가지 아니하면 아니 됨이니,
61 내가 너희들에게 이 모든 새로운 성경
은 너희들이 살과 뼈를 만들어 너희
것으로 만들라 하지 아니하였더냐?
62 그게 바로 너희들이 깨우침이요, 하늘
의 지혜를 얻는 것이니라.
63 반드시 그는 대성할 것이며, 그는 이
다음에 어려운 자를 돕는 데 앞장설
것이니라.
64 그러니 너희들이 그리 다스려 가며 그
와 같은 마음으로 세상을 살도록 그리
하라.
65 너희들이 나로부터 은혜요, 내가 내린
영광을 받은 자요, 너희들이 거듭나는
새로운 성경을 접한 자요, 그를 만드
는 자,
66 너희들이 야채 장수가 비 오는 날 팔
리지 않는 그것을 다 그 돈을 주고 물
건을 갖지 아니하고 주고 가는 그 신
사를 만난 장사꾼에 비하겠는가?
67 그보다 몇천 배, 몇억 배, 상상할 수
없는 나로부터 은혜를 받은 너희들이
니,
68 내가 바라보고 있다, 내가 쳐다보고
있다 하는 야채 장수의 그 마음처럼,
너희들이 그와 같이 순박하고 아름다
운 마음을 가지고 살아가지 못한다면,
69 어찌하여 너희들이 대명을 받은 자요,
나의 모든 백성을 구하는 전사요, 선
생으로서 세상에 나갈 수 있다 하겠느
냐?
70 내가 너희들을 사랑함이니, 너희들은
오늘의 내 가르침이요, 이 뜻을 받들
어 너희들 것으로 만들어,
71 세상사에 살아가는 이치요, 그 지혜를
얻도록 그리하라, 사랑하는 나의 아들
딸들아!

11,033 번째 하나님 말씀

2004년 5월 12일 16시 47분

1 사랑하는 나의 아들아!
2 "네, 아버님! 말씀하옵소서."
3 이제 알았느냐?
4 작은 계획과 작은 설계를 아름답게 세
워서 너희들이 살아가면 되느니라.
5 그게 남을 위한 설계도요, 남을 위한
계획표이니라.
6 그러니 작은 것부터 계획을 세워 너희
들이 그리하라.
7 너희 모두를 다 바쳐 너희가 무너지며
패가망신하는 그와 같은 설계도요, 그
와 같은 계획을 세워서 하라는 것이
아니니라.
8 그러니 '남들에게 퍼 주며 얻을 것이
없고 줄 것이 없는데, 너는 무엇으로
살며 무엇으로 가느냐?' 그와 같이 말
하는 백성들의 말에 귀 기울이지 말라.
9 너희들이 구원의 한 자리를 남에게 양
보하라 하였음이니, 구원을 받지 아니
하면 뭐하러 믿음의 길을 가며 나 여
호와를 찾느냐, 예수를 찾느냐 하는

그 백성들의 그 말 한마디가 얼마나
무서운 말이며, 얼마나 사악한 말이
며, 얼마나 너희들이 인간으로서 할
수 없는 악독한 말인 줄 알겠느냐?
10 너희들이 그와 같은 백성이 되어서는
절대 아니 됨이니라, 사랑하는 나의
아들딸들아!
11 그러니 너희들이 여유 있는 것, 그 작
은 것은 베풀어도 너희 생활에 지장이
없으며 너희들이 무너지지 아니하지
않더냐?
12 그러니 너희들이 무너지지 않는 그 작
은 것에서부터 사랑의 설계요, 그리고
남을 위한 계획을 세우며 살아가는 마
음을 실천하도록 그리하라.
13 너희들이 작은 것을 실천하면 더 큰
것을 할 수 있으며, 더 큰 것을 하면
모두를 다 할 수 있는 그와 같은 용기
가 있으니,
14 너희들이 그 위대한 설계요, 그와 같
은 계획을 세우며 또 베풀 수 있는 것
이니라.
15 사랑하는 나의 아들딸들아!
16 내가 너희들에게 말하는 것은 작은 것
으로 남을 위한 계획을 세우며 살아가
도록 그리하라.
17 그러면 너희들이 세울 계획이 무한정
있으며, 너희들이 설계도를 그릴 게
무한정 있음을 알라, 사랑하는 나의
아들딸들아!
18 내 뜻을 너희들은 알았을 것이며, 그
뜻을 알았다면, 그 아름다운 삶을 실
천하며 살아가도록 그리하라.

11,034 번째 하나님 말씀

2004년 5월 12일 16시 52분

1 사랑하는 나의 아들아!
2 **"네, 아버님! 말씀하옵소서."**
3 내가 너에게 말하기를, 알코올 중독자
에게 그 알코올을 끊으라 내가 명함이
니, 그가 그를 마시지 아니하고 끊었
을 때,
4 내가 그에게 상으로 그가 왜 끊어야
되며, 그가 어떠한 불행을 당할 것을
면제받은 것이라 내가 그에게 알려 주
며 그 상을 내린다 하지 아니하였더냐?
5 그러니 너희들은 그와 같이 내가 전한
것, 그것 하나를 가지고 너희들이 그
저 그런 것이라 그리 깨닫고 살아가면
아니 됨을 알라, 사랑하는 나의 아들
아!
6 나 여호와가 너희들이 그 모든 것을
고쳤을 때, 그리고 악습을 버렸을 때
내가 상을 준다 했음이니,
7 그 한 가지 방법으로써 너희들이 그리
살아가며 그러려니 그와 같은 것이라
생각하지 아니하고, 너희들이 하늘의
지혜를 얻는 백성으로 살아가라 하였
으며, 그 모두를 너희 깨우침의 발판
으로 삼으라 하였으니,
8 너희들이 그와 같은 생각을 가지고 가
면 아니 됨이니라.
9 그러니 너희들이 전진된 생각을 가지
고 살아야 될 것이며, 너희들의 생활
에 모두를 적용하는 그와 같은 삶을
살아야 될 것이니라.
10 사랑하는 나의 아들아!
11 **"네, 아버님! 말씀하옵소서."**

12 내가 너의 사랑하는 제자들이요, 그
백성들에게 전하고자 하는 것이 무슨
말인지 너는 알고 있는가?
13 "네, 아버님! 아버님께서 지금 전하고
자 하시는 것, 아버님께서 역사하고자
하시는 것, 그 뜻은 제가 완벽하게 알
수 없으나, 아버님은 이와 같은 것을
저희 백성들에게 전하고자 하시는 것
이오며, 아버님의 사랑을 보이고자 하
시옵나이다."
14 그것이 무엇이더냐, 사랑하는 나의 아
들아!
15 "네, 아버님! 그렇사옵나이다.
16 이 세상에 백성들이 어찌 살아가든 아
버님의 새로운 성경을 접한 백성이요,
그를 읽고 깨닫는 백성이요, 그 강론
을 듣고 깨닫는 백성들에게 아버님은
이 말씀을 하고자 하시는 것이 아니
옵나이까?
17 모든 저를 따르는 제자들이요, 아버님
의 강론을 듣고 법전을 읽는 그 백성
들에게 너희들이 선하고 착한 것을 미
리 공덕을 쌓고 또 쌓으라.
18 그리하여 너희들이 많은 착함이요, 아
름다움을 쌓고 쌓아야만 너희들이 어
렵고 고난을 당할 때, 그 시련에서 너
희들이 지금까지 쌓아 놓은 공에 의하
여 너희들의 그 어려운 시련의 대가
가 무너지는 것이며 용서받을 수 있는
것이라, 그 말씀을 전하고자 하신 것
이 아니옵나이까?
19 사람이 인간 세상에서 살면서 훈장을
받음이니, 그가 잘못했을 때 그 훈장
의 대가만큼 그 죄를 사해 주는 것처
럼, 아버님, 저희들에게 그를 가르쳐
주고 전하고자 하시는 것이 아니옵나
이까?
20 살아가면서 많은 공덕을 쌓으며 아름
다움을 쌓으며 선함을 쌓으며, 그리하
여 남들이 갈 수 없는 아름다운 삶을
살아 저희들이 그와 같은 걸 차곡차곡
쌓아 나갈 때,
21 저희 부모가 죽어 갈 때, 저희 부모가
다쳐 갈 때, 형제가 다치고 죽어 갈
때, 그리고 저희 자신이 무너질 때, 아
버님이 그 공덕이요, 쌓은 상에 의하
여 그 고통이요, 슬픔을 면해 줄 수 있
으며 면제받을 수 있다는 것을,
22 아버님께서 지금 깨달은 저의 제자들
이요, 아버님의 새로운 성경을 읽고
깨우친 백성들에게 상으로 내리시며,
그를 깨우치고 전하고자 하시는 것이
아버님의 뜻이 아니옵나이까?"
23 사랑하는 나의 아들아, 그러하니라.
24 너희들이 많은 공을 쌓으라.
25 그리고 아름답고 선하게 살도록 하는
그 의미가 무엇인 줄 알겠느냐?
26 너희들이 오늘의 삶을 아름답고 선하
며 내 뜻에 의해 살아가며 성령에 위
배되지 아니하는 그와 같은 너희들이
어렵고 힘든 삶을 살 때 너희들의 공
은 쌓이고 쌓임이니라.
27 그러니 그 공이 쌓이고 쌓였을 때 너
희들의 육에서 너희들이 죽기 전에 너
스스로 가장 가슴 아파하는 것을 면제
받을 수 있으며, 네가 가장 슬픈 것을
면제받을 수 있음을 알라 너는 그리
전하라.
28 누가 무어라 해도 이것은 나 여호와의
뜻이니라.

29 내가 어제 너희들에게 전하고 가르친 것이요, 그것보다도 오늘에 내가 나의 아들에게 깨우쳐 전하는 이 하늘의 진리가 곧 법이라는 것을 알도록 그리 전하라.
30 너희들이 오늘의 아름다움이요, 진정한 믿음이요, 나를 경배하는 마음이 거짓된 마음이 아니요, 거래하는 마음이 아니요, 진실한 믿음으로써 너희들이 내 뜻에 의해 살아갈 때,
31 그리고 새로 내린 나의 성경에 따라서 살아가고자 노력하여 너희들이 쌓고 쌓는 그 선행이요, 너희들의 그 공덕은 바로 네 앞에서 너의 자식이 죽어 가는 그 생명을 건질 수 있으며, 네가 죽어 감을 건질 수 있으며, 네 부모가 죽어 가는 것을 건질 수 있음이니라.
32 너희들이 그 공덕을 쌓은 만큼 너희들이 울며 고통스러운 것을 내가 면제해 줌이니, 이것이 나 여호와의 뜻이요, 내가 너희들에게 착하고 아름답게 살라 하는 뜻이니,
33 모든 종교 집단의 지도자들이 행함을 뒤로 하며 행함을 무시한다 해도 너희들은 그 말을 듣지 말며 행함이 중요하고 소중하다는 것, 사랑이요, 나눔이요, 베풂이 무엇이더냐?
34 너희 것을 손해 보며 너희들이 주는 것이며 그리하여 모두가 역사를 이룬다 하지 아니하였느냐?
35 그와 같이 선행을 쌓고 쌓는 데 모두를 다 바치라.
36 그러면 너희들의 고통과 슬픔이요, 너희들이 눈물을 흘려야 될 그 아픈 상처가 치유됨을 알라, 사랑하는 나의 아들딸들아!
37 이것이 하늘의 법도요, 이것을 하나 깨우치는 것도 너희들이 오늘의 경지에 오르며 너희들이 오늘의 가는 길이 아름다워 내가 너희들에게 가르쳐 주는 하늘의 법이요, 하늘에 내가 관리하는 것이요, 내가 지배하는 법이라는 것을 알라, 사랑하는 나의 아들딸들아!

11,035 번째 하나님 말씀

2004년 5월 12일 16시 57분

1 사랑하는 나의 아들아!
2 "네, 아버님! 말씀하옵소서."
3 너희들이 말하기를, 인간 세상에 육의 부모와 자식 사이에도 너희들이 울고 불고하면 그 부모가 너희들에게 양보하며 너희들에게 재물을 내리며 달라는 것을 내려 주는 것이 부모의 마음이라 그리하였느니라.
4 그리하여 나 여호와에게 너희들이 울고불고하면, 눈물의 하나님이요, 너희들이 흘리는 그 눈물에 따라 내가 가지고 있지 아니한 것이 없음이니, 내가 너희들에게 모두를 다 주는 하나님이라 너희들이 그리 말하며,
5 그리하여 나에게 울고불고 매달리고 달라 매달리라 너희들이 그리 가르치는 것이 수천 년 동안 흘러오는 믿음이요, 종교 지도자 너희들이니라.
6 나는 공의의 하나님이라 하는 것을 알겠느냐?
7 너희들은 그 뜻을 깊이 새기라 하였음이니라.

8 나 여호와는 창조주 공의의 하나님이
니라.
9 그러니 너희들이 어떠한 눈물을 흘리
든 어떠하든 간에 나는 그를 보지 아
니하며 내가 그를 모른다 하지 아니하
였더냐?
10 그러나 사랑하는 나의 아들아!
11 너희들이 나를 찾고 우는 그 눈물, 그
리고 내가 보지 않는 그 눈물이 있으
나, 나 여호와가 보는 눈물도 있으니,
12 내가 눈물도 가려서 모두를 보고 안
보며 내가 거둬들이고 거둬들이지 아
니한다는 것을 알라, 사랑하는 나의
아들딸들아!
13 나 여호와가 또한 바라보며 바라보지
않는 그 눈물이 무엇인 줄 알겠느냐?
14 너희들이 살아가면서 저 자신을 위한
계획과 설계도를 짜는 자, 그리고 저
자신의 육을 위하여 울고불고 기도하
는 자, 저 자신의 부귀영화를 위하여
무엇인가를 바라면서 너희들이 눈물
을 흘리고 눈물을 짜는 그와 같은 백
성,
15 나는 그와 같은 눈물을 바라보지 아니
하며, 그와 같은 것은 나와는 관계없
는 백성이라 함을 너는 알라, 그리고
너의 제자들에게 그리 전하라.
16 나 여호와는 너희들이 울고불고하는
그 눈물에서 좌우되는 공의의 하나님
이 아니니라.
17 그러기에 공의의 하나님이요, 너희들
이 말하는 공의의 아버지이니, 너희들
이 울고불고하는 그 눈물에 의하여
무조건 흔들리는 나 여호와가 아님이
니라.
18 그러니 내가 너희들이 그와 같이 울고
불고하는 그 눈물을 보지 아니하나,
내가 거둬들이는 눈물이 있으며 거둬
들이지 아니하는 눈물이 있다는 것을
이 나의 새로운 성경에 기록하여 만백
성에게 전하라.
19 저 자신을 위하여 흘리는 어떠한 눈물
도 나는 바라보지 않느니라.
20 그러나 남을 위한 설계도를 그리며,
남을 위한 계획을 하며, 남을 위한 아
름다운 삶을 살기 위하여 힘들고 어려
운 그 길을 가며 너희들이 지치고 지
쳐 눈물을 흘리는 자, 그와 같은 백성
은 나 여호와가 직접 그 눈물을 닦아
줌이니 그리 알라.
21 그리고 너희들이 흘리는 그 눈물이야
말로 얼마나 귀하고 소중한 것이더냐?
22 그러니 너희들이 흘리는 그 귀하고
소중한 눈물은 나 여호와가 직접 거둬
들임을 알라, 사랑하는 나의 아들딸들
아!
23 그러니 너희들은 내가 거둬들이는 눈
물을 흘릴 것인가, 그렇지 않으면 너
희들이 내가 쳐다보지도 아니하며 내
가 추하여 보기도 싫은 그와 같은 눈
물을 흘리는 백성이 될 것인가?
24 나에게 너희들이 소원하고 기도하는
그 눈물이 어떠한 눈물인가에 따라서
내가 거둬들이고 거둬들이지 아니함
이니라.
25 다만, 공의의 하나님이라 하여 내가
모두를 다 너희들이 울고불고하는 눈
물을 거둬들이지 아니하며 보지 않는
하나님이라 그리 생각하지 말라.
26 사랑하는 나의 아들을 따르는 제자들

아!
27 나 여호와가 보고 안 보는 눈물이 있
음이니, 이제 이 세상에 어떠한 백성
들이 어떠한 눈물을 흘리며, 어떠한
형국에 어떠한 행동을 하든,
28 사랑하는 나의 아들을 따르는 제자들
이요, 선택된 너희들은 나 여호와가
거둬들이며 내가 닦아 주는 그 눈물을
흘리도록 그리하라, 사랑하는 나의 아
들딸들아!

11,036 번째 하나님 말씀

2004년 5월 12일 17시 05분

1 사랑하는 나의 아들아!
2 "네, 아버님! 말씀하옵소서."
3 남을 위한 계획이요, 남을 위한 설계
요, 그리고 그 길을 위하여 어렵고 힘
든 길을 가다 너희들이 지치고 힘들
때 흘리는 눈물은 나 여호와가 닦아
주며,
4 그리고 그 눈물은 너무나 소중하고 귀
하기에 나 여호와가 하나도 흘림이 없
이 거둬들인다 하지 아니하였더냐?
5 이것이 너희들이 살아가는 길이요, 너
희들이 하늘에 오르는 길이니라.
6 그와 같은 삶을 살지 않는 백성 너희
들이 백날 나를 찾고 울고불고 기도하
며, 너희들이 목메어 콧물 눈물 흘리
며 울고불고한다 해도 나는 그를 듣지
아니함이니라.
7 그러니 이제 나의 아들을 따르는 제자
너희들은 들으라.
8 남을 위한 삶을 사는 것이 너희들이
요, 남을 위한 모든 계획을 세우는 것
이 너희들이라는 걸 잊지 말라.
9 그와 같이 아름다운 마음으로 사는 백
성이 나에게 오르는 백성이요, 또한
내가 너희들을 세상에 내려보낼 때,
그와 같은 마음으로 살라 하여 내려보
냈기에 너희들이 그와 같이 사는 것이
나 여호와의 뜻이거늘,
10 어찌하여 사랑하는 나의 백성 너희들
에게 모두를 내가 다 주었으며, 너희
들이 노력하여 거둬들이면 모두가 편
안히 살아갈 수 있으며, 너희들이 남
의 걸 탐내지 아니하며, 이웃을 넘보
지 아니하고 살 수 있는 그와 같은 모
두를 다 주었거늘,
11 스스로 노력하지 아니하고 게으른 자
가 되어 어찌하여 너희들의 심성이 이
렇게도 찌그러졌으며 이렇게도 무섭
게 무너졌는가?
12 과연 그 원인이 어디 있으며 누구의
탓이라 너희들은 말할 수 있겠느냐?
13 사랑하는 나의 아들딸들아!
14 이 세상의 모두는 너희들이 무어라 하
느냐?
15 나 여호와가 창조하지 아니한 것이 없
으며, 내 것이 아닌 것이 없다 하지 않
느냐?
16 그러니 너희들이 내 것을 더 많이 가
지고 있는 자는 무엇이더냐?
17 모두가 내 것을 너희들이 관리하는 백
성들이 아니더냐?
18 그러니 너희들의 심보요, 너희들의 마
음이 얼마나 찌그러지고 너희들이 추
한 모습인 줄 알겠느냐?
19 남보다 제가 조금 더 가졌다고 하는
자는 없고 가난한 자를 멸시하며 그를

인간 이하로 취급하는 그와 같은 행
위를 하는 것이 보통이요,
20 너희들이 조금의 권력이 있다 하면
그 권력으로써 너희들이 남을 멸시하
며 남을 무시하는 그와 같은 삶을 공
공연히 살아가는 것이 오늘의 너희들
의 형국이 아니더냐?
21 너희들이 남의 것을 관리하며 남의
권력이요, 명예를 가지고 있는 자들
이, 너희들보다 못한 자를 위로하고
격려하며 나누는 것이 아니라,
22 너희들이 그들을 멸시하며 그들을 우
습게 보는 그와 같은 마음을 가지고
사는 것이 나의 백성이요, 나의 아들
딸이라 그리함이니, 과연 너희들이 나
의 백성이라 말할 수 있느냐?
23 더욱이 너희들은 또한 어떠하더냐?
24 저보다 더 있으며 가지고 있는 자를
보면 또 없는 자는 배 아파하는 것이
너희들이요, 그리고 저보다 잘생기고
저보다 화려하게 사는 자, 그를 봐도
너희들이 배가 아파서 참지 못하는 자
요,
25 저보다 더 높은 자리요, 저보다 좋은
자리에 있는 자를 봐도 너희들이 또
배가 아파 뒹구는 자요,
26 남의 자식이 잘되면 같이 축하해 주는
것이 아니라 그도 또한 배 아파 뒹구
는 자니,
27 너희들의 심보가 그러하니, 그 심보를
가지고 그와 같은 마음을 가지고 사는
백성 너희들이 설 자리가 어디 있으
며, 너희들이 갈 자리가 어디 있으며,
너희들이 올 자리가 어디 있다 말하느
냐?
28 그와 같은 나의 피조물 만백성의 심성
을 누가 그리 만들었으며 그리 무섭게
훈련을 시켰느냐?
29 오늘의 모든 종교 집단의 지도자들이
수천 년 동안 흘러오면서 방대한 조직
이요, 그 방대한 역사가 바로 서지 아
니하였으며 바로 가르치지 못하였기
때문에, 그 모든 너희들의 그 출발점
이며 죄의 온상인 오늘의 종교 집단의
지도자 너희들이 잘못 살아왔기 때문
임을 알아야 될 것이니라.
30 너희들의 모든 백성들이 갈 곳이 없는
그와 같은 백성들이니라.
31 그러니 내가 너희들에게 말하느니라.
32 주인이 주는 대로 먹고사는 그 말 못
하는 짐승만도 못한 심보를 가진 것이
오늘의 나의 사랑하는 백성들이요, 지
혜를 높이 내린 너희들이라면,
33 그리고 나로부터 모든 은혜를 받아 동
물의 왕이라는 그와 같은 말을 하는
너희들이 과연 그 자격이 있다 말하
는가?
34 들여다보라, 너희들이 얼마나 잘못되
었는가.
35 너희들이 의롭게 사는 자를 보면 그를
비방하며 그의 흠집을 내기에 정신이
없으며,
36 베풀고 봉사하는 자를 보면, 그를 분
배함에 너희에게 더 큰 것을 주지 않
을 때, 그 받음을 감사하게 생각하는
것이 아니요,
37 그 이름을 욕되게 하며 그를 욕하며
그 반대쪽에 서서 그를 물고 늘어지
는 것이 너희들이 오늘의 인간의 심보
이니,

38 너희들이 앞에도, 뒤도, 좌우에도 너
희들을 갖다 놓고 봤을 때, 내가 너희
들을 천사와 같은 마음으로 세상에
내보낸 그 마음으로 사는 백성이 하
나도 없으며, 그와 같은 마음으로 살
아가는 백성들이 하나도 없음이니,
39 이보다 더 험악한 세상이요, 이보다
더 잘못된 백성들이 과연 어디 있느냐?
40 너희들 스스로 내가 나의 아들을 통하
여 새로운 성경에 기록하여 전하는
내용이 잘못되었다면 너희들이 나의
법전을 태우고 찢어 버려도 말하지 아
니할 것이니라.
41 오죽하면 너희들이 인간 세상에서 말
하기를, '사촌이 땅을 사면 제 배가 아
프다.' 함이니, 이게 얼마나 추하고 더
럽고 무서운 소리더냐?
42 이것이 오늘의 너희들의 모습이라 함
을 너희들은 잊지 말라.
43 그러니 사랑하는 나의 아들딸들아, 그
리고 나의 아들을 따르는 제자 너희들
은 들어야 될 것이니라.
44 힘 있는 자, 재물이 있는 자, 남들이
너희들 앞에 갈 때, 너희들보다 더 좋
은 자리에 있을 때, 더 좋은 것을 얻었
을 때,
45 너희들은 진심으로 축하해 주고 기쁨
을 같이하는 그와 같은 백성으로 살라.
46 그리고 너희들이 의롭게 사는 자를 보
고 배우며, 베풀고 봉사하는 자를 스
승으로 삼아 배우고 따라가는 그와 같
은 삶으로 산다면,
47 너희들이 더 이상 고통과 시련을 겪지
아니할 것이며, 더 이상 울고불고하지
아니하여도 너희들이 하늘에 오르는
길이요, 나 여호와를 볼 수 있는 것이
당연한 길이거늘,
48 그와 같이 보이는 길이요, 그와 같은
길을 가지 아니하고 너희들이 나의 뜻
과는 정반대의 길을 가며 나에게 오른
다 함이니, 이 안타까운 마음을 어찌
하겠느냐?
49 그러니 나의 아들을 따르는 제자 너희
들은 나의 새로운 성경을 만들어 만백
성에게 전하는 데 주저하지 말며, 두
려워하지 말며, 게을리하지 말라 그리
전하노라.

11,037 번째 하나님 말씀

2004년 5월 12일 17시 09분

1 사랑하는 나의 아들아!
2 "네, 아버님! 말씀하옵소서."
3 수천 년 동안 믿음이요, 그리고 신앙
의 길이요, 나에게 오르는 길이라 하
여 종교 지도자와 그를 믿고 따르는
자, 그들이 수없이 이 길을 달려오고
달려왔음이니라.
4 그러나 그 백성 너희들이 지금 어찌
살아왔는지 알겠느냐?
5 너희들은 들어야 하는 진정한 진리의
아름다운 말은 듣지를 아니하고, 쓸데
없는 것이요, 너희들이 지옥으로 가는
그와 같은 얘기만을 귀담아듣는 오늘
의 그와 같은 형국이 되어 버렸음이
니, 이를 어찌한단 말이더냐?
6 이제 지각이 있고 생각이 있는 백성
너희들은 내가 너희들을 구하기 위하
여 나의 아들을 통하여 160권의 새로
운 성경을 내려보내니, 정녕 너희들이

이를 한번 읽어 보도록 그리하라.
7 나의 아들 예수가 성경에 기록하여 전
할 때 무어라 했느냐?
8 '진실로 진실로 말하노니 이를 들으
라.' 나의 아들 예수가 그리 말했으니,
너희들이 얼마나 듣지 아니하였으며
얼마나 따르지 아니하며 얼마나 행하
지 아니하였으면,
9 나의 아들 예수가 오죽이나 가슴이 답
답하면, '진실로, 진실로, 진실로 내가
말하노니 들으라.' 그리 성경에 기록
하여 전했겠느냐?
10 오죽 너희들이 따르지 아니하면 진실
로 진실로 들으라 부르짖다 듣지 않으
니, 그가 목숨을 던져 너희들에게 듣
고 깨우치라 한 그와 같은 희생양이
되었단 말이더냐?
11 그러니 내가 나의 아들을 통하여 지금
160권의 새로운 성경을 세상에 내려
보내면서 너희들이 이를 읽으라, 이를
읽지 않으면 구원의 길을 볼 수 없으
며 하늘의 지혜를 얻을 수 없으며 성
령이 임할 수 없으니,
12 이를 읽고 깨우치고 깨우쳐, 너희들이
지금 타는 불 속에서 구원의 길을 보
도록 하며 가는 발길을 멈춰 돌아서라
내가 그리 말해도 너희들이 듣지 아니
하고 그를 따르지 아니하느니라.
13 사랑하는 나의 아들아!
14 어찌하여 너희들이 오늘까지 오면서
들어서는 안 되는 이야기는 귀담아들
으며, 너희들이 들어서 네 것으로 만
들 것은 듣지 않는 그와 같은 백성이
되었는가?
15 나 여호와가 다시 한 번 너희들에게
간곡히 '진실로 진실로 너희들은 들으
라.' 이 말을 함이니, 이게 마지막임을
너희들은 알라.
16 내가 너희들에게 말하니, 진실이요 진
실로 들으라, 너희들이 나의 새로운
성경을 읽지 아니하고 이를 보지 아
니하면 나에게 오를 수 없으며, 성령
이 임할 수 없으며, 하늘의 지혜를 얻
을 수 없음이니,
17 너희들이 결코 하늘에 오르는 길을 오
지 못한다는 이 무서운 사실을 너희들
이 바로 받아들이고 바로 깨우쳐 행하
도록 하라.
18 나의 새로운 성경이 세상에 내려보내
짐이니, 이를 너희들이 아니 읽고 이
를 보지 아니하고는 결코 나에게 올
수 없다는 그와 같은 것을 깨우치라.
19 이제 너희들이 쓸데없는 말을 들으며
들어서는 안 되는 말을 귀담아듣는
그와 같은 오늘 잘못된 귀를 다 씻어
버리고,
20 들어야 되며, 참진리의 목소리요, 하
늘에 오르는 길의 나 여호와의 음성을
들어 너희 것으로 만들어 구원의 길을
오도록 하라.
21 나의 아들 예수가 몸부림치며 '진실로
진실로' 말했듯이, 나 여호와가 나의
아들을 통하여 진실로 진심이니 이를
보라 내가 기록하여 전하느니,
22 나의 슬픈 마음을, 더 이상 나를 울리
지 말도록 그리하라.

11,038 번째 하나님 말씀

2004년 5월 12일 17시 30분

1 사랑하는 나의 아들아!
2 **"네, 아버님! 말씀하옵소서."**
3 너희들은 창조주 나 여호와가 내리는
새로운 성경을 기록하며 만백성을 구
하기 위하여 나의 새로운 성경을 만들
어 하얀 눈이 세상을 덮듯이 이 세상
을 덮으라 내가 하였음이니라.
4 그러니 그와 같은 삶을 사는 백성 너
희들이 그 삶의 자세요, 너희들의 행
함이 얼마나 고르고 발라야 되는지 알
겠느냐?
5 그리고 너희들이 게으름을 피워서는
절대 아니 되는 것이 너희들의 운명임
을 알아야 될 것이니라, 사랑하는 나
의 아들딸들아!
6 너희들이 살아가면서 남을 흉보며 남
을 시시비비하는 그와 같은 시간을 가
질 수 있는 것이 아님을 알라.
7 내가 나의 아들을 통하여 너희들에게
전함이니, 남의 말을 하는 자, 남의 흉
을 보는 자, 그리고 남의 일을 가지고
시시비비하는 자,
8 그와 같은 백성이 저 자신이 할 말이
없으며, 제가 남에게 전할 말이 없으
며, 제가 떳떳하게 살아오지 못한 자
요, 제 삶이 남에게 자랑할 만한 삶을
살지 못한 어리석은 백성이 바로 남의
욕이요, 남의 험담을 하느니라.
9 제 것을 내놓을 것이 없으며 제 것을
보일 것이 없음이니, 그가 할 수 있는
것은 무엇이더냐?
10 남을 물고 늘어지고 남을 훼방하며 남
을 욕하며 남의 흉을 보는 것이 그것
이 할 일이 아니더냐?
11 너희들은 너희 자신을 위하는 길을 너
희들이 선택된 백성으로서 한 점의 부
끄러움이 없는 그와 같은 삶을 살아가
면 되는 것이거늘,
12 어찌하여 너희들이 너희 자신의 위대
한 삶을 모르며 너희들이 나의 백성으
로서 세상에 나온 그 선택됨이 얼마나
위대한 것인가를 모르고, 그와 같은
부끄러운 삶을 살아간단 말이더냐?
13 내가 나의 아들을 통하여 너희들에게
전함이니, 나의 아들을 따르는 제자들
이요, 그리고 선택된 너희들은 그 몇
초의 게으름이요, 몇 초의 시간이 얼
마나 무섭고 두려운 것인가를 아느냐?
14 일반 백성들이 백 년의 세월을 허송
세월하는 것보다도 너희들이 몇 초의
시간을 허송세월하는 것이 더 무서움
을 알라.
15 나의 아들을 따르는 제자들이요, 나의
아들이 누구더냐?
16 나 여호와가 나의 아들을 세상에 내보
내니, 이는 내 유업을 받는 자요, 내
뜻을 받아 만백성을 구하는 그 역사를
이룸이니,
17 그 아들을 따르는 제자들이니, 너희들
의 몇 초의 시간은 일반 백성이 백 년
을 살다 버리는 시간보다도 더 무섭고
무서운 시간의 그 의미를 알라.
18 너희들의 일 초가 백 년을 사는 백성
들보다도 더 무서운 시간이니 너희들
이 아껴야 되며 게을러서는 아니 되며,
19 남을 시시비비하는 그와 같은 말로 시
간을 보내는 그와 같은 백성이 되어서

는 아니 됨이니,
20 그 무서움을 스스로 깨달아야 될 것이
니 그리 알라.

11,039 번째 하나님 말씀

2004년 5월 12일 17시 37분

1 사랑하는 나의 아들아!
2 "네, 아버님! 말씀하옵소서."
3 너희들이 끝까지 최선을 다하는 그와
같은 삶을 살며, 그리하여 최선을 다
하여 승자가 될 수 있도록 그와 같은
삶을 살라 하였음이니라.
4 뒤도 돌아보지 말며 좌우도 보지 말라
그리하였느니라.
5 내가 나의 아들을 통하여 너희들에게
무어라 했느냐?
6 일반 백성들이 한평생을 살아가는 그
백 년의 세월보다도 너희들이 몇 초
뒤돌아보는 그 순간이 너희들이 그보
다 더 귀중하고 소중한 시간을 낭비하
는 것이라 내가 그리 전했느니라.
7 그 뜻을 너희들은 알겠느냐?
8 너희들이 뒤돌아보며 좌우를 보는 그
저 그냥 보내는 몇 초의 시간, 그리고
너희들이 남의 흉이요, 험담을 하면서
제 것을 보일 것이 없는 어리석은 백
성이 하는 그와 같은 시간을 보낼 때,
9 너희들이 그 몇 초 때문에 나의 이 새
로운 성경이요, 새로운 법전이 세상에
나오는 것이 늦어진다면, 과연 너희들
은 나의 새로운 성경이 무엇이더냐?
10 만백성을 구하는 길이요, 만백성이 하
늘에 오르는 그 역사를 하는 것이요,
내가 마지막 시대에 모두를 역사하는
것이니,
11 너희들이 뒤를 보며 좌우를 보아 몇
초의 시간을 쓰고 게을리함으로 나의
법전이 늦어진다면,
12 이 지상에 얼마나 많은 백성들이 구원
의 은혜를 받지 못하며, 그들이 그때
를 놓치고 기회를 놓쳐 그리 가는지
너희들은 알겠느냐?
13 그래서 내가 너희들에게 그리하였음
이니라.
14 나의 아들을 따르는 제자 너희들이 그
몇 초의 시간이 허송세월하며 사는 백
성의 백 년의 삶보다 더 귀하고 소중
한 것이라는 것을, 이제 너희들이 그
의미를 알겠는가?
15 나의 아들을 따라 새로운 성경이요,
나의 뜻인 성령을 책으로 엮는 너희들
이야말로 어떠한 것이 너희들이며, 어
떠한 삶을 살아야 되는 것인가?
16 너희들이 단 1초도 허비해서는 안 되
며 너희들이 단 1초도 다른 데 시간을
써서도 아니 되는 것이 이것이거늘,
17 어찌하여 너희들이 그와 같이 함부로
게으름이요, 남들과 똑같은 그와 같은
삶을 살아가고자 한단 말이더냐?
18 너희들이 몇 초를 소비하여 책이 나
오지 못할 때, 그 책이 나오지 못함으
로 전하지 못하니, 그 몇 초 안에 나의
법전을 접하지 못하며 보지 못하며 그
은혜를 받지 못하고 가는 그 백성들이
얼마나 많은 숫자인 줄 알겠는가?
19 그러니 얼마나 많은 자를 죽이는 것
이 너희들의 게으름인 줄 알겠느냐?
20 그래서 내가 너희들에게 말함이니라.
21 나의 아들을 따르는 제자들이요, 새로

운 성경을 만드는 자요, 그리고 선택
된 자들, 그리고 나의 아들이 불러 쓰
는 자, 너희들의 그 몇 초, 몇 시간이
얼마나 위대한 것인 줄 알겠느냐?
22 너희들이 남의 허물을 보며 남의 흉을
보는 그와 같은 시간에 나의 기록된
성경의 내용을 깨우쳐 주고 그를 전함
이니,
23 그를 듣고 깨우치는 백성들이 있으며
구원을 받는 백성들이 있다면, 너희들
이 나의 백성들을 죽이는 일을 하고
있는 것이니, 그것이 죄이니,
24 과연 너희들이 쓸데없는 말이요, 너희
들이 아름답고 고운 음식을 먹으면서
너희들 입에서 흉보는 얘기, 그리고
자랑할 것 없는 저 자신을 덮기 위하
여 남의 욕된 이야기를 하는 그와 같
은 허송세월이요, 거기에 귀를 기울일
수 있겠느냐?
25 몇 초에 수많은 나의 백성들이 죽어
가는 것이니, 너희들이 살인은 안 하
나 살인하는 것과 같은 그 죄를 어찌
다 감내하려 하느냐?
26 너희들은 이 중요함을 알라.
27 그러니 이것이 지도자요, 나의 아들을
따르는 백성들이요, 내가 불러 쓰는
자요, 선택된 백성들이니라.
28 내가 너희들을 불렀음이니, 너희들은
선택된 것만이 영광이요, 축복이라 하
여 너희들이 안일한 생각이요, 편안한
마음으로 가지 말라.
29 내가 나의 아들을 통하여 너희들에게
전함이니, 너희들이 하루의 삶의 그
시간을 얼마만큼 나의 새로운 성경을
만들며, 아름다운 이야기를 하며, 아
름다운 모습으로써 살아가느냐?
30 그것이 너희들이 만백성을 살리고 죽
는 것이 나의 아들을 따르는 제자들이
요, 나로부터 선택된 백성이요, 나에
게 부름을 받은 백성이니라.
31 너희들은 내가 부름이요, 큰 은혜요,
은총을 입었으며, 구원의 길을 볼 수
있으며 하늘에 오르는 길을 알 수 있
으며, 새로운 성경이요, 심판의 기본
을 아는 은혜요, 축복을 받은 너희들
이 그냥 그와 같이 축복과 은혜를 받
을 수 있는 것이 무엇이더냐?
32 그러니 너희들이 그 은혜에 보답하는
길은 1초도 소비해서는 아니 되며,
33 너희들이 일 초도 아름다운 이야기가
아니요, 남을 흉보는 이야기요, 추한
말이 너희들 입에서 나오며,
34 행동이 바르지 못하며 비뚤어진 행동
을 하는 것이 너희들이 얼마나 많은
사람을 죽이는 것인가?
35 그 죄를 나에게 와서 받을 수 있다는
것을 알라.
36 그러니 너희들이 어떠한 마음으로 가
야 될 것인가, 네가 어떤 말을 하고 어
떤 행동으로 살아갈 것인가, 스스로
너희들이 깨우쳐 가도록 그리하라.
37 모두는 다 너희들의 손에 달렸으며,
하늘의 뜻이요, 하늘의 비밀을 내가
너희들에게 모두를 전하고 깨우쳐 줌
이니,
38 이는 나의 아들을 따라 너희들이 역사
하는 그 상을 내리는 것이니, 이것이
바로 너희들에게 상임을 알라.
39 그렇지 못하고 살아가는 허송세월하
는 그 백성과 너희들이 참진리요, 이

모두를 역사하여 가는 길, 그것이 얼
마나 너희들과 멀고 먼 거리요, 차이
가 있느냐?
40 더욱이 저희들이 구원을 받았다 울고
불고하는 자, 그리고 예수의 보혈로써
모두를 다 얻은 것처럼 하는 자, 말로
써는 세상 걸 다 주나 행동은 하지 아
니하며 허송세월하는 자,
41 부귀와 영화요, 가진 자가 더 갖기 위
하여 기도하고 울고불고하는 그 소모
되는 시간의 그 죄를 그들이 다 정녕
나에게 오를 수 있는 길이요, 축복받
을 수 있는 길이라 생각함이니, 너희
들은 꿈에서 깨라 그리 전하라.
42 사랑하는 나의 아들을 따르는 제자,
나의 법전을 만드는 너희들은 1초를
소비하며 1초를 너희들이 사람을 깨
우치는 아름다운 이야기를 하지 아니
하면 아니 되니, 잠자면서도 너희들이
선한 생각이요, 아름다운 생각만 하라.
43 추하고 더러운 생각을 하는 사이에 너
희들은 나의 피조물 만백성을 죽이는
자이니, 이것이 선택된 나의 백성이
요, 전사들이 가는 길이니,
44 너희들이 축복받는 것만 생각하지 말
며, 너희들이 죄를 받는 것이요, 너희
들이 얼마나 무서운 책임이 있는 것이
며,
45 그 책임을 다하지 못할 때 어떠한 체
벌을 받아야 되는지 그 무서움도 너희
들이 반대급부를 항상 생각하고 가라.
46 그것은 너희들 자유요, 고유의 권한이
니라.
47 다만, 나는 너희들을 사랑하기에 알려
줬으며, 나의 아들을 따라 새로운 성
경을 만드는 데 모두를 다 바치는 너
희들에게 내리는 상임이니라.
48 이제 나의 아들이 성령을 전하니, 그
제자 너희들이 어찌하여 지금도 잠에
서 깨어나지 못하며 방황하는가?
49 나의 아들은 160권의 새로운 성경을
받아 그를 내 세상에 내보내니, 그것
이 세상에 나올 때 너희들은 나의 새
로운 성경의 그 책자 160권을 너희들
이 그 앞에 보며, 그것을 내가 봄이니,
50 내 앞에 바치는 너희들이 그와 같은
마음과 각오로 가지 아니하면 아직도
너희들이 제정신을 차리지 못하는 자
요, 그와 같은 너희들이 받는 죄가 얼
마나 무서운 것인지 아느냐?
51 그것이 두렵고 무섭거든 나의 성전을
떠나라 그리 전하라.

11,040 번째 하나님 말씀

2004년 5월 12시 17시 42분

1 사랑하는 나의 아들아!
2 "네, 아버님! 말씀하옵소서."
3 행함이 얼마나 귀하고 소중한 것인지
아느냐?
4 너희들은 행함이 생명줄이요, 거듭나
는 것이요, 구원을 받는 것이니, 행함
을 절대 손에서 놓지 말도록 하라, 사
랑하는 나의 아들아!
5 너희들이 한 가족이 열 명이 있으니,
그들이 밥 한 그릇을 놓고 나눠 먹으
며 저희들이 그저 뜨겁든 차든 서로
많이 먹기에 혈안이 되어 있는 그 모
습을 보자.
6 너희들이 거기에 과연 어떠한 사람이

필요하겠느냐?
7 너희들이 정장하고 성경책을 들고 곱
게 단장한 자 와서 하는 말이 '하나님
을 믿으라, 예수님을 믿으라, 그러면
너희들이 구원받으며 천국에 간다.'
말하고 가는 자, 그와 같이 말하는 자,
그를 그들이 존경하겠는가?
8 말없이 그들에게 양식을 팔아 주는
자, 그리고 내일도 와서 팔아 주며 말
하기를, '내가 너희들이 일어설 때까
지 최선을 다하여 힘이 닿는 데까지
너희들을 돕고자 함이니,
9 희망을 갖고 열심히 일하며, 사회에
필요한 사람이 되며, 너희들도 어려운
백성을 도와주라.' 그리 말하면,
10 과연 그들이 누구 앞에 진심으로 고
개를 숙이며 예의를 갖추며 누구에게
감사한 마음을 갖겠느냐?
11 사랑하는 나의 아들딸들아! 후자의
길을 가는 것이 너희들이니라.
12 아무리 제가 많은 사람을 데리고, 너
희들이 소중하다는 성경책을 들고 아
무리 곱게 옷단장을 하며,
13 그 한 그릇을 놓고 뜨겁든 차든, 그저
입이 데든, 다치든, 혀가 찢어지든 서
로가 퍼먹기에 정신이 없으며,
14 너희들이 단거리 달리는 선수가 그저
앞만 보고 뛰듯이 하는 그와 같은 그
들 앞에 가서 '너희들이 하나님을 믿
으라, 예수님을 믿으라, 그리고 교회
에 나와라, 그러면 너희들에게 구원이
있을 것이며 축복이 있을 것이라, 아
멘, 할렐루야!' 하는 자와,
15 말없이 그저 몇만 원을 주며 그리고
양식을 팔아 주는 자, 그리고 '내일도
또 다음에도 떨어지면 내가 너희들에
게 와서 보살필 것이니, 너희들은 용
기 잃지 말며 힘차게 살아가라.' 그리
말하는 자 중에,
16 과연 그들이 누구에게 기도하며 누구
에게 감사하겠는가?
17 그들이 목사요, 종교 지도자가 말한
그 하나님을 찾겠는가,
18 말없이 양식을 팔아 주며 그들에게 희
망을 주는 자, 그리고 한 그릇을 놓고
저희들이 형제간에, 부모요 자식 간에
지지고 볶고 싸우는 그 싸움을 하지
아니하고 편하게 먹고 내일을 위해 살
아갈 수 있도록 베푸는 자, 그가 말하
는 그 하나님을 믿겠느냐?
19 이것이 너희들이 가야 할 길이고 너희
들이 역사할 길이며, 이것이 행함이니
라.
20 이 귀하고 소중한 행함을 뒷전으로
미루고, 너희들이 나의 아들 예수의
이름을 찾으며 나를 찾으며 경배하면
구원을 받는다는 그와 같은 행위, 그
것이 얼마나 가증한 것이며 그것이
얼마나 잘못된 것이며 만백성을 속이
는 것이더냐?
21 배고파 저희들이 지지고 볶는 그 가정
앞에 가서 아무리 예수님의 보혈이요,
구원받으며 그저 '주여, 주여!' 찾기만
하면 구원받는다 할 때, 그 가족이 과
연 누구를 찾겠느냐?
22 너희들은 그저 양식을 팔아 주는 자가
썩은 나무를 꽂아 놓고 이게 하나님
이니 여기에 절하라 해도 그 식구는
일렬로 서서 스스로 90도로 고개 숙
여 절을 할 것이니라.

23 나의 사랑하는 아들딸들, 그리고 나의
아들을 따르는 제자들, 그리고 나의
법전을 읽고 깨우친 만백성, 너희들은
나무를 놓고 하나님이라 절하라 해도,
그들이 스스로 나와 90도로 절을 하
며 하나님이라 찾는 그와 같은 너희들
의 모범이요, 그와 같은 행동을 함으
로써 모든 백성을 구하는 길을 가도록
그리하라.
24 그러니 네 몸이 가벼워지며, 네 재산
이 가벼워지며, 네 물건이 나가는 것
은 당연한 것이니, 그를 행하도록 하
라.

11,041 번째 하나님 말씀

2004년 5월 12일 20시 37분

1 사랑하는 나의 아들아!
2 "네, 아버님! 말씀하옵소서."
3 이 세상에 바른 선생이요, 똑바로 가
르치는 선생이 한 사람만 있었다 해도
오늘과 같은 험악한 세상이요, 오늘같
이 험악한 말세라는 말을 듣는 세상은
되지 아니하였을 것이니라.
4 너를 따르는 제자들의 그 마음에 네가
한번 물어보도록 하라.
5 그들이 바로 살고자, 바로 가고자 얼
마나 무서운 노력을 하며, 저희들이
바로 서지 못하는 마음이 얼마나 가슴
아파 그들이 괴로워하는가?
6 그와 같은 괴로운 마음이요, 반성과
회개의 마음을 가지고 살아도 바로 가
지 못하는 것이 너희들의 마음이니,
7 정녕 지금의 종교 집단의 지도자들이
바로 선 자가 없다면, 과연 너희들은
그 말을 어찌 생각하느냐?
8 그들은 절대 그렇지 않다 하여도, 나
여호와가 보는 그들은 바로 선 선생이
한 사람도 없었기 때문에 이와 같이
험악한 세상이 되었음을 알아야 될 것
이니라.
9 이제 너희들은 나 여호와가 너희들에
게 직접 내린 상이요, 은혜가 무엇인
줄 알겠느냐?
10 너희들의 눈을 뜨게 하였으며, 너희들
의 귀를 열어 주었음이니라.
11 지금까지 모든 종교 집단이요, 믿음의
길을 오는 자, 그 백성들이, 앞을 보지
못하는 사람이 앞을 보지 못하는 사람
을 인도하는 그와 같은 형국이라 하였
음이니,
12 캄캄한 암흑 속에서 헤매는 그와 같은
믿음의 길이 아니었더냐?
13 그런 너희들이 이제는 귀가 열렸으며
눈이 뜨였음이니라.
14 그리하여 나의 아들을 통하여 내가 내
리는 강론을 너희들은 들을 수 있으며
이해를 할 수 있으며 그를 받아들일
수 있는 것이 아니더냐?
15 그러니 너희들이 이 세상에 존재함이
니, 나의 기쁨이 이루 말할 수 없음이
니라.
16 그러나 다만 그와 같이 귀가 열리고
눈이 뜨인 나의 백성 너희들이 어떠한
삶을 살아 어떠한 형태로써 많은 백성
들을 인도하고 지도하고 깨우쳐 주느
냐, 이제는 너희들이 그와 같은 것만
이 남았음이니라.
17 너희들은 다 귀가 열렸으며 눈이 뜨인
백성들이니라.

18 그러니 눈이 뜨이고 귀가 열린 너희들
이 그 눈이 감겨 있으며 귀가 막힌 그
와 같은 백성들을 인도하고 이끌어 가
는 것은 당연한 것이 아니더냐?
19 사랑하는 나의 아들을 따르는 제자 너
희들은 들으라.
20 너희들이 무거운 짐을 들어다 줌이니,
그 짐을 들어다 준 너희들에게 그 짐
을 맡긴 사람이 무어라 말하느냐?
21 '무거운 짐을 들어다 줘서 고맙고 감
사하다.' 그리 인사하느니라.
22 그러니 너희들이 그들에게 무어라 말
하느냐?
23 '선생은 그리 말하지 마시오, 내가 선
생의 짐을 들어다 줄 수 있는 기회를
주신 선생이 나에게 은혜라' 그리 말
하면, 그들이 처음 듣는 그 말이라면
무슨 말인가 알아듣지 못하느니라.
24 그것이 오늘의 백성들이요, 너희들과
그 차이이니라.
25 그러니 그 말을 세 번, 네 번, 다섯 번
반복할 때, 그때야 그 사람은 그 말을
깨닫는 것이니, 그러니 그것이 귀가
열리지 아니한 백성이요, 눈이 뜨이지
아니한 백성이니라.
26 그러나 너희들은 나의 아들이 그와 같
이 강론하며 그 말을 할 때, 당장 알아
들으며 다음 것까지도 생각할 수 있으
며, 다음에 너희들이 해야 할 것이 무
엇인가를 깨닫는 것이니,
27 너희들이 그 경지가 그리 높이 올라와
있는 것이요, 너희들의 귀가 열리고
눈이 뜨인 것이 내가 너희들에게 내린
사랑이니,
28 나의 아들을 통하여 내리는 나의 새로
운 성경도 너희들이 읽으면서 그를
알며, 나의 아들을 통하여 내리는 강
론도 너희들이 들으면서 바로 소화시
키니, 그 백성들이 이 세상을 정화하
지 아니하면 아니 되느니라.
29 눈먼 앞을 보지 못하는 자가 앞을 보
지 못하는 사람을 인도하는 자요, 지
금 그와 같은 세상임을 너희들이 알
아야 될 것이니라.
30 모든 백성들이 아름다운 진리의 소리
는 듣지 못하며, 저희들을 지옥이요,
사탄의 백성으로 이끄는 사악한 자들
의 말은 귀를 기울이며 거기에는 그들
이 따라가니,
31 그쪽에는 귀가 열렸으나 하늘의 뜻에
는 귀가 닫혀 있는 그 백성을 너희들
이 인도하고 다스리지 아니하면 아니
됨이니, 그리 알라, 사랑하는 나의 아
들딸들아!

11,042 번째 하나님 말씀

2004년 5월 13일 07시 02분

1 사랑하는 나의 아들아!
2 "네, 아버님! 말씀하옵소서."
3 너희들이 나의 새로운 성경을 만들어
만백성을 구함이니,
4 너희들이 그 대업을 이루는 것을 즐겁
고 행복한 마음이요, 너희들이 오늘의
힘들고 어려움을 어렵고 힘들다 하지
말며, 나 여호와로부터 받은 은혜에
너희들이 보답하는 길이라 그와 같은
마음이요, 즐거운 마음으로써 너희들
이 모두를 행하도록 그리해야 될 것이
니라.

5 그렇지 아니하면 너희들이 이 길이 어
렵고 힘들며 먼 길이니라.
6 그러나 스스로 너희들이 행복하며 너
희들이 받은 은혜에 보답한다는 겸손
한 마음으로써 나의 새로운 성경을 만
들어 만백성을 구하는 그 어렵고 힘든
길을 간다면, 그 대업을 너희들이 이
룰 수 있음이니라.
7 그렇지 아니하고 가면 너희들은 이 길
을 갈 수 없으며 이 길을 역사할 수 없
음이니라.
8 내가 나의 새로운 성경에 기록하여 전
하기를, 이를 읽지 아니하고 이를 접
하지 아니하고 깨닫지 않는 백성, 너
희들은 결코 나에게 오를 수 없다는
그 말을 내가 수없이 기록하였음이니,
9 너희들은 내가 그 말을 전하고 또 전
하는 그 의미를 알겠는가?
10 너희들이 혹시라도 그저 듣고 지나 잊
어버리며 지워 버리고 살까 하여 내가
너희들이 그리 듣고 또 보라 그리 전
하는 것이니, 이를 명심해야 될 것이
니라.
11 오죽하면 내가 나의 성경이요, 내 새
로운 성경에 진실로 내가 말하는 것이
며, 진실로 너희들을 위하는 길이란
말을 그리 기록하여 전하겠느냐?
12 너희들이 보지 아니하고 듣지 아니하
는 그 가련한 백성 그들 때문에 그러
하니라.
13 너희들은 이 세상에 모두가 존재하는
것은 나 여호와의 뜻이라 그리하며,
이 위대한 새로운 성경은 너희들의 구
원의 기본이요 근본이 되며, 너희들이
나에게 오르고 못 오르는 것, 그리고
그리 갈구하는 구원을 받고 못 받는
그 모두가 다 여기에 들어 있거늘,
14 어찌하여 너희들이 이를 소중히 생각
하지 아니하며 귀히 생각하지 아니하
고 그저 너희들이 지나가는 그와 같은
삶을 사는가?
15 그 어리석고 불쌍하고 가련한 백성들
을 위하여, 너희들이 이를 보지 아니
하고 듣지 아니하면 나에게 오를 수
없으며 그 구원을 받을 수 없다 함을
내가 수없이 기록하니,
16 이를 명심하고 또 명심하여 너희들이
깨닫도록 그리 전하라, 사랑하는 나의
아들아!
17 절대 이 길이 아니면 너희들이 나에게
오를 수 없으며,
18 그러니 하나밖에 없는 그 정도의 길을
오고 그 길에 들어선 너희들이 이를
만들어 만백성에게 전하며 그들을 구
하는 것은 당연한 것이 아니더냐?
19 너희들이 시간을 잘못 쓰며 게으름을
피워 나의 새로운 성경이 세상에 나오
지 못할 때, 너희들은 많은 백성들을
죽이는 그와 같은 역사를 하며, 너희
들이 그와 같은 살인하는 죄와 같다
하지 않더냐?
20 나로부터 너희들이 받은 은혜가 큰 만
큼, 너희들이 그를 사용하지 아니하며
그를 바로 쓰지 아니하며, 노력하지
아니할 때,
21 너희들은 그 반대의 그 죄의 대가를
치러야 한다는 엄연한 사실을 내가 나
의 새로운 성경에 기록하여 너희들에
게 전했으니,
22 너희들이 이를 깨달아 너희 것으로 이

루고 안 이루는 것은 너희들에게 달린
것을 알라.

11,043 번째 하나님 말씀

2004년 5월 13일 17시 30분

1 사랑하는 나의 아들아!
2 "네, 아버님! 말씀하옵소서."
3 지금의 믿음의 길을 오는 그 백성들
이요, 그 종교 집단의 지도자, 그들은
저희들의 손으로 지은 죄의 온상인 교
회에 나옴으로써 모든 죄를 용서받는
다 하며,
4 또한 그곳에 나가 재물을 바치는 그
신도라는 백성 그들이 다 그 모두를
용서받는 것이라 그리 착각하고 삶이
니,
5 내가 너희들에게 물어보고자 하느니
라.
6 나의 십계명에 기록되어 너희들에게
'나 여호와의 이름을 망령되게 일컫지
말라.' 하였음이니,
7 과연 너희들이 아버지라 부르며 창조
주라 부르는 나 여호와의 이름에 망
령된 짓을 하지 아니하며 욕된 행위
를 하지 아니하고 있는가?
8 너희들이 한번 돌이켜 보도록 하라.
9 너희들이 하는 행위요, 너희들이 살아
가는 그 모두가 너희들이 자식으로서
부모를 욕되게 하며, 너희들의 부모를
얼마나 부끄럽게 하는 행위를 하고
있는가?
10 너희들이 한번 너 자신을 봐도 너희
스스로 깨달을 것이니라.
11 너희들이 살아가는 생활 속에서 얼마
만큼 하늘을 향하여 부끄러운 행위를
하고 있으며, 너희 스스로 남들이 보
는 듯 안 보는 듯 하는 속에서 나를 속
이며 모든 백성을 속이며, 하늘을 속
이는 그와 같은 행위를 과연 하지 아
니하고 살아가는가?
12 그러니 너희들이 나 여호와의 이름을
망령되게 일컫는 그와 같은 행위를 얼
마나 하고 있는가?
13 그 자체가 너희들이 바로 무엇이더냐?
14 나 여호와에게 죄를 짓는 행위를 하
는 것이요, 너희들이 하늘의 뜻을 거
역하고 사는 자들이 아니더냐?
15 그와 같은 삶을 사는 자들이 어찌하여
너희들이 하늘에 오를 수 있는 백성이
요, 그리고 나에게 오를 수 있는 백성
이요, 죄가 없는 백성이라 그리 말하
는가?
16 그러니 내가 나의 십계명에 기록되어
있는 '네 아버지 여호와의 이름을 망
령되이 일컫지 말라.' 이를 너희들이
행하고 자신 있게 살아가는 백성이 있
는가 보라.
17 그렇지 아니하면 너희들이 그와 같은
것을 행하지 아니하고 살지 못할 때,
너희들은 그 대가를 치르는 것이 아
니라면,
18 어찌하여 나 여호와가 너희들에게 '나
여호와 아버지의 이름을 망령되이 일
컫지 말라.' 그와 같은 행위를 하지 말
라 기록하여 전했겠느냐?
19 그러니 그 뜻이 또한 정녕 중요하거
늘, 너희들이 그를 거역하지 아니하며
망령된 행위를 하지 아니하며 욕된 행
위를 하지 아니하고 살고 있는가?

20 너희들 자신이 그렇다는 백성은 없을
것이니라.
21 그러니 너희들이 오늘의 죄 속에서 사
는 자들이요, 너희들이 죄 속에서 사
는 자가 어찌하여 구원을 받으며 나에
게 올라올 수 있는 백성이요, 올라오
는 영광을 받았다 너희들이 그리 말하
는가?
22 그것이 다 너희들이 어리석은 삶이요,
잘못된 너희들의 삶이라는 것을 알아
야 될 것이니라.
23 나의 아들 예수가 너희들의 모든 죄
를 다 짊어지고 너희들의 죄 모두를
다 용서해 주었으며, 그 누구도 용서
할 수 없는 것을 나의 아들 예수로써
너희들에게 죄를 용서받게 하였으며,
24 그리고 그 누구도 할 수 없는 것을 창
조주 아버지기 때문에 그 아들을 보내
어, 그 아들이 죽음으로써 너희들의
죄를 영원토록 면제해 주었다 하며
축복받았다 너희들이 그리하나니,
25 그리 간단한 방법으로써 너희들이 지
고 있는 그 죄요, 그리고 너희 후손들
이 또 짊어지는 그 모든 죄요, 그 모두
를 너희들이 어찌 나로부터 용서받을
수 있다 하느냐?
26 내가 나의 아들을 통하여 너희들이 하
늘에 오르는 선한 행위요, 너희들이
사악한 짓을 하고 사탄의 짓을 하는
것은 종이 한 장 차이요, 너희들이 말
하는 좁쌀 높이의 크기만도 못한 차이
라 하였음이니라.
27 그러나 너희들이 하늘에 오르는 길을
사는 자는 천사와 같은 자요, 내 뜻을
거역하는 자는 지옥으로 가는 사탄의
자식이니, 사탄의 자식은 나와 관계없
다 하였음이니, 어찌하여 내가 너희들
을 용서하고 안 한다 그리하느냐?
28 그러니 너희들이 하늘을 향하여 한 점
의 부끄러움이 있는 짓을 하는 자, 그
리고 나 여호와의 이름을 망령되게 하
는 자, 너희들이 부르는 창조주 아버
지라는 이름을 욕되게 하는 그와 같은
행위를 하는 자,
29 그 자체가 너희들이 나의 아들딸로서
존재하는 것이 아니요, 너희들이 사탄
의 자식이요, 사탄의 종으로서 전락됨
이니,
30 그때 너희들은 나와 관계없으니, 너희
들이 나로부터 죄를 용서받고 안 받고
하는 것이 관계없음이니라.
31 그러니 그와 같은 것이거늘, 어찌하여
너희들이 나로부터 모든 죄를 다 용서
받았으며, 나의 아들 예수의 피의 대
속으로써 너희들이 다 축복을 받았다
그리 말하는가?
32 너희들이 죄를 짓는 것이 먼저니, 그
죄를 짓는 자 지옥이요, 사탄의 자식
이 되는 것이요, 나와 관계없는 백성
으로 벼랑에 떨어지는 너희들이거늘,
33 그러니 너희들이 나와 관계없는 것이
당연함을 알라, 사랑하는 나의 아들딸
들아!

11,044 번째 하나님 말씀

2004년 5월 13일 19시 35분

1 사랑하는 나의 아들아!
2 **"네, 아버님! 말씀하옵소서."**
3 오늘의 종교 집단 그들이 제정신이요,

바로 된 백성이 하나도 없음을 알라.
4 내가 뭐라 하였느냐, 나의 아들 예수
는 너희들에게 어찌 살라 하여 '진실
로 진실로' 창조주 아버님의 뜻을 전
한다 하였으며,
5 너희들이 그를 따르지 아니하고 명에
따라 움직이지 아니하며 너희들이 들
으려 하지 아니하며 행하지 아니하기
때문에,
6 오죽 답답하면 나의 아들 예수가 '진
실로 진실로' 나 여호와의 뜻을 전함
이라 그리 너희들에게 부르짖었는가?
7 그리 울부짖어도 너희들이 듣지 아니
하기에, 그는 하나밖에 없는 그 귀한
생명을 십자가라는 그 형틀에 매달려
고통스러운 죽음을 주지 아니하였던
가?
8 그랬거늘 그 나의 아들 예수의 어렵고
힘든 삶을 그대로 너희들이 따라 사는
그와 같은 삶을 사는 것이 하늘에 오
르는 길이요, 나에게 오를 수 있는 백
성이거늘, 과연 너희들이 어찌 살아가
는가?
9 그러면서 너희들이 그와 같은 백성이
잘못된 자요, 잘못 살아가는 자들이
나의 아들 예수를 이미 적으로 만들었
으며, 나 여호와에게는 너희들이 영원
히 돌이킬 수 없는 원수지간으로 만든
것이 오늘의 종교 집단 너희들이 가고
있는 길이라 아니했느냐?
10 그러니 너희들의 그 사악함이 어디까
지 도달했느냐?
11 내가 너희들에게 하나를 전함이니, 나
의 아들을 따르는 제자 너희들은 과연
그들이 하는 행위가 아니면 나의 법전
을 놓고 떠나도 말을 아니 할 것이니
라.
12 모든 만물의 생명의 근원이 무엇이더
냐?
13 너희들은 하늘에서 비라는 그 물이 내
리지 아니하면 모두가 생존하지 못하
며, 그 어려움은 이루 말할 수 없는 고
통 속에서 갈 것이니라.
14 그러니 너희들에게 가뭄이 계속된다
면 그 가뭄이야말로 모두를 다 잃게
되지 아니하겠느냐?
15 그러니 가뭄으로써 농작물을 가꾸는
농부요, 모든 백성들이요, 그리고 동
식물이 고통을 당하고 있다 해도, 일
요일 아침에 비가 내려 그 비로 하여
금 신도들이 지금 교회에 오지 못하며
너희들이 만든 성전에 오지 못한다면,
16 그리하여 그들이 오지 못해서 너희들
에게 십일조를 바치지 못하며 헌금을
바치지 못한다면,
17 너희들은 하늘에서 내리는 그와 같은
모든 백성이 갈구하며 모든 동식물이
그리 기다리고 기다리는 그 비까지도,
너희들이 말하는 안식일이요, 일요일
이라는 것을 피해서 비가 내리도록 해
달라 기도하는 자들이 오늘의 종교 지
도자들이요,
18 그리고 너희들이 돈으로 산 권사요,
장로요, 집사요 하는 그 믿음의 길을
가는 자들, 그들이 그와 같은 기도를
드리는 데 주저하지 아니한다면 과연
너희들은 믿겠느냐?
19 그러니 그 가뭄에 시달리며 그 생명줄
이 타들어 가기에 단비를 애타게 바라
는 그 농부들의 마음을 너희들이 아는

듯 모르는 듯, 그 일요일에 십일조요,
헌금을 바치러 올 그 신도들이 오지
못한다면,
20 그 귀중하고 소중한 비도 그저 미루고
다음날 내리도록 해 달라 기도하는 것
이 너희들의 마음이라면, 얼마나 너희
들이 사악하고 간악한 자들이냐?
21 그러니 그 비를 기다리는 농부들은,
너희들이 하는 기도가 그러며 너희들
의 행동이 그러하다는 것을 알 때,
22 과연 너희들을 존경하며 너희들을 따
르며, 너희들이 사랑을 베푸는 자들이
요, 창조주 아버지 하늘에 계신 높은
분의 뜻을 따라가는 백성들이라 그리
말하겠는가?
23 그를 믿지 않고 따르지 않는 이방인들
도 너희들을 어찌 대하겠는가?
24 그러나 그와 같이 너희들이 비가 다음
날 오라고 기도하는 그 기도 소리를
그 농부들이 못 들을 일이 없으며 너
희들의 속성을 모를 리가 없으니,
25 너희들의 마음이요, 너희들 속마음의
그와 같은 사악한 마음까지도 이방인
이라는 그 백성들이 모두를 들여다보
고 있다는 그 무서운 사실을 너희들은
깨달아야 될 것이니라.
26 그리고 너희들은 그와 같은 기도를 하
고도 남을 것이니라.
27 그러니 너희들이 얼마나 잘못된 자들
이요, 너희들이 제 구원이요, 하늘에
오르는 길이요, 그리고 나의 피조물
만백성에게 저 자신이 재물을 거둬들
여 배를 채우는 데 얼마나 너희들이
간교한 자들이며 사악한 자들인가?
28 그러면서 너희들이 사랑을 베풀며 만
백성을 하늘로 인도하는 지도자요, 목
자라 말할 수 있는가?
29 그와 같은 자들이 오늘의 믿음의 길을
가는 백성들이니,
30 그들은 광분되고 세뇌되어서 인간이
라 말할 수 없을 만큼 그들의 모두가
지금 지각이 없으며 생각이 없으며,
모두가 다 무너지고 흐트러진 자들이
기 때문에 그와 같은 기도를 할 수 있
다는 것을 알라.

11,045 번째 하나님 말씀

2004년 5월 13일 19시 39분

1 사랑하는 나의 아들아!
2 "네, 아버님! 말씀하옵소서."
3 지금 내가 새로 내리는 성경을 가지고
공부하며 깨우친 자들, 그리고 나의
아들을 통하여 강론을 듣고 깨우친 그
제자들, 또한 읽어서 깨우친 선택된
백성, 너희들이 오늘의 변화된 수준이
과연 얼마나 되는가?
4 너희들이 나의 새로운 성경을 읽으며
강론을 듣고 변했다는 그 삶이 일반
백성이요, 남들이 잘 지키고 있는 그
와 같은 수준밖에 되지 아니하며 너희
들이 그 수준의 깨달음밖에 없다면,
과연 너희들은 어찌하겠는가?
5 그러니 이제 나의 아들을 따르는 제자
너희들 자신이 나의 강론을 들으며 나
의 새로운 성경을 읽고 변화되고 깨우
친 그 경지가 과연 어느 정도 되었는
가 너희들이 한번 돌아다보지 아니하
면 아니 될 것이니라.
6 새로운 성경을 가지고 공부하였으며

깨우침을 얻은 너희들이 모든 백성들
이 그저 지키고 살아가는 그와 같은
수준밖에 안 되었다면 어찌하겠는가?
7 이렇다면 너희들의 자세는 어찌해야
되겠느냐?
8 오늘 나의 아들을 통하여 내리는 강론
을 들었으며 나의 새로운 성경을 읽고
깨우친 너희들이, 남들이 그저 잘 지
키고 평범한 백성이 행하고 살아가는
그 도덕적인 면에서 무너지지 않는 그
와 같은 수준에 올라 있다면, 정녕 너
희들은 변화된 것이 아무것도 없지 않
더냐?
9 너희들의 수준이 그 정도밖에 안 되며
너희들의 경지가 그 정도밖에 안 된다
면, 너희들은 지금부터 다시 시작하는
자세로써 참진리의 길을 찾고 진실된
삶을 살기 위하여 최선을 다하는 그와
같은 삶을 살지 아니하면 아니 됨이니
라, 사랑하는 나의 아들딸들아!
10 너희들이 그와 같다면 지금서부터 다
시 시작해야 함이니라.
11 그러니 이제부터 시작하는 자세로써
너희들이 최선의 노력을 다하라.
12 너희들은 오늘도 지금 시작하는 자세
요, 내일도 오늘 시작하는 자세로 변
하고 변하지 아니하면, 모든 백성, 평
범한 백성들도 다 지키고 잘 행하고
사는 그 수준을 벗어나지 못한다면,
13 너희들이 지도자요, 나로부터 선택된
백성으로서 만백성을 구하는 그 대명
을 역사하고 행할 자격이 없는 백성들
이니,
14 너희들은 지금 항상 시작하는 자세로
써 노력하고 또 노력하여, 최선의 변
화를 위하여 그와 같은 길을 가도록
그리하라.
15 그렇지 아니하면 너희들이 나의 전사
요, 나로부터 명받은 백성으로서 만백
성을 구하는 그 대명을 이룰 수 없는
자들이라는 것을 알라, 사랑하는 나의
아들딸들아!

11,046 번째 하나님 말씀

2004년 5월 13일 19시 44분

1 사랑하는 나의 아들아!
2 "네, 아버님! 말씀하옵소서."
3 지금의 믿음의 길을 가는 그 백성들이
요, 종교 집단의 지도자들이 수천 년
전부터 지금의 믿음의 길을 온 그 골
격의 흐름이 무엇이더냐?
4 너희들이 나를 믿으며 나의 아들 예수
를 구세주라 믿으면 천당이요, 안 믿
으면 지옥으로 간다는 것이 너희가
지금까지 믿어 온 그 종교 집단의 흐
름이요, 그 명맥이 아니더냐?
5 그러니 나의 아들 예수를 구세주라 부
르고 믿기만 하면 너희들은 죽은 자까
지도 모두가 다 하늘에 오른다 함이
니, 이것은 바로 무엇이더냐?
6 나의 아들을 구세주로 믿기만 하면,
너희들이 지금 손으로 지은 죄의 온상
인 교회를 오기만 하면,
7 너희들이 벽돌담으로 집을 짓듯이 하
나하나 쌓아 올리는 순서대로 먼저 오
는 자부터 밑에서부터 쌓듯이, 너희들
은 먼저 믿은 자들이 순서대로 그저
이유 없이 다 하늘나라 천국의 나에
게 오른다는 생각을 가지고 있는 것이

너희들의 지금의 믿음이요, 너희들의
신앙의 근본이요, 골격이 아니더냐?
8 그저 먼저 온 벽돌들을 놓고 너희들이
하나하나 순서대로 쌓아 올리듯이, 너
희들이 먼저 믿은 자 먼저 죽는 대로
그저 천국에 가며 하늘나라에 오른다
는 그와 같은 생각 외에는 다른 생각
을 갖지도 못하며 생각해 보지도 아니
하는 것이 너희들이 아니더냐?
9 그러나 그와 같이 먼저 믿으며 먼저
믿었다 하여 너희들이 그와 같이 순서
대로 나에게 오를 수 있는 그 평탄한
길이 아님을 알라.
10 너희들이 어찌 행하며 어찌 역사했느
냐의 그 심판에 따라 너희들이 순서
없이 모두가 이루어짐이니라.
11 이를 명심하고 명심하도록 그리하라.
12 믿는 자는 순서대로 천국 가고, 믿지
않는 자는 다 지옥이라, 이것이 너희
들 종교 지도자들이 지금 가르치는 그
한계요,
13 그 한계를 벗어나지 못하고 나의 피조
물 만백성에게 믿으라, 믿으면 천당이
라 너희들이 그리하여,
14 너희들의 손으로 지은 죄의 온상에 나
의 피조물 만백성을 거둬들이는 그 순
간부터 그들이 지옥행의 열차를 타게
되는 그와 같은 불행을 초래하는 것이
니, 너희들이 가르치는 한계가 그것이
아니더냐?
15 그러니 믿는 자 천국이요, 믿지 않는
자 지옥이라는 그것만을 가지고 가르
치는 그 지도자 밑에서 배운 백성, 너
희들이 과연 이 산을 또한 넘겠느냐?
16 절대 그와 같은 믿음이요, 신앙을 넘
지 못하는 것이 너희들의 오늘의 믿음
이요, 오늘의 신앙이니라.
17 이러한 믿음은 너희가 만들어 낸 것
이며 너희들 구원파들이 만들어 낸
것이니라.
18 구원파들의 구원파의 교리에 불과한
것을 가지고 너희들이 나 여호와의 참
진리요, 나의 뜻이요, 나에게 오르는
길이라 지금까지 너희들이 잘못 흘러
오고 있음이니,
19 그리하여 구원받은 자 없으며 내가 내
앞에 온 자 없다 함이니라.
20 인간 너희가 명한 그 신학자의 자격을
갖고 가르치는 자들 밑에서 너희들이
신학의 공부를 하는 자, 그리고 거기
서 배운 자들이 다 무엇이더냐?
21 인간의 신학자가 만든 인간 너희들의
교리를 가지고 너희들이 거기서 헤어
나지 못하며, 그것으로써 배우고 깨우
쳐 세상에 나와,
22 너희들이 나의 아들 예수가 고통스럽
게 죽어 간 그 형틀을 붉게 밝혀 죄의
온상을 만들어 나의 피조물 만백성을
지옥으로 이끌어 가는 그 짓을 하지
않느냐?
23 그러니 너희들이 그곳이 얼마나 무서
운 집단이며, 그곳에서 얼마나 무서운
짓이 이루어지는지 아느냐?
24 너희들이 성경을 왜곡되게 가르치며,
성경의 뜻을 가르치지 못하며 그를 모
르기에, 인간이 만든 교리요, 인간이
만든 신앙으로써 나의 피조물 만백성
을 이리 우롱하고 저리 우롱하고 끌고
다니면서 재물을 거둬들여,
25 그 재물을 바친 만큼 하늘에 가 복 받

는다 하여 그들을 너희들이 이와 같이 어렵고 힘든 길로 이끌어 와 모두를 갈취하다, 너희 스스로 지옥으로 가니, 그들 또한 너희를 따라가는 그와 같은 역사를 하고 가는 자들이 오늘의 종교 지도자요,

26 그 길을 따라가는 것이 지금 광분하는 백성들이요, 그저 맹종 맹신하는 자요, '믿소, 맞습니다!' 소리 지르는 자들의 말로라는 것을 잊지 말라 그리 전하라.

11,047 번째 하나님 말씀

2004년 5월 13일 20시 07분

1 사랑하는 나의 아들아!

2 "네, 아버님! 말씀하옵소서."

3 사랑하는 나의 백성 너희들은 너희 자신을 알아야 되며, 너희 자신을 돌아다보는 겸허한 자세로써 살아가는 그와 같은 삶을 살지 아니하면 아니 되느니라.

4 나의 백성 너희들은 나 여호와가 이 세상의 모두를 창조함이니, 그 모든 동식물이요, 모두를 창조하는 그 속에 너희들은 사람으로서 그 한 자리를 지키는 것이며, 너희들이 한 일부분의 자리를 지키고 있다는 것을 알아야 될 것이니라.

5 내가 창조한 그 모두 속에 너희들이 한 작은 인간의 형태로써 한 자리를 지키는 것 외에는 너희들이 더도 덜도 너희들을 생각해서는 아니 되며, 너희들이 더 위대하다 생각하지 말라.

6 그리고 너희들이 그 모두를 다 너희들만이 운영하며, 너희들만이 귀한 나의 아들딸이라 그리 생각하지 말라.

7 생명체를 가지고 있는 그 모두가 다 내가 그들에게 생명을 불어넣었으며 나로부터 선택되었느니라.

8 그리고 내가 주관하여 만들지 아니한 것이 없음이니,

9 그 생명체를 가진 그 모두 속에서 인간인 너희들은 사람으로서 한 자리를 지키는 것 외에는 더도 덜도 아닌 것이라 생각하라.

10 그렇다면 너희들이 얼마나 겸손하며 겸허한 자세로 살아가야 되는 것인 줄 알겠느냐?

11 모두가 귀하고 소중하게 창조되었다는 것을 너희들은 알라.

12 그중에서 너희들이 일부를 감당하는 것이요, 너희들이 너희 자리를 지키는 것이라는 것, 그 외에 어떠한 것도 아니라는 것을 너희들은 알라.

13 그와 같이 겸손하고 겸허한 자세로 살아가야 할 나의 백성 너희들이 어찌하는가?

14 창조주 나 여호와에게 너희들이 도전하는 행위를 거침없이 하고 있느니라.

15 그것이 무엇인 줄 알겠느냐?

16 내가 너희들을 통하여 내린 성경에 기록된 나의 계명이요, 나의 율법이요, 그와 같은 것을 너희들이 지키지 아니하고 살며, 그를 지키고 살 수 없다 시시비비를 하는 그와 같은 행위가 바로 무엇이더냐?

17 나 여호와에게 도전하는 것이요, 나를 능멸하는 그와 같은 행위를 하고 있는 것이니라.

18 그러면서 너희들은 무어라 말하느냐?
19 인간 나의 피조물 만백성들을 구세주
요, 구원하는 자들처럼 지금 종교 집
단의 지도자들이 둔갑한 자들이니, 너
희들이야말로 얼마나 나에게 거역하
는 짓을 하고 있는지 알고 있는가?
20 너희들의 손으로 지은 그 교회라는 곳
에 나와 십일조요, 온갖 너희들이 말
하는 대로 재물을 바치기만 하면, 너
희들이 하늘에 오르는 길이요, 구원을
받는 백성이요,
21 그 재물은 하늘에 그득히 쌓여 너희들
이 죽어 와 나에게 왔을 때 그 재물의
양에 따라서 상을 받는다 하니,
22 그것은 저희들이 심판관이요, 결정관
이요, 그 모두를 결정짓는 것처럼 저
희들이 그와 같은 모두를 다 결정적으
로 말하고 전하는 그 행위가 과연 어
떠한 행위더냐?
23 저희들이 하늘의 나라를 어찌 관장하
며, 제가 어찌 그와 같은 것을 알며,
그와 같은 역사가 이루어지고 안 이루
어지는 자체를 저 자신도 모르는 자가
어찌하여 말을 함부로 그리하며, 제가
심판관처럼 모두를 결정하는 것처럼
그리 오만방자한 행위를 하는가?
24 너희들은 이 무서움을, 너희들이 그
대가를 치름을 알라.
25 나의 백성들을 이끌어 가는 것이 무엇
이더냐?
26 너희들이 재물을 많이 쌓아 놓으면 하
늘에 와서 구원을 받으며, 재물을 많
이 바치는 것은 나 여호와를 기쁘게
하는 것이라 하여,
27 너희들이 무슨 재판관처럼 재판관이
법에 의하여 모두를 결정하는 것처럼
결정해 놓고 나의 피조물 만백성에게
너희들이 재물을 갈취하는 그와 같은
행위를 하는가 하면,
28 그들이 느끼고 살아야 할 자연을 보고
아름다움이요, 나 여호와가 역사한 그
모두를 음미하며 그 아름다움을 느끼
며 살아가는 그 시간까지도 모두를 다
빼앗아 버리는 사악한 행위를 하는 것
이 너희들이니라.
29 그러니 너희들이 각자 자신에게 과연
지금 어떤 위치에 있으며, 어떠한 형
태로 살아가며, 어떠한 자들에게 끌려
가는 것이며, 너희들이 어디로 끌려가
는가, 그와 같은 것을 다 들여다볼 수
있는 현명한 백성이 되지 아니하면 아
니 됨이니,
30 너희들은 내가 나의 아들을 통하여 내
리는 160권의 새로운 성경을 읽고 깨
우쳐 이와 같은 판단을 얻도록 그리하
라, 사랑하는 나의 아들딸들아!
31 그를 정독하고 읽으면 그 속에 모든
답이 있거늘, 어찌하여 너희들이 그를
읽지 아니하며 깨우치지 아니하고 모
두를 감당하며 역사하는 그와 같은 짓
을 하는가?
32 모두가 결정된 것은 없음이니라.
33 너희들이 알지 못하며, 너희들이 그
결정권의 자격이 없는 자들이 결정하
며, 알지 못하는 세상을 저희들이 마
음대로 시시비비하여 그 결정을 하며
재판을 하는 것처럼 판정을 함이니,
34 그것이 얼마나 잘못된 오류요, 얼마나
오만방자한 행위요, 너희들이 겸허한
자세와 겸손을 모르는 자들인가를 알

게 될 것이니라.
35 그 죄 또한 얼마나 두렵고 무서운 것
인가를 너희들이 머지않아 알게 됨을
알라.

11,048 번째 하나님 말씀

2004년 5월 13일 20시 13분

1 사랑하는 나의 아들아!
2 "네, 아버님! 말씀하옵소서."
3 너희들이 그리 몸부림치며 울고불고
하는 그 구원이요, 하늘에 오르는 길
은 너희들이 그와 같이 어렵고 힘든
길을 오는 것은 결코 아님이니라.
4 인간 나의 백성, 너희들이 올 수 있으
며 너희들이 그 길을 이룰 수 있으며,
그리고 너희들의 생각과 판단으로써
모두를 역사할 수 있으며,
5 구분되어 너희들이 선과 악이요, 하늘
에 오르는 길과 지옥으로 가는 그 모
두는 너희들이 판단하고 깨닫고 결정
할 수 있으며,
6 생각으로써 너희들이 옳고 그름을 선
택할 수 있는 그 한계를 벗어나서 너
희들에게 내린 것이 아니며, 그 모두
속에서 너희들이 다 이룰 수 있는 한
계의 것이니라.
7 그러니 너희들이 아무리 어렵고 힘들
다 해도 견디지 못하는 그와 같은 고
통으로 나에게 오르라 하는 것이 아니
요,
8 너희들이 인내하고 견딜 수 있는 그와
같이 어렵고 힘든 길이지, 결코 올 수
없으며 견디지 못할 그와 같은 어려운
길이요, 그 과제를 너희들에게 주어
나에게 오르라 함이 아니니라, 사랑하
는 나의 아들딸들아!
9 너희들은 하늘에 오르는 길이 얼마나
간단한 줄 알겠느냐?
10 너희들이 선한 일을 하는 사람, 선한
사람에게는 악이 존재하지 못하지 않
더냐?
11 그러니 선하게 사는 것, 선한 마음으
로 사는 백성, 그리고 선한 마음을 갖
고 행동한다면 선한 일만을 계속 행하
게 되는 그와 같은 이치이거늘,
12 그게 바로 너희들이 천사가 되는 것이
요, 하늘에 오르는 길을 가는 백성이
니,
13 너희들이 마음 하나 다스려 먹고 행동
하기에 달렸음이니, 그것을 너희들이
죽음으로써도 못 할 길이며, 너희들이
죽음보다도 더 어려운 길이라 할 수
있겠느냐?
14 그러니 너희들이 역사할 수 있고 행할
수 있고, 나에게 오르는 길을 향해서
판단해서 너희들이 선과 악을 구분하
며, 악을 선택하든 선을 선택하든 너
희들이 다 선택할 수 있는 너희들의
능력 범위를 벗어난 것은 하나도 없음
을 알라, 사랑하는 나의 아들딸들아!
15 그러니 너희들이 너희들 마음속에 무
엇을 뿌리고 무엇을 심느냐가 가장 중
요하니라.
16 너희들이 너희들 가슴속에 잡초와 엉
겅퀴를 뿌려 놓는다면 그것이 뿌리를
내려 성장하게 될 것이며, 너희들이
아름다운 꽃씨를 뿌린다면 아름다운
꽃이 만발하는 그와 같은 꽃이 피는
세상이 될 것이니라.

17 이것이 바로 너희들이 할 수 있는 길
이요, 너희들이 나에게 올 수 있는 것
이며,
18 너희들의 능력으로써 좌우할 수 있는
한계를 벗어나 내가 무거운 짐으로 너
희들에게 내리지 아니하였음이니, 그
를 알라, 사랑하는 나의 아들딸들아!
19 이 세상에 너희들이 보는 것도 그렇다
하지 않느냐?
20 어떠한 마음으로 너희들이 세상을 보
느냐에 따라 다르다 하였느니라.
21 너희들이 욕심이라는 마음을 그득히
채운 눈으로 세상을 본다면, 이 모든
세상이 욕심으로 보이며, 모든 인간
또한 욕심쟁이로 보이는 것이며, 그를
벗어나서 볼 수 없는 것이 너희들의
마음이니라.
22 너희 자신을 비우고 '나'를 버리는 그
와 같은 마음으로써 세상을 바라본다
면 이 세상은 천사와 같은 것이요, 천
사와 같은 마음을 가진 사람들이 세상
에 존재하고 산다는 것을 너희들은 알
아야 될 것이니라.
23 그러니 너희들이 세상을 바라보는 그
눈이 어떠하냐에 따라서, 그 마음이
어떠하냐에 따라서,
24 악한 마음으로 보는 자는 악한 것만
보이며, 아름답고 선한 마음으로 보는
자는 그 모두가 아름답고 선하게 그리
보일 것이니, 그게 바로 천사와 같은
것이 아니더냐?
25 너희들은 알 것이니라, 너희들이 어찌
행하고 어찌 역사하냐에 따라 이루고
못 이룬다는 것, 너희들은 항상 그와
같은 문제의 답을 잘 알고 있느니라.
26 그러나 너희들이 조금만 노력하고 조
금만 희생하면 되는 것을, 그것이 아
깝고 그것이 놓기가 아쉬워 행하지 못
하는 어리석은 삶을 사는 것이니라.
27 거듭나는 영혼의 삶을 위하여 너희들
이 그 화려하고 장대하며 아름다운 천
국의 나의 나라에 와 나와 더불어 영
원히 사는 그 위대함을 너희들이 모르
고,
28 인간 세상의 그 작은 것, 백사장의 모
래알만도 못한 그를 위하여 너희들이
영원히 사는 그 모두를 버리는 어리석
은 삶을 사니,
29 그것을 벗어나며 그 마음을 깨달으라
는 것이 내가 내리는 160권의 새로운
성경의 의미이니라.

11,049 번째 하나님 말씀

2004년 5월 13일 20시 43분

1 사랑하는 나의 아들아!
2 "네, 아버님! 말씀하옵소서."
3 사랑하는 나의 아들딸이요, 동식물 그
누구보다도 현명한 생각이요, 지혜를
준 너희들이 어찌하여 불필요한 생각
을 하며 살아가며, 불필요한 말을 하
는 그와 같은 삶을 살며, 불필요한 행
동을 하고 살아간단 말이더냐?
4 귀하고 소중한 너희들이 정해져 있는
그 생명의 줄을 너희들이 그저 불필요
한 생각이요, 선하지 아니하는 생각을
하고 사는 그 순간, 그 삶은 의미 없는
삶이요, 값어치 없는 삶이니,
5 너희들이 정해진 그 귀하고 소중한 너
희들의 생명의 선을 마구 잘라 내는

어리석은 삶을 사는 것이라는 것을 어
찌하여 모른단 말이더냐, 사랑하는 나
의 아들딸들아!
6 너희들은 정해진 그 삶이요, 나로부터
그 생명을 너희들이 받아 나갔음이니,
내가 거둬들이는 종착역이 정해져 있
음이니,
7 너희들이 그 종착역을 향해서 달려가
면서, 그 종착역에 왔을 때 너희들이
두 번 다시 얻을 수 없으며 두 번 다시
살 수 없는 생명의 그 삶이거늘,
8 어찌하여 그 귀하고 소중한 나로부터
정해진 그 생명줄을 마구 잘라 내는
그와 같은 험악한 삶을 살며, 그 귀하
고 소중한 것을 모르며 너희들이 함부
로 그리 잘라 내는 삶을 살더냐?
9 내가 너희들에게 묻고자 말하느니라.
10 너희들이 한평생을 살면서 잠자는 시
간을 빼고 난 그 삶은 계산을 하면서,
11 어찌하여 너희들이 살면서 악한 일을
하는 것이요, 그리고 선한 일을 하는
것이요, 그저 흘러가는 세월 속에 너
희들이 흘러가는 삶을 사는 것,
12 너희들이 선한 일을 하지 아니하고
악한 일을 하고 사는 것은 너희들의
그 생명줄을 잘라 냄이니,
13 과연 너희들이 나에게 받은 그 귀하고
소중한 생명이요, 두 번 다시 없는 그
생명줄을 너희들이 얼마나 나를 위해
쓰며 아름다운 생명줄을 얼마나 소중
히 쓰는가?
14 너희들은 그저 겁 없이 잘라 내며 겁
없이 그저 잘라 내는 그와 같은 삶을
사느니, 잘라 나가는 것이 더 많은 생
명줄의 삶을 사는 어리석은 백성들이
니라.
15 이제 사랑하는 나의 아들딸들아!
16 이제 너희들은 지금의 남은 생명줄이
라도 고이 간직하며, 헛되이 생명줄을
잘라 내는 어리석은 그와 같은 삶을
살지 말도록 그리하라.
17 너희들이 나의 아들을 통하여 내가 내
리는 나의 새로운 성경이요, 그 강론
을 듣고 그 생명줄 하나만 귀한 줄 알
고 관리하고 잘 다스린다면, 너희들은
그 깨달음보다 더 위대함이 없을 것이
니,
18 앞으로 남아 있는 그 생명줄을 마구
잘라 내는 그 삶보다, 너희들이 필요
하며 나를 위해 살며 내 뜻에 의해 살
며 나에게 너희들이 사랑을 받을 수
있는 그와 같은 생명줄을 사용하도록
그리하라, 사랑하는 나의 아들딸들아!
19 항상 너희들이 나 여호와를 생각하고
살며, 나 여호와가 너희들과 같이 행
동하고 있다고 생각하며, 내가 너희들
과 같이 있다고 생각한다면,
20 그 귀하고 소중한 삶의 너희들의 생명
줄을 절대 헛되이 잘라 내지는 아니할
것이니라.
21 그러나 너희들이 살면서 나를 생각하
지 아니하고 나를 지워 버리고 사는
그 순간만큼 너희들의 그 생명줄을 잘
라 냄이니,
22 너희들이 하루에 과연 아름다운 그 귀
하고 소중한 생명줄을 얼마나 너희 것
으로써 값지게 쓰고 사는 것인가 한번
생각해 보라.
23 그것이 너희들의 어리석은 삶이니라,
사랑하는 나의 아들딸들아!

24 너희들이 하루종일 살면서 나를 생각
하지 아니하며 나를 기억하지 아니하
며, 내가 같이 동행하고 있지 않다 생
각하는 그 삶의 시간은 너희들이 잘못
가고 무너짐이니,
25 모두가 너희들이 귀하고 소중한, 두
번 다시 얻을 수 없는 그 생명줄을 마
구 잘라 내는 어리석은 삶을 산다는
것을 너의 제자들에게라도 깨우쳐 주
도록 그리하라.
26 항상 나 여호와를 생각하며 내가 같이
있다고 생각한다면, 네 행동이 나 여
호와의 행동을 너희들이 나를 대신하
는 삶을 산다는 것이라고 생각한다면,
27 너희들이 남아 있는 이 생명줄을 어찌
관리하며 어찌해야 될 것인가를 스스
로 알 것이니,
28 항상 내가 너희들과 같이하고 있다는
마음을 버리지 말며, 내가 너희들과
같이하는 삶이요, 너희들이 내 삶을
대신하여 산다는 그와 같은 겸허하고
조심스러운 마음으로 살도록 하며,
29 앞으로 얼마 남지 않은 그 생명줄을
귀하게 쓴다면, 지금까지 살아온 너희
들이 잘라 내고 또 잘라 낸 그 생명줄
보 더 아름다운 삶을 살 수 있을 것이
니,
30 그리하여 내가 너희들에게 지금서부
터 나의 새로운 성경을 읽고 깨우치는
자, 바로 너희들이 인간 세상에서 모
든 죄를 면할 수 있는 시간이 남아 있
다 함이니 그리 알라.

11,050 번째 하나님 말씀

2004년 5월 13일 20시 45분

1 사랑하는 나의 아들아!
2 "네, 아버님! 말씀하옵소서."
3 사랑이란 무엇이더냐?
4 사랑이란 너희들의 모두를 치료한다
내가 하지 아니하였느냐?
5 사랑이란 너희가 항상 젊음을 유지하
는 것이며, 너희가 그리 바라고 소원
하는 그 젊음이 유지되는 것이라는 걸
어찌하여 모른단 말이더냐?
6 사랑을 하며 사는 백성은 병을 치료하
며,
7 사랑을 하는 백성은 마음의 상처를 치
료하며,
8 사랑을 하는 마음을 가지고 사는 것은
너희들이 젊게 사는 특약이요, 중요한
약이라는 것을 알라.
9 그 사랑을 너희들이 소유하고 베풀며
살며, 그 사랑을 내 품 안에서 너희들
이 마음껏 사용하고 쓰라 내가 그리
전하고 또 전하건만,
10 어찌하여 내가 내려 준 그 사랑을 쓰
고 사용하는 데 너희들이 그리도 인색
하단 말이더냐?
11 내가 사랑은 만병통치약이라 했음이
니라.
12 너희들이 젊게 살고자 아름답게 살고
자 하는 그 소원도, 너희들이 사랑하
면 그 모든 치료 약이 거기 있으며, 그
약보다 더 위대한 특약이 없는 것이거
늘,
13 어찌하여 너희들이 그리 먹으려 하지
아니하며, 젊게 살며 아름답게 살지

못하며, 주름살이 져 가는 네 인생을
후회하고,
14 너희들이 거울 앞에 서서 네 인생의
그 얼굴을, 인생의 삶이 허무하며 허
전하다 그리 말하느냐?
15 사랑의 특약을 너희들이 관리하고 마
음대로 쓴다면 모두를 다 얻는 것을,
그 어리석은 삶에서 벗어나도록 그리
하라.

부 록

【하나님께서 가르쳐 주신 운동】

천재지변이 일어날 때, 동물이나 미물들은 미리 알고 대피하지만, 인간은 알지 못하고 큰 화를 당합니다. 하나님께서 인간에게 가장 높은 지혜를 주시고 완벽하게 창조해 주셨기에 동물들보다 더 잘 알 수 있지만, 욕심으로 마음이 혼탁해져서 한 치 앞을 보지 못하는 것입니다.

마찬가지로, 인간은 누구나 스스로 필요한 운동을 해서 건강을 지킬 수 있도록 하나님께서 만들어 주셨습니다. 우리의 머리에서 우리 몸에 필요한 동작을 해 달라고 끊임없이 신호를 보내지만, 인간이 혼탁하게 살아서 그 신호를 알아채지 못합니다. 그러니 자연스럽게 자기 몸이 원하는 그 신호를 따라서 운동하는 것이 하나님께서 가르쳐 주신 운동 방법입니다. 바로, 우리의 영이 육을 이끄는 운동입니다.

▶ 하나님 운동법

1. 눈을 감고, 발을 어깨너비로 벌리고 바르게 선다.
2. 몸에 힘을 풀고, 허리를 숙이면서 손과 머리를 아래로 내린다.
3. 허리를 펴고 싶을 때, 천천히 펴면서 하고 싶은 동작을 하면 운동이 시작된다. (사람마다 다르다.)
4. 멈추지 말고, 어떤 동작이든지 자기 몸의 느낌대로 계속 이어서 한다.

▶ 참고 사항

① 눈을 감은 상태로 아무 생각 하지 않고, 자기 몸의 느낌대로 움직입니다.

② 마음을 비우고, 욕심을 버리고, 지난날의 잘못을 반성하면서 몇 차례 시도하다 보면, 자기도 모르게 하고 싶은 동작이 끊임없이 생깁니다.

③ 운동 장소는 방 안이든 운동장이든 관계없으며, 걷거나 달리고 싶을 때는 눈을 떠도 됩니다.

④ 매일 40분 이상, 주 4회 이상, 3개월 이상 하면 음식 조절에 들어갑니다.
- 음식으로 생긴 병은 음식으로 치료하게 되며, 어떤 음식을 먹어야 하는지 스스로 알게 됩니다.
(자기 몸에 필요한 음식만 먹고 싶어집니다.)

⑤ 사랑하는 사람과 함께 운동하면 서로 치료해 주기도 합니다.

⑥ 운동을 하다가 몸의 어느 한 부분을 계속 손으로 자극한다면 그쪽에 이상이 있는 것이니, 의사에게 상담을 받고 적절한 치료를 받으면 됩니다.

⑦ 다이어트 및 기타 건강관리에 효과적입니다.

⑧ 꾸준히 운동하여 영이 맑아지면, 자신의 과거와 미래를 스스로 보게 됩니다.

누구나 스스로 하실 수 있습니다.

간행사

《새로운 성경》은:

· 새로운 성경은, 하나님께서 선량하고 선한 자를 선택하여 십계명을 암송하도록 하시고, 십계명을 암송한 다음에 음성으로써 들려주시는 말씀을 듣고 그대로 카세트테이프에 녹음해서 받아쓴 책입니다.

· 90분짜리 녹음테이프 700여 개에 달하는 말씀으로, 1999년 8월부터 2004년 7월까지 총 160권(권당 288쪽)을 완성하였으며, 그 이후에도 현재까지 계속 말씀을 내려 주고 계십니다.

· 새로운 성경은 "하늘을 두루마리 삼고 바닷물을 먹물 삼아 쓰고 써도 다 못 쓴다"는, 끝없이 방대한 하나님의 말씀이 두루마리로 직접 내려오는 것입니다. 이러한 새로운 성경은 구약과 신약을 폐하려는 것이 아니라 "인봉된 성서의 비유의 뜻"을 상세히 설명하여 완성하고자 하나님께서 직접 내려 주신 말씀입니다.

《새로운 성경》의 구성:

· 제 목: 2013년, 160권 모음집을 발간하면서, 본 도서의 제목을 "하나님! 말씀하옵소서"에서 《새로운 성경》으로 명해 주셨습니다.

· 단행본: 각 권당 288쪽(신국판) 책이 160권까지 시리즈로 출판됩니다.
(모음집은 단행본을 16권씩 묶어서, 총 10부로 구성됩니다.)

《새로운 성경》의 성경적 근거:

· 신약 성경 [요한복음] 16장 13절에 "진리의 성령이 오시면 그가 너희를 모든 진리 가운데로 인도하시리니 그가 자의로 말하지 않고, 오직 듣는 것만을 말하며" 하신 말씀처럼 하나님의 음성을 들은 것만 기록하였으며,

· "장래 일을 너희에게 알리시리라" 하신 말씀과 같이 개인, 나라, 인류의 "장래"일을 하나님께서 알려 주시는 것만 기록하여 책으로 만들었습니다.

《새로운 성경》의 기록 방법:

· 1999년 8월부터 하나님께서 저에게 들려주시는 음성을 기록하였습니다. 처음에는 제가 들은 말씀을 불러 주면 저의 아내가 기록하여, 2000년 1월 29일에 1권 초판이 세상에 나왔습니다. 2000년 4월부터는 주시는 말씀을 받아 녹음기에 기록하기 시작하였습니다.

· 녹음을 시작하면서 하나님의 말씀을 받는 데 가속도가 붙었고, 2001년 5월 3일에 1부(1~16권까지)를 인쇄하여 출판하였으며, 2004년 7월까지 총 160권 분량의 말씀을 받아 기록하였습니다.

하나님께서 저에게 주신 것은:

· 첫째, 만백성을 상대로 내려 주시는 "기도", 둘째, 수시로 내려 주시는 "묵상", 셋째, 개인의 과거, 현재, 미래를 알려 주시는 "개인 기도", 넷째, 개인의 건강을 위해서 내려 주시는 "음식 처방", 다섯째, 하나님께서 가르쳐 주신 "운동"등이 있습니다. 이 중에 첫 번째, "기도"를 책으로 편찬하였습니다. 사람의 생사, 개인의 미래에 관한 천기는 수록하지 말라 하셨습니다.

강론 안내:

· 하나님께서는 지금도 매일 저에게 새로운 하늘의 비밀의 말씀을 내려 주고 계십니다. 수시로 내려 주시는 말씀을 정리해서 제자를 육성하라는 말씀에 따라 매주 강론을 하고 있습니다. 누구나 무료로 들으실 수 있습니다. (book160.com)

《새로운 성경》을 읽는 분들에게 드리는 선물:

· 개인 기도: 개인의 과거, 현재, 미래에 관하여 말씀을 내려 주십니다.

· 음식 처방: 사람은 음식을 먹고살다가 건강을 잃으니, 음식과 운동으로 건강을 되찾는 방법을 알려 드립니다. 단, 하나님이 계심을 믿고, 십계명을 지키겠다고 진실로 서약하는 분들께 알려드립니다.

《새로운 성경》의 은혜와 기적:

· 새로운 성경 전160권은 16권씩 묶어서 총 10부의 모음집으로 구성됩니다. 모음집 한 부를 읽고 깨우치는 자에게 하나님께서 다음과 같은 기적이 있다고 하셨습니다.

· "첫째, 그가 죽어 하늘에 갔을 때 그의 죄를 묻지 아니하며, 구원을 받는 위대한 은혜가 있으며, 둘째, 그의 소원과 소망이 이루어지고, 셋째, 죽은 자(부모, 형제, 자식, 사랑하고 은혜 입은 분)의 이름으로 구입한 책을 읽고 누군가 한 사람이 깨우칠 때, 그 죽은 자가 지옥에서 천국으로 구원을 받게 되며, 넷째, 유산, 중절 수술 등으로 태어나지 못한 아이를 위하여 구입한 책을 보고 한 명이 깨우쳤을 때, 그 아이가 사람으로 다시 한 번 태어나는 은혜를 받는다."

· "새로운 성경"을 3회 이상 정성을 다해 정독하는 자, 성서의 비밀을 알게 되고, 세상의 이치를 알게 되며, 세상을 지배하고 통제할 수 있는 지혜를 다 얻게 된다고 하셨습니다. 이 책은 만백성이 정독하고 이웃에게 전하여, 평생 가슴에 묻은 슬픔과 고통의 짐을 벗고 미래를 위한 힘찬 삶을 살아가도록 하는 책입니다.

끝으로

· 하나님께서는 흰 눈이 세상을 덮듯이 새로운 성경을 온 세상에 전하라고 하셨습니다. 《새로운 성경》을 각국어로 번역해서 온 인류에게 구원의 길을 깨우쳐 주고, 그 수익으로 가난하고 어려운 백성을 구제하여, 만백성의 영과 육을 함께 구원하는 선지자의 임무를 수행하라고 저에게 명하셨습니다.

· 하늘에서 내려 주신 말씀의 보화를 만백성에게 나누어 주는 것이 선지자의 임무라고 하셨습니다. 새로운 성경을 통해서 얻는 재물을 사용할 곳도 하나님께서 일일이 명해 주십니다. 모든 재물은 저의 자의로 쓸 수 없고, 하나님께서 명하시는 대로만 쓰여집니다.

· 어떤 명분으로든 십일조나 각종 헌금을 거두어들이지 말라 하셨으며, 국내뿐 아니라 각국에 성전과 단독 서점을 운영하며, 한국의 많은 젊은이들을 전 세계에 지도자로 내보내라고 하셨습니다.

· 우리는 세계적으로 새로운 성경을 보급하며 어려운 이들을 돕는 역사를 해 나갈 것입니다. 지금까지 비록 몇 명 안 되는 제자들과 함께 이러한 일을 역사했지만, 앞으로도 계속 하나님께서 기뻐하시는 일들을 해 나갈 것입니다. 부족한 저희에게 여러분들의 지혜와 성원을 보내 주시기를 바랍니다. 많은 분들의 참여와 도움을 간절히 기다립니다. 감사합니다.

한국어로 내려온 《새로운 성경》 단행본을 출간하며
2016년 4월 10일

발행인 **김 용 철**

한국어로 내려온

새로운 **성 경** · 10부 · 제146권

지은이 하나님 말씀
대역자 김용철

초판인쇄 1쇄 2017년 2월 1일
2쇄 2017년 6월 21일

펴낸 곳 도서출판 하얀마음
등록번호 제 10-2107호 (2001년 2월 14일)
주소 서울시 노원구 덕릉로86길 5, 2층
전화번호 02) 313-1114
팩스 02) 393-5554
전자우편 book160@hanmail.net
편집위원 조나영 김미향 이석교
제작지원 김서영 이상빈

도서상담 1600-7527
ISBN 978-89-5875-246-2 (04230)
978-89-5875-100-7 (세 트)

값 10,000원
잘못된 책은 구입하신 곳에서 바꾸어 드립니다.

※이 책은 10부로 제작되며, 각 부 16권씩 총160권으로 구성됩니다.※

1부	2부	3부	4부	5부	6부	7부	8부	9부	10부
1권	17권	33권	49권	65권	81권	97권	113권	129권	145권
2권	18권	34권	50권	66권	82권	98권	114권	130권	146권
3권	19권	35권	51권	67권	83권	99권	115권	131권	147권
4권	20권	36권	52권	68권	84권	100권	116권	132권	148권
5권	21권	37권	53권	69권	85권	101권	117권	133권	149권
6권	22권	38권	54권	70권	86권	102권	118권	134권	150권
7권	23권	39권	55권	71권	87권	103권	119권	135권	151권
8권	24권	40권	56권	72권	88권	104권	120권	136권	152권
9권	25권	41권	57권	73권	89권	105권	121권	137권	153권
10권	26권	42권	58권	74권	90권	106권	122권	138권	154권
11권	27권	43권	59권	75권	91권	107권	123권	139권	155권
12권	28권	44권	60권	76권	92권	108권	124권	140권	156권
13권	29권	45권	61권	77권	93권	109권	125권	141권	157권
14권	30권	46권	62권	78권	94권	110권	126권	142권	158권
15권	31권	47권	63권	79권	95권	111권	127권	143권	159권
16권	32권	48권	64권	80권	96권	112권	128권	144권	160권